寓德于教：
YUDEYUJIAO:
高中生物教学中的德育渗透
GAOZHONG SHENGWU JIAOXUE ZHONG DE DEYU SHENTOU

张笑斐　朱继刚　蔡冬景◎主编

中国海洋大学出版社
·青岛·

图书在版编目(CIP)数据

寓德于教：高中生物教学中的德育渗透/张笑斐，朱继刚，蔡冬景主编. -- 青岛：中国海洋大学出版社，2020.9

ISBN 978-7-5670-2597-4

Ⅰ. ①寓… Ⅱ. ①张… ②朱… ③蔡… Ⅲ. ①生物课 - 教学研究 - 高中 Ⅳ. ①G633.912

中国版本图书馆 CIP 数据核字(2020)第 193359 号

出版发行	中国海洋大学出版社
社　　址	青岛市香港东路 23 号　　　邮政编码　266071
出 版 人	杨立敏
网　　址	http://pub.ouc.edu.cn
电子邮箱	184385208@qq.com
订购电话	0532-82032573(传真)
丛书策划	河北畅志文化传媒
责任编辑	付绍瑜　　　　　　　　　　电　话　0532-85902533
装帧设计	河北畅志文化传媒
印　　制	北京虎彩文化传播有限公司
版　　次	2020 年 12 月第 1 版
印　　次	2020 年 12 月第 1 次印刷
成品尺寸	168 mm×239 mm
印　　张	18.25
字　　数	265 千
印　　数	1~1 000
定　　价	58.00 元

发现印装质量问题，请致电 0633-8221365，由印刷厂负责调换。

编委会

主　编

张笑斐　　山东省烟台第二中学
朱继刚　　山东省莱州市第一中学
蔡冬景　　辽宁省大连市第九中学

副主编

韩　阳　　北京新东方学校
何　瑜　　新疆维吾尔自治区乌鲁木齐市第四十一中学
彭　俊　　湖北省吴家山中学
沈　倩　　黑龙江省兰西县第一中学
万玲敏　　辽宁省辽东湾实验高级中学
　　　　　（辽宁省实验中学辽东湾分校）
王丹丹　　河北省秦皇岛市第一中学
王芳宇　　黑龙江省青冈县第一中学校

编　委

宋　欣　　辽宁省沈阳市苏家屯区教育研究中心
覃文彦　　海南省华中师大一附中屯昌思源实验中学

王崇花　　海南省华中师大一附中屯昌思源实验中学

王小梅　　四川省仪陇中学校

王　雪　　吉林省乾安县第七中学

张　卫　　云南省寻甸第一中学

（副主编、编委排名不分先后）

前 言

《义务教育生物学课程标准(2011年版)》中明确提出了课程目标：让学生理解人与自然和谐发展的意义,提高环境保护意识,初步形成生物学基本观点和科学态度,为确立辩证唯物主义世界观奠定必要的基础;在科学探究中发展合作能力、实践能力和创新能力;培养爱祖国、爱家乡的情感,增强振兴祖国的使命感与责任感,逐步养成良好的生活与卫生习惯,确立积极、健康的生活态度等。

2014年12月,各科普通高中课程标准的修订工作启动,以贯彻落实党的十八大提出的"立德树人"根本任务为指针。这次修订后的《普通高中生物课程标准(2017年版)》中提出了基础教育课程是国家意志和社会主义核心价值观的直接体现,承载着教育思想、教育目标和教育内容。

立德树人在人才培养中发挥着核心作用。该课程标准的基本理念是以核心素养为宗旨,着眼于学生适应未来社会发展和个人生活的需要,从生命观念、科学思维、科学探究、社会责任等方面来发展学生的学科核心素养。充分发挥生物学课程的学科特点和育人价值是这次课程标准的设计宗旨和实施基本要求。

从以上两个课程标准可以看出,我国在培养人才方面,在德育上寄予了厚望,对德育教育的重视空前高涨,各个学科都提出了"立德树人"的根本任务,这使得学科渗透德育势在必行。

在本书中,笔者就高中生物教材中的德育内容以及如何进行德育渗透进行了详细的说明。

本书由多位作者共同完成,具体分工如下:张笑斐,负责10万字;朱继刚,负责8万字;蔡冬景,负责5万字;其余部分由副主编、编委共同完成。

目 录

第一章 当代德育是多学科整合的教育 ········· 1
第一节 德育的意蕴 ········· 2
第二节 学校德育与教学分化的历史演变 ········· 4
第三节 课堂教学"育人"还是"育分" ········· 12
第四节 学校德育"独立"还是"孤立" ········· 16
第五节 让"德行引领"回归学科教学 ········· 24

第二章 学科教学中的德育渗透 ········· 33
第一节 学科教师：德育渗透的主体 ········· 34
第二节 学科课程：德育渗透的载体 ········· 41
第三节 课堂教学：德育渗透的途径 ········· 46
第四节 教学评价：德育渗透的保障 ········· 52

第三章 揭示高中生物中的德育 ········· 56
第一节 高中生物德育内容 ········· 57
第二节 高中生物学科德育功能 ········· 64
第三节 高中生物学科德育功能的实施模式 ········· 73

第四章 高中生物课堂中的辩证思维 ········· 88
第一节 高中生物教学对辩证唯物主义的呼唤 ········· 89
第二节 高中生物课堂中的联系和发展 ········· 124

第五章　高中生物课堂爱国主义教育 ······ **131**
第一节　丰富的生物资源 ······ **132**
第二节　生物学科研究的历史和伟大成就 ······ **133**
第三节　激发学生的责任感 ······ **147**
第四节　乡土教育 ······ **166**

第六章　高中生物课堂生态德育 ······ **193**
第一节　生态德育 ······ **194**
第二节　高中生物对生态德育的呼唤 ······ **209**
第三节　高中生物教学中实施生态德育的探讨 ······ **220**

第七章　高中生物教师道德责任的重塑 ······ **246**
第一节　师德修养是影响高中生生物德育教育的重要因素 ······ **247**
第二节　重塑教师道德责任的紧迫性 ······ **251**
第三节　教师道德责任的内容和判断原则 ······ **260**
第四节　教师道德责任的实现途径及意义 ······ **268**

结束语 ······ **280**
参考文献 ······ **281**

第一章　当代德育是多学科整合的教育

　　当前,随着社会生产力的不断发展,人们的现代意识不断深化,对教育的关注和理解也越来越深入。在应试教育的弊端依旧明显、知识教学仍旧占大多数课堂教学主导之际,人们开始了对学校德育、课堂教学的深刻讨论和反思。诸多反思中,让德育融入学科,让德育回归课堂教学逐渐成为共识。德育与教学一体化随之成为人们讨论的重要话题。

第一节 德育的意蕴

德育是教育极为重要的一个组成部分。与教学相比,德育更加长久,影响更为深远,对教师的要求更高。因此,在教育教学活动开展中实现德育的渗透是尤为重要的。

一、道德及其分类

(一)道德的含义

马克思主义伦理学认为,道德是由一定社会的经济关系所决定的特殊意识形态,是以善恶评价为标准,依靠社会舆论、传统习惯和内心信念所维持的,调整人与人之间以及人与社会、人与自然之间关系的行为规范的总和。从唯物主义的角度看,道德作为一种特殊的社会意识形态,是由一定的经济基础决定的。从辩证法的意义上说,道德具有相对的独立性,对社会生活有很大的能动作用。这种能动作用具体表现在道德对社会具有调节功能、认识功能和教育功能。道德的调节功能以协调人与人、人与社会、人与自然之间的完善和谐关系为目的。道德的认识功能使人们明辨是非、善恶,从而自觉地抑恶扬善。道德的教育功能通过规范引导、舆论评价、榜样激励等方式陶冶人的情操,提高人的道德水准和精神境界。

(二)道德的分类

道德渗透在人的实践活动和社会生活之中,无所不在。因此,从不同的角度观察,道德有多种分类。

在社会生活中,人们的道德活动是多种多样的,涉及很多领域,但概括起来有三个最基本的领域:社会公共活动的领域、职业活动的领域、家庭活动的领域。与这三个活动领域相对应的道德就是社会公德、职业道德和家庭美德。

二、道德教育

道德作为一种生存智慧,是通过道德教育来传递和发展的。所谓道德教育,就是一定社会或阶级为使人们接受和遵循其道德规范体系的要求,并按其价值标准处事做人,塑造人的品德,进而有计划、有组织地对人们施加系统的道德影响的活动。道德教育是道德建设的重要形式,在社会道德建设中起着重要的作用。一种道德最终能否被社会所接受,关键在于它能否反映道德关系的本质,是否符合社会发展的必然性。但是,这种道德究竟能够在何种范围和程度上为人们所接受,取决于道德教育的优劣。可以说,没有道德教育,任何一种道德要掌握社会生活都是不可想象的。道德教育能够使人们自觉地践行某种道德义务,是培育人格、造就人们内在道德品质、调节社会行为、形成良好社会舆论和社会风气的重要手段。

第二节 学校德育与教学分化的历史演变

教育作为人类历史发展过程中一项重要的社会实践活动，不仅将自身的变化发展与人类社会的历史变迁紧紧地联系在一起，而且积极参与人类社会的历史进程，有力地推动着人类社会的变化发展。而学校教育作为传承社会文化、社会生产经验和社会生活经验的重要载体，在人类社会的历史进程中扮演着重要角色。鉴于此，在纵览人类社会的历史变迁之余，梳理学校教育内部的诸多变化，以期更好地理解教育外部世界与教育内部世界对立而又统一的关系，便有着重要的意义。

一、德育与教学浑然一体

我国早期的教育学者杨贤江曾言："自有人生，便有教育。"[1]教育是一切客观实践活动的需要，也是人类自身发展的需要。在人类社会的历史进程中，教育随着人类文明的发展而发展，经历了从非形式化教育到形式化教育再到制度化教育的历史进程。其中，在漫长的非形式化教育阶段，教育与社会生活过程、生产过程浑然一体。随着人类文化的不断积累和语言文字的不断丰富，独立的教育形式——学校教

---

[1] 陈少丹.高中生物教学中生态德育的研究[D].武汉:华中师范大学,2012.

育才由此产生。在早期的人类历史中,不论是非形式化教育还是形式化教育,教学即教育,教学的目的在于教人做人、教人向善,学习的目的在于求德、求善。故言,"大学之道,在明明德,在亲民,在止于至善"。

(一)中国古代教育

原始社会初期,由于社会生产力低下,生活、生产资料十分匮乏,教育与生活、劳动浑然一体。教育以传递社会生活、生产经验为主要内容,非形式化教育成为教育的主要实施形式。以宗教礼仪等为主要载体的道德教育是教育的核心内容,道德教育在日常习俗中广泛存在,并且以习俗的传承为主要内容,具有人人参与的全民性。儿童通过日常生活以及参加宗教或节庆的仪式、歌舞、竞赛等形式接受道德教育。德育以培养年轻一代对神灵和首领的虔敬、对长者的尊敬、对氏族与部落的责任的理解、对原始宗教仪式的掌握以及形成其他社会习俗所鼓励的道德品质等为目标。

奴隶社会时期,随着社会生产力的发展,生产资料出现剩余,在阶级出现分化的同时,学校开始出现。教育由非形式化走向形式化,但这一时期学校教育的主体、目的和内容仍由统治阶级主导。教育成为维护统治阶级利益的工具,于是学校教育的首要任务是灌输统治阶级的政治思想和伦理道德。学校教育主要是教人如何做人,如何修身养性,培养德行。人伦道德教育是学校教育中的重要内容。正如《孟子·滕文公上》中所说,古代的学校有共同任务——皆所以明人伦也。

封建社会时期,社会等级更加森严,教育的阶级性更加明显。学校教育中,教育者、受教育者乃至整个教育目的都服务于统治阶级的利益需要。身份决定机会,只有上层阶级的后代才有受教育的可能,受教育的象征功能大于实质需要。学校教育目的就在于培养适应统治阶级需要的各类人才,学校教育内容也紧紧围绕这一教育目的去组织。不论是哪类受教育者,其思想道德修养皆处于十分重要的地位。因此,在教学过程中,德育始终处于核心地位。"德育为先,知识保障"成为中国古代教育鲜明的特点。

总之,中国古代教育具有等级性、道统性、专制性和刻板性等特点,特别是其教育的象征功能大于实体功能和实质需要,受教育本身成为主要目的。但是,道德熏陶始终是教育的主导,知识教学是道德影响的重要载体,德育与教学浑然一体。

(二)西方古代教育

古代西方国家对道德教育的重要性认识也有迹可循。其中,古希腊哲学家亚里士多德认为:"教师应加强对学生进行品格教育,培养学生的美德。"中世纪荷兰教育家伊拉斯谟认为:"导师应该首先注意使他的学生热爱和尊敬德行。"在西方古代学校教育中,学校课堂教学内容基本以维系人际关系和谐、促进社会秩序稳定的古典人文道德教育内容为主。与人们的生活方式、道德观念密切相关的道德,自然被渗透到学科教学之中。所谓教学即德育,一旦形成了学校课堂教学与伦理道德的同构,德育与教学便可浑然一体。

在古希腊,古代雅典教育的目的在于培养有文化、有教养和多种才能的政治家和商人,注重身心的和谐发展,教育内容比较丰富,教育方法也相对灵活。古代斯巴达教育的目的则在于培养统治阶级的强悍军人,强调军事体育训练和政治道德灌输,教育内容单一,教育方法严厉。统治阶级的政治思想和伦理道德是唯一被认可和传递的思想。只是,不论是培养和谐自由公民的雅典教育,还是训练勇敢忠诚武士的斯巴达教育,或者教人忍耐顺从的宗教教育,其目的都在于培养品德,教人做人。德育培养与知识教学形成高度同构。

在古罗马,家长制久负盛名。教育子女以家庭教育为主,而家庭教育以道德教育为核心。在日常家庭生活和社会活动中,男童从父亲那里受到敬畏神明、孝敬父母、忠爱邦国、遵守法律的教育。此外,父亲还要对儿子进行勤劳、节俭、朴实、严肃等品质的教育。德育仍旧是受教育者日常学习过程中的首要目标,知识教学只是道德影响的主要载体。

综上所述,古代教育中,不论是中国还是西方国家都非常重视德育,一致认为个人道德修养与教育密切相关,并把对个人道德素养的提升作为教学的首要目的。

二、学科教学的历史分化

"学科"是个历史概念,在《辞海》中,它有两层内涵。其一是学术的分类,指一定的科学领域或一门科学的分支,如自然科学中的物理学和生物学、社会学科中的史学和教育学。其二是教学科目的简称,即科目。在学校教育的意义上,"学科"是教学科目的简称。这些教学科目是根据教学目的的要求,从具有独特体系的各门科学知识中选取的,依照学生身心发展的不同水平以及教学方法的不同要求,加以合理地编排、组织而成。它是教育者通过有目的、有计划、有组织的教育活动,使受教育者具备社会实践活动的基础。学校教育总是通过一定的教育内容影响学生。这些教育内容不是笼统、杂乱无章地堆放在一起,而是按照一定的组织方式分门别类地组织起来的,每个门类构成了一个大的教育内容模块。其中,"模块"便是指学校教育中的"学科"。

(一)学科教学分化酝酿阶段

人类社会早期,社会生产力极度不发达,科学技术严重落后,人类自身对于客观世界以及自身变化发展的认知能力严重不足,认知水平也极度低下。人类对自然界充满着无限的敬畏之心,不论是风雨雷电、山洪暴发,还是生老病死、日月更替等现象,人们都不具备予以科学解释的知识储备和能力。于是,当面临周边世界的种种变化时,人们更多的是诉诸神话或者传说、巫术等,以求换得人类自身身体的安宁和灵魂的皈依。因此,早期的人类知识呈现出零散性、偶然性和神秘性等特点,这些知识大多是社会生产、日常生活经验的总结,缺乏组织性、普遍性和规范性,还不具备学科的属性和特征。

与此同时,前人简单的、零散的、不系统的生产活动和社会生活技能和经验,也只是由年长的一代亲身在生产实践活动、日常生活过程中偶然地传授给年轻一代,言传身教是主要的施教方式。因此,人类社会早期教学的突出特点是知识笼统化、一体化。学科分化处于酝酿阶段、萌芽阶段。

(二)学科教学分化初始阶段

进入漫长的奴隶制、封建制社会后,教育逐渐完成了由非形式化教育向形式化教育的历史转变,学校教育适时产生。在人类认识能力不断提高的历史背景下,人类的知识储备越来越丰富,认识水平也逐渐提高。这为知识分化提供了重要保证,也是学校学科教学分化的重要前提。

在我国,这一时期比较典型的划分当属"六艺"。"六艺"是我国较早的知识分类概略,它把儒家经典分为《礼》《易》《书》《诗》《乐》《春秋》。只是由于社会历史进程的原因,这一时期的我国学科知识分类更多地倾向于人文学科和伦理范畴,而对自然科学的关注不够。

而在西方国家,科学知识的分类则是另一幅景象。与我国更注重人文学科不同,西方国家更注重对自然科学知识的梳理和分类,学科分化更显科学性、逻辑性和结构性。西方古代的先哲们一开始便重视自然学科,其中包括天文学、物理学、几何学、逻辑学、算术、人体解剖等学科。后来进一步演化为西方著名的"自由七艺",即文法、修辞学、逻辑学、几何学、算术、天文学和音乐。

不论是我国还是西方国家,这一时期学校教育中的学科分化终究处于初始阶段,学科分化仍显简略和粗糙。

(三)学科教学分化发展阶段

在人类漫长的历史进程中,我国长期处于封建制社会,教育的阶级性久盛不衰,教育始终成为维护统治阶级利益的重要工具。因此,凡是有利于巩固统治阶级政权的教育活动和教育内容都得以强化,反之则受到挤压和抑制。这在一定程度上阻碍了我国学科教学分化的历史进程,使得我国的学科知识分类长期倾向于人文学科和伦理范畴,不利于我国科学技术的进步和社会生产力的快速发展。

而西方在经历了漫长的中世纪黑暗时期后,终于迎来了文艺复兴运动,人的主体性得以复苏。人们开始批判封建主义旧文化,发展资本主义新文化。在"抑神扬人"的社会文化的持久熏养下,文学、艺术、哲学等人文学科都得以新生、发展。在学校教育被赋予新的历史使命的同时,社会各界都在呼唤着对人类知识的重新科学分类。

在此,英国哲学家、教育学家弗朗西斯·培根成为学科分化的里程碑式人物。在充分而又真切地感受到知识的价值,意识到进行知识分类的重要性后,培根根据近代科学所具有的科学性、普遍性和客观性的品质,提出了"知识树"的构想,并以此来对知识谱系进行划分。培根的知识分解方法或知识体系的构建方法的立足基点是人类的理性能力,他根据人类认识世界的三种理性能力,即记忆、想象和判断能力,把人类庞杂的知识遗产条分缕析,形成一个有明晰体系的知识网络,构建了一个相对完整的知识谱系表。培根这种系统的、科学的知识分类方法,为近代科学研究奠定了基石。这也意味着学科分化时代的真正到来。

随后,捷克教育学家夸美纽斯在其著作《大教学论》中提出了"泛教育论"的观点,构想了囊括一切知识的教育。他在培根科学知识分类体系的基础上,为各级各类学校规定了百科全书式的教学内容,极大地丰富了学校的课程教学。一定程度上而言,夸美纽斯所提出的教学科目,大致上确定了近代资本主义学校课程的范围,同时,使得学校教育中的分科教学开始步入新的历史发展阶段。学科分化不再只是人类历史经验的自然分化,更重要的是有了理论论证和归纳。

紧接着,西方社会爆发了资产阶级革命,教育开始走向世俗化、普及化。科学技术的飞速发展对社会劳动力提出了新的技能要求,学校逐渐成为培养适应社会变化发展的职业劳动力的重要场所。于是,学校教育中相关知识学科得以飞速发展,成为时代的宠儿,而更注重人文素养熏陶的人文学科又开始遭遇难题。学科教学急剧发生分化。

今天,科学技术日新月异,科学—技术的转化周期越来越短,这为学校教育的知识教学提供了更多的养料,也为学科教学分化提供了更大的可能。人类知识分类变得越来越细化,学校学科教学也越来越不均衡,学科教学分化仍旧处于不断的历史发展进程中。

综上所述,学科的分门别类由来已久。就科学发展的历史来看,西方学说一直沿着分科治学的道路前进,从哲学的古典三分——逻辑、伦理和物理到中世纪的

"文科七艺"(三学科——语法、修辞和辩证,四学科——算术、几何、天文和音乐),再到近代以来新建制的践行引发的新兴学科的丛生及其所获得的制度性基础等。一方面,学科向纵深方向发展;另一方面,学科向广延方向伸张,意在寻找一套共同的解释、共同的传统、共同的工作假设、共同的理论模型、共同的研究方法和共同的语言系统等,呈现出越来越综合的整体化趋势。就学科分化的特征来看,西方的学科先以哲学为其他各学科之母,之后神学占统治地位,最后是多学科分化。自然学科和技术学科的分化与人文学科的分化是并驾齐驱的。而我国学科发展是一个由诸子之学到儒学定于一尊,再到众多单一学科的发展过程。其间,虽有学科分化,但在漫长的封建社会里,人文社会学科的分化一直处于主导地位,自然学科和技术学科的分化相对滞后。只是,无论是在西方国家还是在我国,学科分化的一个共同特征是由比较单一的初级综合学科向多门学科分化,而多门学科分化到一定程度的时候又产生了比较高一级的综合学科。

三、学科教学与德育的分化

古代教学与德育的浑然一体在学科发生分化后也发生了分化。

发生在18世纪中叶的第一次工业革命引起了社会制度及人们思想观念、生活方式的巨大变化,也引发了教育的变革。唯智论者首先呼吁教育世俗化,追求国民的教育启蒙,逐步确立了实用功利的教育目的。在这一社会大背景下,法国教育家孔多塞主张废除学校教育中宗教和政治的内容,建立新的学校课程体系,对国民实施智育。他认为,古典充斥着谬误,把古典当作文体的典范也是危险的。因为当今时代的重要任务是培养理性,而古典是诉诸感情。英国教育家斯宾塞则从功利主义教育观出发,提出了"什么知识最有价值"的命题。他对于科学知识的分类极大地影响了学校教学内容的设置和编排,也使得课堂教学过程中教育以学习科学知识为中心,知识经过科学的组织编排构成系统的课程和连贯的教材,通过教学活动来有效地完成。随之而来的是在教学过程中智育的地位越来越高,学校越来越注重知识和技能的传授,而忽视了道德教育的加强。教学日渐走向了实用,而疏远了人文熏陶。

进入20世纪,科学知识的应用价值日益彰显,人们对科学的态度逐渐由喜爱走向崇拜,科学主义演变为现代神话,以至于形成了科学至上论。以实证分析和理性抽象为特征的科学研究被人们尊崇为基本的研究范式。它似乎既是知识合理性的评价标准,又是知识合法性的衡量尺度。唯有进入科学领域,知识才具有合理性并获得存在的合法性。在这种科学知识观的影响下,各种知识纷纷以科学相标榜,人文的、叙事的知识因其非科学性或不系统性而受到排斥。伴随着现代科学的发展,学科高度分化并日趋专门的格局逐步形成。学科分化致使各学科知识间的内在统一性日益淡化,出现了文理两种文化的分隔。再加上工业社会的发展,外部劳动力市场分工也日益细化,引起教育职能的高度分化,职业取向的功利主义教育观渗透于学校教育。在职业至上论占主导的氛围下,以人的精神完满和丰富为特征的人文道德教育也逐渐淡出学校教育的目标。再重新审视科学管理下的学校教育,重服从轻自主的教育价值观和重共性轻个性的教育模式,使学校更像工厂,教育过程形同一条条冷酷无情的生产流水线,只知道让学生熟记机械的科学程序而不懂得发展学生健康的个性,学校没有真正担负起从事青少年道德培养的责任。原本作为人类精神活动和使人了解生活、认识生命、追求价值、提升精神、热爱智慧、净化灵魂、完善个性的教育,在唯科学主义目标之下,迷失了自己的方向,偏离了自身的责任,学校课程的设置也远离了现实生活,脱离了教育的本真。

科学技术的飞速发展导致了人类知识的急剧分化,进而引发了学校教育内部学科教学的分化。在科技主义、功利主义至上的历史思潮中,学校教育开始变得急功近利,只顾向学生教授知识和技能,而忽视了对学生的道德熏陶。日常的教学活动中,迫于升学压力,学科教师只愿负责知识传授,完成知识教学任务,而不愿挖掘学科教材中的德育素材,对学生进行德育渗透。学校德育逐渐远离课堂教学,而成为德育处、班主任以及道德课程学科教师等的专职工作。学科教学与学校德育日渐发生分化。

第三节　课堂教学"育人"还是"育分"

教育是一种培养人的社会活动,是传承社会文化、传递生产经验和社会生活经验的基本途径。学校教育则是教育者根据一定的社会要求,有目的、有计划、有组织地对受教育者的身心施加影响,期望他们发生某种变化的活动。在制度化教育的今天,学校是教育实施的主要载体。而在学校内部,课堂则是实现学校教育目标的主要阵地。因此,对当前课堂教学现状进行分析,在一定程度上有助于教师准确地把握学校教育乃至整个国家教育的现状。

理论上而言,课堂教学的目的是教书育人,知识传授与道德影响并重。早在19世纪初期,德国教育学家赫尔巴特就提出了教育教学一体化的教育原则,将教书和育人同时统筹进课堂教学过程中。只是在功利主义盛行,应试教育依旧占主导地位的今天,大多课堂教学仍旧是教书有余而育人不足。

一、被学习掩盖的学生

众所周知,在课堂教学活动中,学生是重要的参与者,任何课堂教学活动的顺利开展都离不开学生的积极参与。学生的认知水平、学习态度、学科兴趣等都会对课堂教学的有效开展产生重大的影响。在课堂教学过程中,如果教师一味地、单纯地传授知识,全然不顾学生的主观意愿、兴趣、学习接受度等,往往很难取得预期的教学效果。与此同时,学生很容易产生学习疲劳感,对学习滋生懈怠、厌倦的心理。

事实上,学生在学习的过程中应该居于主体地位,教师的教只有内化为学生的学,才能宣告教学进程的完整结束。在学习过程中,学生的主体地位表现为以积极主动的姿态参与日常的课堂教学活动,对教师的教学有着独特的反思和内化学习过程,不是一味地等、靠、拿,而是具有强烈的主动性和自身需求。然而,在当前的课堂教学过程中,学生大多被动地接受教育,缺乏学习积极性。课堂上,学生大都静悄悄地等待着教师的知识喂养,他们乐于成为知识的奴隶,而惧于成为知识的主人。在他们终于短暂性、临时性地摆脱学习、考试的束缚后,他们的行为表现却是另一番景象,抑或热情活泼、思维敏捷,抑或性格古怪、行为失范等。《学会生存》一书中指出:"在现代学校教育中,学生的人格被分裂成两个互不接触的世界。在一个世界里,学生像一个脱离现实的傀儡一样,从事学习;而在另一个世界里,他通过某种违背教育的活动来获得自我满足。"

当前的学校教育也确实如此。一边是教师的滔滔不绝,一边是学生的沉默不语;有的学生乖巧认真、斯文本分,有的学生自私自利、行为跋扈。如此种种,不胜枚举。当前的教育现状过分地注重知识传授,而对于学生个人的道德修养、心理素质等培养不足,使得学生在单调的日常教学活动中丧失了自己的精神家园,放弃了对自身精神世界的栽培和熏陶。与此同时,教师忙于备课和完成教学任务,无暇关注学生的内心世界和情感生活。

教师与学生的上述表现在一定程度上是对当前教育现实的莫大讽刺。诚如杨东平所言:"教育本身就意味着一棵树摇动另一棵树,一朵云推动另一朵云,一个灵魂唤醒另一个灵魂。如果一种教育未能触及人的灵魂,未能引起人的灵魂深处的变革,就不能称其为教育。"依此类推,一种教育如果只提升了学生成绩,只让其智力水平达到了一定高度,而不曾提高其道德修养、社会责任心等综合素质,那么不能被称为成功的教育。如果教师只关心学生的学习成绩,而不关心学生的情绪波动、心理健康、道德认知水平发展等,那么即使学生学习成绩再好,他(她)也难为真正的人师。如果学生只在乎学习成绩,而不在乎社会责任感的提升、道德认知水平的发展,那么其学习生涯终究是有瑕疵的。

二、被教材掩盖的教师

在当前的学校教育过程中,学生压力大,教师也不例外。学生的压力在于学习任务重,环境单调、压抑,整天生活在应试教育的堡垒中,缺乏对生活意义、学习目的的追问和反思。教师的压力则缘于自我教育信念、理想与教育现实的冲突,社会各界对教育的过高期待以及教学能力、教师素质考核指标不合理等。大部分教师都怀着一颗充满责任感而又善良的心去思考教育内外的诸多弊端,于清醒而明晰的反思过程中,痛苦总是那么透彻和分明。

在传统的教育思维方式的制约下以及现实教育压力的沉重逼迫下,众多的课堂教学活动中普遍存在以下情况:教师教学方法和技能陈旧单一、千篇一律;教学主张从众而忽视求异、创新;学科知识传授多,而德育渗透少;教学任务完成多,而育人责任承担少;被动依赖教材过多而主动挖掘教材太少。教师只负责教教材,放弃了自身对教材的独特挖掘和深度把握。

事实上,教师何尝不想实施更合乎学生身心健康发展的教育呢?正如华东师范大学教育学系周彬在其著作《叩问课堂》中所言:"有很多教师,正是怀着教育的理想,步入真实的课堂。可当他们真正地在课堂中行动时,才发现自己的课堂教学,并不一定能够实现自己的教育理想,而且往往不是为了实现自己的教育理想。太多的规章制度约束着自己,各种考试更是课堂教学的指挥棒,而且学生的成绩远比自己的教育理想重要。"的确,课堂教学过程中,由于升学压力的逐年加大、教学任务的不断加重以及教学课时的有限性等因素的综合影响,教师在怎么教与教什么之间并不存在太多的选择自由。他认为,教什么属于科学范畴,意味着不管是课程标准的制定者、教材的编撰者,还是课堂教学中的教师,都应对教学内容的选择和组织进行科学的研究和分析,只不过不同主体进行研究和分析的任务不一样,考虑的标准不一样。怎么教属于艺术范畴,意味着在课堂中的教师要像一位艺术家那样,让自己的思想不受太多的约束,对教育环境的把握有足够的自信,并与学生保持互动。更为重要的是,教师要有艺术家一样的素养和自信。也就是说,教师应该更加注重教什么,尽可能地挖掘教材、组织教材,从而更好地实施教学。

三、被考试掩盖的教育

受升学压力的影响,当前的教育在一定程度上偏离了它本真的意义,成为一种在工具理性操作下的功利主义教育。人们所理解的教育只是将年轻人培养成有用的人才。于是,一些人认为,在中学阶段,教育的全部功能就是如何使得广大中学生顺利地学会教学大纲所规定的学科知识,如何顺利地考试升学。因为在大多数家长看来,升学考试影响孩子的一生,它直接影响着孩子今后的发展方向和发展前途等。可以想象,这种以考试升学为根本目的的功利主义教育,极其容易将一些学生培养成高分低能的"考试机器",其后果很难预想。

总之,教育目的对一切教育工作都具有指导意义,教育制度的制定、教育内容的确定以及教育和教学方法的运用,无不受到教育目的的制约。教育目的是教育工作的方向,是一切教育工作的出发点和归宿。学校教育是实现教育目的的重要载体,而课堂教学又是学校教育的主要领地。要有效地实现教育目的,就必须尽量地完善学校教育、完善课堂教学。课堂教学的目的不应该是单纯的"育分",更应是"育人"。在"育分"的过程中,应始终贯彻学校教育"育人"之根本目的。"育分"只是"育人"的手段之一,而"育人"却是"育分"的最终目的。在课堂教学过程中,如果教师一味地"育分",最终将使得学校教育偏离教育目的。如果只重视学生的分数,那么即使他们完成学业,步入社会,他们的精神家园也是缺乏生机的。

第四节　学校德育"独立"还是"孤立"

教育的宗旨在于教人做人，在于使受教育者能够更好地适应当前及未来社会的变化发展。正如法国犹太裔社会学家、人类学家涂尔干所言："教育是成年一代对社会生活方面尚未成熟的年轻一代所施加的影响。其目的在于使儿童的身体、智力和道德状况都得到激励与发展，以适应整个政治社会在总体上对儿童的要求，并适应儿童将来所处的特定环境的要求。"而教育的核心是道德教育。培养全面发展的、和谐个性的人就在于教育者在关心人的每一个方面、特征的完善的同时，不忽略人的各个方面和特征的和谐，在这个和谐里起决定作用并占主导成分的是道德。

一、德育制度作为专职工作的学校德育

学校德育的实施途径主要有两种：一种是直接的道德教学；另一种是间接的道德教育。直接的道德教学是指在学校日常教学活动中，设立单独的道德课，进行直接的道德教学；而间接的道德教育主要是指在学科教学中或者学校日常教育活动中对学生进行道德渗透。不论是直接的道德教学还是间接的道德教育，其目的都是加强学校德育，提高学校德育的成效。只是，两种实施途径都有着自身的局限性和不足。

在应试教育依旧盛行,学科教学日益智育化,且尚未寻找到更有效的方式通过学科教学来实施德育的今天,单独设立课至少可以使学校德育的实施在课程和时间上得到最大程度的保障。只是,单纯把道德教学与学科教学相提并论,实际上反而贬低了学校德育的价值和地位,使德育由学校教育的道德目的转变为学校教育的一项工作。与此同时,纯粹地把道德教学与其他学科相提并论,客观上也造成了教师在道德教学和学科教学之间的分工。担任学科教学的教师,可能会认为自己在学生德育方面没有责任或者责任不大,把德育推诿给担任道德教学的教师,这使得学校里不管德育的教师大有人在。学校德育逐渐转化为德育处、班主任以及道德课程科任教师等的专职工作。

而间接的道德教育注重的是各任课教师教书育人的同步性,让德育渗透与知识传授共存于课堂教学过程中。早在2001年,中共中央办公厅、国务院发布的《关于适应新形势进一步加强和改进中小学德育工作的意见》中就指出:"德育要寓于各学科教学之中,贯穿于教育教学的各个环节。中小学语文、历史、地理、数学、物理、化学、生物、自然等学科要根据各自的特点,结合教学内容对学生进行爱国主义、社会主义、中国近代史、基本国情、民族团结和辩证唯物主义世界观,职业道德、职业理想与创业精神教育。"然而,在应试教育盛行的今天,应试教育不是对我国现行基础教育的概括,而是对其中存在的单纯以应试升学为目的而产生的诸多弊端的概括。事实上,应试教育是指在我国教育实践中客观存在的偏离了受教育者和社会发展的根本需要,单纯为应付考试、争取高分、片面追求升学率的一种倾向。但德育渗透早已成为课堂教学的稀客,在极少数学校甚至仅成为课堂教学中的形式目标,而知识传授才是实质内容。在教育分层的社会功能依旧明显、优良高等教育资源的稀缺等因素的综合影响下,学校教育中的课堂教学承载着太大的社会压力。不得已,教师只能一味地容忍学科知识将自己的课堂教学填满,只能无奈地默许学科知识教学将德育渗透挤出课堂教学这一重要的实施空间。于是,学校德育便逐渐成为一项专门的工作。

在此,虽说德育是学校工作的首位,但在实际的学校教学活动中,德育常常处于"说起来重要,干起来次要,忙起来不要"的尴尬地位。学校之间的交流多集中于如何提高升学率、如何提高教师专业发展水平等领域;在学校内部的各项日常活动中,教学在多数时候是居于中心地位的。进而,学校各项工作的开展大多是为了更好地提高学生知识掌握水平、应试能力等,对于学生的个人道德修养、心理素质以及社会责任心等的培养更多的是流于形式或者低效无效。应试教育的盛行,教学压力的增大,使得广大教师纷纷放弃了教师职业所具有的育人职能,而只承担教书职责。课堂教学过程中,满塞的是知识传授,落寞的是德育熏陶,热衷的是教学任务,冷落的是情感交流,兴奋的是分数波动,推诿的是细水长流。不得已,学校德育在远离课堂教学后,德育实施空间大幅缩减。一般教师在忽视德育责任后,德育实施者亦大量减少。不论是人员,还是时间、空间,都逐渐呈缩减趋势,这对于学校德育工作到底是种莫大的为难。

二、德育形式主体迷失的德育活动

学校无小事,事事能育人;学校无闲时,时时要留心。在学校中,德育实施的载体随处可见,而活动是最重要的载体之一。所谓德育活动是学校为了对广大学生进行有效、有序的思想政治道德等教育而组织、开展的诸多活动的总称,包括升国旗仪式、主题班会、入学军训等。德育活动形式因学生年龄的差异而略有不同。在德育逐渐远离学科课堂教学之余,学校所组织的各项德育活动便承载着更大、更重要的责任。然而,当前的学校德育活动形式略显单一枯燥。

(一)德育活动淡化了教师的德育性

教师这一职业对于国家、社会的进步发展,其重要性毋庸置疑;教师这一实体对于学校的进步发展和学生的健康成长也至关重要。一个民族如何培养教师、尊重教师以及在何种氛围下按照何种价值标准和自明性生活,都决定了一个民族的命运。在一定程度上而言,教师不仅学高为师,更重要的是身正为范。无论是教师这个职业还是教师个体,都具有一定的育人性、德育性。因此,在学校德育实施过程中,应充分地尊重并发挥教师的德育性。

然而,在有些学校实际的学校德育过程中,无论是德育活动的组织者(学校有关领导),还是德育活动的实施者(教师),都淡化了其自身所具有的德育性。德育活动的组织者、实施者习惯了对学生声文并茂地教导,对学生重教育、重考核、重评比,而对自身少管理、少反省、少监督。此情此景,何以让学生信服?何以让德育高效?

毕竟,教师不但要教育别人,还要进行自我教育、自我完善。教师应当以教育事业为终身职业,自我教育也是终身教育,因此,意义更为深远。若学校的工作一蹶不振,教师是责无旁贷的;若工作搞得出色,也应归功于教师。教师对于学校,有如太阳对于宇宙,教师是推动整个学校机器的力量源泉。

(二)德育活动忽视了学生的主体性

2005年,中共中央办公厅、国务院发布的《关于适应新形势进一步加强和改进中小学德育工作的意见》中指出:"要把丰富多彩的教育活动作为德育工作的重要载体,努力培养学生的社会责任感和奉献精神;积极开展有益于青少年学生健康成长的科技、文艺和体育等校园文化活动;要有计划地组织学生观看爱国主义和革命传统教育影视作品,参观爱国主义、法制教育基地。"短短数语,"学生"一词出现多次。可见,学校德育活动的组织和开展,应充分考虑并尊重学生的主体地位。

只是,随着改革开放的不断深入,社会主义市场经济的不断发展,人们的思想道德观念早已发生了复杂而深刻的变化。现实的变化不仅使得传统的德育方式变得低效,同时,引发了人们对于学校德育活动方式的反思。主体意识强烈的学生日渐希望按照自我发展需要来选择学习内容和方式,而不再是一味地接受学校教育中千篇一律、大且空的道德说教和灌输。学校道德教育在学生主体意识日渐萌生的环境中更是陷入困境。诚如有人言:"如今的教育,有人花钱买智育(如家教),有人花钱买美育(如钢琴班),有人花钱买体育(如体育特长班),可是有谁花钱买德育?"话虽调侃,却见事实。

在学校德育过程中,学生反感和排挤的并不是学校德育本身。每个人都希望成为如王国维所言的身体和精神皆健康发展的人,德、智、体全面发展终究是对学生最有意义的终结性评价。让诸多学生反感的是传统学校德育单调乏味、无视学生主体的活动形式。诸多学校的德育活动是在学校教育工作者非理性态度以及在学生不理解、不接受的情况下,例行而又机械开展的。这种教育方式或活动形式既没有充分考虑学生的实际道德认知水平,也远离了学生的日常生活,必然会导致学生对学校德育实施形式的反感和排斥,进而不当迁移至学校德育本身。这对学生和学校德育活动都是一种误解和伤害。

鉴于此,在当前学校德育实施过程中,德育实施者不应过于看重对德育目标的制定,而忽视对德育实施活动方式的可行性以及学生认可度的考虑和认证。德育目标的制定应该综合考虑学生目前所具有的道德认知水平、道德判断能力,应该综合考虑学生的可接受度、乐意的接受方式以及活动开展后的学生反馈意见等。一言以蔽之,应充分地尊重学生的主体地位,以学生为本。任何单纯地、一味地拔高学校德育的目标,而不转变实施方式,充分考虑德育实施方式的时代性、合理性和可行性以及与学生心理发展程度的一致性、适宜性等,都极易导致事倍功半,甚至适得其反。毕竟,学生是学校德育的实施对象,更是其主体。如何充分尊重学生的主体地位既是当前学校德育的困境之一,也是学校德育活动的实施方式取得成效的重点突破口。

三、德育环境被孤立的学校德育

学校是社会的重要组成部分,社会的变化发展制约着学校的变化发展。从社会变迁对教育制度的影响而言,教育是社会变迁的结果。从教育导致人们观念和意识形态的变化最终引发社会变迁而言,教育是社会变迁的动因。从教育对多数社会变迁的影响而言,教育往往是社会变迁的条件。可见,学校教育与社会的关系密不可分。要想学校教育各项工作都能够顺利进行,必须充分保证学校教育与社会变化发展的一致性,保证学校教育对社会变化发展中各种滞后因素的超越性。作为学校教育健康发展重要保障的学校德育更不例外。学校德育应充分与校外教育,包括家庭教育等协调一致,共同促进学生道德认知水平、道德判断能力的提高。

早在1988年,原国家教委发布的《中学德育大纲》就指出:"校外教育是对学生进行思想品德教育、培养健康文明生活方式的一个重要阵地,教育部门要建立校外教育的指导机构,并根据德育大纲的要求有计划地建设与校内德育相配套的校外教育基地和场所。学校要主动与少年宫、儿童少年活动中心、文化馆、博物馆、纪念馆、科技馆等校外教育单位建立联系,充分利用这些专门场所和教育设施,组织学生参加各种活动,在活动中进行教育。"然而,现实情况并不令人满意,学校德育在一定程度上割裂了与社会环境的联系,使自己孤立于纷繁复杂的社会环境中,并没有处理好与社会德育之间的关系。

(一)学校德育过于封闭而忽视了社会适应性

在一些教育工作者看来,当前社会是学校教育的噩梦。在学校教育中,以教师为主的各类教育工作者都在努力地为学生的成长创造良好的、积极的和健康的成长环境。不论是学校的硬环境——教学楼、学生宿舍等,还是学校的软环境——教师的工作态度、后勤保障力度等,都在努力形成一股促进学生身心健康发展的合力。然而,当学生阶段性地结束学校教育置身社会后,面对社会生活的纷繁复杂,他们显得十分不适应。学生在学校所受的诸多教育丝毫抵挡不了各种不良环境对学生身心的肆意毒害。于是,"5+2≤0""学校五天的教育,比不过社会两天的浸染"等说法随之兴起。在此情形下,学校教育本能地做出了反应,采取了诸多措施。学校实行封闭式管理,将学校德育与社会环境隔离起来便是其一。

然而,当前学校德育现状的变化发展辜负了学校教育做出反应、采取措施的良好本意和良苦用心。学校开始对学生进行封闭式教育,学校德育开始孤立于社会,割裂了与社会环境的良性互动,进而成为茫茫海洋中的一叶孤舟。学校本意是使得学生在理想化、超越性的净土中健康成长,却无意造成了学生与社会的隔绝,反而让学生成为温室中的花朵,一旦置身纷繁复杂的社会环境中便有着太多的不适应。毫无疑问,这自然是学校的一厢情愿。由于学校的德育内容、德育方式严重脱离了社会和学生实际,只固守于大而空的道德说教,忽视了生机勃勃的社会生活对广大学生的德育价值，使得许多学生在置身社会时，因缺乏一定的道德认知和批判能力，而变得内心焦躁不已、混乱不堪。学校德育非但没有成为社会进步的净化者，反而成为社会进步的重大阻碍。

于此，虽然说道德教育不是对现实行为、现实关系的肯定、复制和重现，而是从可能的、理想的生活方式出发对现实行为、现实关系的否定、提升和启蒙，学校德育不能以现实社会中的道德价值取向作为主要内容，不能对现实行为、现实关系进行简单复制，但是至少应充分发挥学校作为社会道德净化机制之一的重要功能，保持学校德育工作与时俱进。只有这样，经过学校德育熏陶的学生在步入广阔的多元社会后，才能更好地适应和生存。

(二)学校德育过于开放而忽视了社会滞后性

在另外有些教育工作者看来，学校德育不是不超越、不否定现实，而是太超越、太否定现实，致使理想的生活不是提升了现实生活，而是根本遗忘、摒弃和歪曲了现实生活。无论是学校德育的目标、方法还是内容和手段，都是在社会现实生活的基础之上提炼而成的，就连学校德育的主要实施者——教师，都是现实中的人。所谓学校德育，只不过是现实中的人根据一定社会历史阶段中形成的德育目标，通过各种可能的、现实的手段对受教育者身心施加影响，从而形成一定社会所预期的道德品质的过程。简言之，学校德育就是使受教育者成功地内化现实社会的合理的道德规范。

不可否认，上述观点是现实的。学校德育必须走出校园，置身整体社会，必须从大、空的道德说教回到实实在在的社会生活中来，以期培养适应真实社会生活的人。在此观念的指导下，在长期低效的困扰下，学校德育开始了新的变化。

在很多学校管理者看来，学校德育单纯依靠学校是很难取得成效的，这需要包括家庭教育在内的诸多校外教育的一致支持。其中，家庭环境、家庭氛围对学生思想品德和心理素质的形成和发展尤其有着重要的作用。家庭教育是实施德育的重要渠道，也是对学校德育的有效补充，二者共同促进着学生思想道德水平的提高。家庭教育对青少年的影响日益明显和重要，因此，越来越多的学校开始尝试通过家访、家长会等多种方式密切与家长联系,希望家长能够增强对德育工作重要性的认识,能够了解学校对学生的德育要求,争取家长与学校教育的良好配合。

毫无疑问,在应试教育依旧盛行的今日,学校加强与家庭、社会的联系对于缓冲社会、家庭对学校教育的过高期待有重要的意义,对于学校德育成效的巩固、提高也是一种有效尝试。只是,社会环境终究有滞后性、破坏性的一面。社会环境的滞后性并不会由于人们的美好意愿而自动消失,在一定的时机出现时,反而会恶化、膨胀。这于道德认知有限、道德意识不足的青少年而言,无疑是种艰难和残忍。因此,学校德育过于向社会开放,既有释放压力、逃避责任的嫌疑,也难以取得预期的效果。毕竟,这需要各种社会环境、影响因素的极大一致性,更需要多方的沟通一致性、预期一致性,有着莫大的偶然性。

总之,在学校德育的实施过程中,既不能过于封闭,割裂与社会环境的一致性,也不能过于开放,将学校德育的成效寄托在对社会多重因素的偶然一致的期待中。在社会日趋变化发展的今天,人们应极大地发挥社会环境的积极作用,采取有效措施,充分利用社区各种教育力量,充分重视各种社会信息对学生的影响,综合多种因素来共同促进学生身心的健康发展,共同促进学校德育成效的显著提高。

第五节　让"德行引领"回归学科教学

在学科教学中,每门学科都有其存在价值、工具价值和人文价值,其中,存在价值是基础,工具价值是手段,人文价值是目标,即进行学科教学所应遵循的目标。然而,通过前文的论述可以看出,学科教学出现了本末倒置的现象,这无不表明当今的教育正渐渐失去其本真,慢慢进入病态的状况。社会要发展,教育要发展,课堂教学需要回归教育的本真,这不仅要发挥学科教学的存在价值、工具价值和人文价值,同样需要学科教学作为学生德行的实践,而只有通过教学实践生成的学生德行才是学科教学回归教育本真的体现。

一、历史视角的学科教学

教学是师生双方的活动,只有教师教、没有学生学的教学是无学之教,没有教师教、只有学生学的教学是无教之学,这些都不是真正意义上的教学。但这些"伪教学"大量出现在当今的课堂教学中,是教育体制引导下学科教学历史发展的产物。因此,要论述学科教学回归到教育本真之前,必须弄清楚学科教学的历史发展过程中出现了什么,是什么原因导致了"伪教学"的出现。所以,有必要对学科教学的发展历史做一番回顾。从历史发展的轨迹来看,学科教学作为学校的基本教学方式在我国已有近百年的历史。它伴随着现代学校的诞生而逐渐形成,在教学发展的百年史中可以简要分为以下几个阶段。

(一)赫尔巴特学说控制阶段

我国现代学校起源于洋务运动时期创办的新式学堂。洋务运动的基本内容是引进和学习西方先进的科学技术,培养创新型人才。由此,我国相应地在文化教育上采取了一些重要举措,如创办新式学堂、翻译西学书籍、派遣留学生。在"师夷长技以自强"理念的推动下,新式的教育思潮涌入我国。当时留日学生比较多,学习日语的人也多,翻译力量强,因而这时流入的教育思想主要是日本化的赫尔巴特学说。赫尔巴特学说的目的——手段体系的渗透,对当时新式教育"一穷二白"的现状来说无疑是一场及时雨。赫尔巴特的"明了—联想—系统—方法"教学四阶段论一进入中国就被应用到课堂教学中,后由其门徒发展出的"预备—呈现—联合—系统—应用"五段教学法更是毫无遗漏地被应用到当时的教学中。当然,在借鉴的过程中,有的教师在五段教学法的基础上做出了一些改变。当时由旧时私塾的个别教学转变为班级授课制,塾师多不知如何应对。除"五段"外,也有"四段""三段",但其基本理念没有脱离赫尔巴特思想的指导。

在随后的半个多世纪里,虽然杜威、桑代克、布鲁姆等新式教育思想的传入,给我国的教育界带来了许多可供借鉴的经验,但由于赫尔巴特学说先入为主,其后教学发生的改变多为在原有基础上进行的小修小补,其大体结构、主体观念依旧是赫尔巴特的"以教师为中心"的教学观。教师在教学中处于主导地位,是课堂教学的主角,是知识的绝对权威。新式思想的传入并没有撼动传统儒家的"天地君亲师"的思想,"一日为师,终身为父"仍是对当时教师社会地位的真实写照。

(二)凯洛夫教学理论指导阶段

1949年10月,中华人民共和国成立,尔后开始了全方位的社会改造。在教育方面,我国由仿效英美转向向苏联学习,凯洛夫的教学理论取代了赫尔巴特的教学理念。1952年11月,《人民教育》上刊登了《进一步学习苏联的先进教育经验》一文。借鉴苏联制度化教育的做法对我国如今的教学实践仍有重要的影响,具体表现为设置班主任一职。1952年3月18日,中华人民共和国教育部颁发了《小学暂行规程(草案)》和《中学暂行规程(草案)》,规定"小学各班采取教师责任制,各设班主任一人。中学以班为教学单位……每班设班主任一人,由校长就各班教员中选聘"。这不仅以规程的形式规定了班主任的合法地位,而且明确了班主任队伍的来源。在此后的很多年里,对班主任的问题做出了多次修改。例如,在1998年建立的班主任制度中,对班主任资格与职责做了具体详细的规定:"应挑选工作好、思想好、作风好,具有一定教学水平、管理学生经验和组织能力的教师担任班主任。按照择优任用的原则,每学年经过教师评议一次,由学校领导批准。"现行班主任工作制度的颁布是在1988年,教育主管当局分别发布《小学班主任工作暂行规定(试行)》与《中学班主任工作暂行规定(试行)》,班主任的工作还加了一条:"按照《小学德育纲要》,联系本班的实际进行思想品德教育,着重培养良好的道德品质、学习习惯、劳动习惯和文明行为习惯。"

由此可见,自从借鉴苏联的基本制度以来,我国教育的体制呈现出愈加完备的状态。从教育实践的角度看,当时我国学习苏联的教育经验是有一定的积极意义的,因为以凯洛夫教育理论为代表的苏联教育理论强调制度化教育,有利于稳定当时我国学校的教学秩序,提高教育质量。但与此同时,我国的教育也因为过于制度化而出现了只按章办事的负面影响,学科教师的职责亦出现了分化的趋势。

(三)中国特色的教学发展阶段

从改革开放以来,我国的教育出现了历史性的改革阶段,在教育战线调整、改革、整顿、提高的过程中,教育改革迈出了第一步。随着《中共中央关于教育体制改革的决定》的颁布,我国教育进入了全面建设和深化改革时期。20世纪90年代初,我国确立了建设有中国特色的社会主义理论,继而开展了素质教育大讨论,创新教育、主体教育研究,我国的教育理论得到长足的发展,为创建中国特色的教育学理论体系奠定了基础。但在对素质教育的呼声越来越大的同时,提高教育效率的呼声也不绝于耳,一方面是素质教育的要求,一方面是提高教育效率的需求。在制度化考核的框定中,在短期利益的诱惑下,许多学校选择了后者,学校中慢慢出现了政治教研组、语文教研组、数学教研组等专门为提升各学科成绩的教研小组，随之出现了专门管理学生德育的德育部门和德育工作者，学校的教学事务被划分为教务处和德育处。在学科教学中，学科教师也因职能的变化分成了两派：一是主管学生德育的班主任，二是主管学生成绩的学科教师。教学机构的演变及教师职能的变化从效率角度来说都取得了前所未有的进步，但从教学伦理上来说，学生知识的习得与德行的获得却由于追求效率而处于两分的境况。

在教学发展的过程中，许多教育者看到了学生智育与德育两分的现实，于是在学校中产生了活动课堂、小组合作学习等各种旨在促进学生德行发展的教学组织形式；但不管外表的形式如何变化，其内在的"神"并未有多大的变动。正如叶澜所说："十多年来，随着教学改革的开展，课堂教学有了不少新的组织形式，开始注重学生的主动投入。但大多数的课以及教师的教学观在深层次上并没有发生实质性的变化。这一传统拥有超常稳定性，除了因为它主要以教师为中心，从教师的教出发，易被教师接受外，还因为它视知识的传授和技能的训练为主要任务，并提供了较明确的可操作程序。"[①]

在这百年的历史中，从完全借鉴国外的教学经验到发展具有中国特色的教育之路，我国的教育的确有了长足的发展，但发展的过程中隐藏的问题也变得愈加明显。传统教学中以教师为中心、以课堂为中心、以书本为中心的理论越来越突显出其弊端，加之过于追求效率化，造成当今课堂教学中学生德育与智育分离的现状。因此，在追求中国特色教学的过程中，人们需要转换思维，突破历史视角下的学科教学现状。

二、学科教学应有教育性

传统教学导致学生智育和德育两分的现状。教学是具有教育性的，因此，在科学技术是第一生产力的今天，人们不能固守传统的教育理念，更不能沿袭以往的教

---

① 叶澜.让课堂焕发出生命活力——论中小学教学改革的深化[J].教育研究，1997(9)：3-8.

学手段,而要在课堂教学领域中寻求突破。这一突破并不是毫无缘由地杜撰出一个全新的教育理论,而是就现在学生智育和德育相分离的情况做出一些努力,使智育和德育回归到一体。赫尔巴特曾谈到教育性的教学与教学的教育性:教学如果没有道德教育,就是一种没有目的的教育;道德教育如果没有教学,就是失去手段的教育。另外,杜威也曾做过"间接道德教育"的论述。当今的课堂教学期待学生知识的获得,追求学生成绩的提高,但更应注重学生德行的发展。教学是一项复杂的实践活动:从内容上来说,教学是围绕某一类专门学科展开的实践;从形式上来讲,教学是教师和学生双方互动的实践。所以,具体论述学科教学的教育性,可从教学内容和教学形式两方面展开。

(一)从教学内容来看,学生德行存在于学科教学中

杜威说:"从学科存在的本身属性来说,事实本身没有分界线把它们划分成分别属于科学的、历史的或地理的。现在通告的鸽子笼式的分类(一开始就把学生分到包括在大量不同教科书中的不同学科中所促成的分类)在关于各门学科的相互关系上、各门学科与它们所从属的整个智育关系上滋长了一种完全错误的观念。事实上,这些学科都必须与同一个最后的现实发生关系,即与人的自觉经验发生关系。"在实践的过程中,人们有不同的利益和目的,于是把材料加以分类,把分割好的每个部分贴上不同的标签,如历史、地理,所以学科本身的存在价值就是为了满足人们不同的目的和价值需要,学科教学是具有人为性的存在。

在学科教学的实践过程中,要把学科看作学生认识社会活动情况的工具。事实上,人们在选择教学内容时已有三种独立的价值观:一是文化修养的价值,二是知识的价值,三是训练的价值。三种价值在教学实践的体现均与社会性的解释有关,学生习得的知识只有能与社会生活中的各种情境、经历相关联时,才算是具有教育性的。训练具有教育性意味着它所代表的知识反映到个人能力中,并且个人将能力服务于社会,才能算是训练价值的体现。一个人接受的知识再多、能力再强,如果不服务于社会,而将知识和能力用于不法经营,这样的训练便不能算是教育性的。文化修养要具有教育性,并不是作为装饰存在,而是代表知识和训

练的生动联合,它标志着个体人生观的社会化。因此,可以说这是学科教学工具性价值的最佳体现。

此外,学科教学还具有人文性价值。培根说:"史鉴使人明智,诗歌使人巧慧,数学使人精细,博物使人深沉,伦理之学使人庄重,逻辑与修辞使人善辨别。"这正是学科教学的人文价值所在。事实上,中小学每门课程的设置都有其内在人文价值的考虑。例如,数学课有内涵坚韧、严谨等道德价值,外语课有尊重、宽容、国际理解等价值,语文课蕴含正义、人道主义、同情、人际敏感等价值,历史课蕴涵正义、善恶、理解、宽容等价值,科学课含有感恩、敬畏等价值。因此,在学科教学的过程中,实现各学科的人文价值就等于实现各学科的育人价值。通过教师富有教育性的教学方式,学生习得能用于实际生活的知识,掌握适应社会、改造社会的能力,并依靠这些能力为人民服务,为社会服务。

从分科教学到学科教学工具性、人文性价值的体现,都是基于学生德行的考量,同时,依赖学生德行的实现而实现其价值的最终含义。

(二)从教学形式来看,学科教学可以作为学生德行的实践

在传统教学理论的影响下,人们对课堂教学过程的分析或以教为单位,或以学为单位。然而,教与学事实上是不能分开的,以教为单位的分析容易走向教师中心,以学为单位则容易走向儿童中心。以"教为主导、学为主体"来调和这一对矛盾命题,不仅在逻辑上难以成立,而且在实践中仍难免产生非此即彼的二元思维。因此,可以以教学活动为单位分析教学活动过程,以便观察受教育者意义如何在互动中生成,从教学形式这一方面来阐述教学具有教育性,焦点可以聚集在师生互动方面。

从教学主体互动的方面来说,作为实践的教学不是一种促进学的教,而是指教学过程中教师与学生的交往互动。孔子时期"一日为师,终身为父"的观点早已一去不复返,教师与学生的互动关系也由传统的教师"一言堂"慢慢向教师、学生民主互动的方向发展。关于师生互动,不同教育专家的不同认识可以称得上是仁者见仁、智者见智,最有代表性且笔者最为赞同的是范梅南的理论。范梅南认为,师生交往互动关系是一种教育性关系,教育性关系是一种独一无二的人类现象,这种教育

性关系不能被化约为其他的人类关系,人类的发展与个体的成长仅可能存在于教育性的关系之中。教学互动关系的教育性表明,在课堂教学中,教师与学生是双主体,教师与学生以什么样的方式展开互动,在一定程度上会影响学生成为什么样的人。从伦理方面来讲,不同的互动方式将会生成不同类型的德行品质。在课堂教学中,如果教师总是本着强势的态度与学生互动,那势必造成学生服从屈服的德行品质;如果教师以一种民主的方式进行互动,则会养成学生团结合作、尊重理解的德行品质。因此,从这个意义上来说,学科教学具有教育性,在学科教学中,教师与学生要走出课堂教学中存有教学阻隔、缺乏教育关心、缺少德行引领的樊篱,进入以教师德行引领学生德行、以教师的关爱引导学生关爱的平等民主的课堂教学。

日本教育家柴田义松认为:"教学从表面看是教师向年轻一代传递文化遗产的过程。然而,这个过程的内部还有一个重要的过程在进行,那就是学生的精神发展。"这里的"精神"并非是心理学之精神,而是与物质相对之精神,用教育术语还可表述为人生观、价值观及理解能力的发展,用学科德育的话语也可称为学生德行的发展。无独有偶,周彬也认为,教育至少应该包括三个层次的内容:一是对学生学科知识的教授,称之为传授;二是对学生学科兴趣的激发与学习方法的指导,称之为教学;三是对学生全面发展的引领,称之为教育。因此,不能简单地把教学过程与教师向学生传授知识的过程画上等号,学科教学应超越传统的教师向学生传授知识的理念。在学科教学中,学科教师应树立起育人意识,把学科教学当作学生的德行实践。

三、学科教学对学生德育的培养

学科教学作为学生德行的实践有两层含义:第一,教学是主动参与的开放式活动,教师和学生都有足够的自由和空间,能够主动探索,公开表达道德问题;第二,追求教学活动中生成德行品质。学生的德行品质并非外在于教学,而是教师和学生在教学中追求卓越的必然结果。杜威指出:"间接的道德教育,无论是在质的方面还是量的方面都具有直接的道德教育无法比拟的优势。"所以在课堂教学中,教师应关注教学过程中德行的生成,而不是把注意力放在由外向内的灌输方面。叶澜曾以过程生成型、资源生成型、拓展生成型为分析单位,分析教学过程中的师生互动。王凯在其博士论文中以生成性为标准,将学生德行的生成分为三个方面,即内涵型生成、随机型生成和相关型生成。在此,借鉴叶澜与王凯关于对教学过程及学生德行的分类,将学科教学对学生德行的养成策略概述为以下两部分,即根据教学实践养成学生德行、依靠学生体验实现学生德行。

(一)根据教学实践养成学生德行

儒家经典《中庸》中记载:"君子之道,辟如行远必自迩,辟如登高必自卑。"柯尔伯格曾用心理学的实证研究证明,儿童的道德发展存在一个由低到高的"三水平六阶段"的发展序列。也正如麦金太尔所认为的那样,实践不应是一个静止、封闭的活动,而应是一个不断发展、深化的过程。学生德行的生成并不是一蹴而就的,而是一个由内向外、由近及远的拓展过程。在教学实践中,追求学生德行的养成不能一味地急于求成。

学生德行是伴随着学科教学的进行而成长的,这就意味着学科教师在教学过程中要考虑学生德行的现状及发展趋势来展开教学。学科教学要养成学生的德行应具备三个逻辑必要条件:一是学科教学内容必须与引起学习的意图相联系;二是学科教师必须说明或展示学习的内容;三是它们必须用易于学生理解并适合学生能力的方式来进行。要在学科教学的过程中养成学生德行,这三个方面缺一不可。教学内容必须引起学生的意图,是学科教学养成学生德行的基础,只有引起学生的学习意图,学生才有动力主动参与到教学过程中。教师向学生展示学习的内容,是学科教学养成学生德行的手段。学生一头雾水地参与学科教学,对该掌握的内容毫不知情时,不会有配合教学活动进行下去的决心。学习内容必须适合学生,这是学科教学养成学生德行的保障。前面也论述到学生德行的发展是有一个过程的,在教学过程中,教学内容高于或低于学生德行的发展水平都有失教育性。对学科教师来说,必须根据教学内容并结合学生的最近发展区进行教学。

(二)依靠学生体验实现学生德行

教学是主动参与的开放式活动,教师和学生都有足够的自由和空间,能够主动探索,公开表达道德问题。在公开讨论道德问题的过程中,一方面学生会在道德讨论中有所领悟;另一方面,对道德问题进行讨论的教学实践过程也能生成学生的善于倾听、宽容、耐心等德行品质。杜威曾对道德观念和关于道德的观念的区别做出论述。道德观念是能够影响人的行为,使行为有所改进和改善的观念;关于道德的观念是指不能影响人的行为,也不能使行为有所改变的观念,可以是漠不关心的、不道德的或道德的。因此,在课堂教学中,通过对道德问题的讨论最后达成一致意见并不代表必然会形成学生德行,因为最终的结果可能是在教师的干预下而达成的,缺少学生体验的学生德行只能算是关于道德的观念,丝毫不能对学生的行为产生任何影响。因此,在学科教学中,学生可以习得知识,也可以习得关于道德的知识,但不能止步于知道阶段,学科教师应创造一切可能的条件加强学生的道德体验,使学生获得的知识超越传统的"知"的层面,实现"知行合一"。

此外,教师的榜样作用对学生德行的养成也有一定的积极作用。在课堂教学过程中,教师和学生是互动的双主体,教师的一言一行都对学生的成长有着潜移默化的影响。所谓"学高为师,身正为范"正是此意。因此,在学科教学的过程中,教师要注重自身德行的修养,注意自身言行的修为,一举一动、一言一行都应有教育意味,对学生潜移默化。

第二章 学科教学中的德育渗透

在新一轮基础教育课程改革的背景下,随着德育课程观念的变化,德育课程的形态日益多样化。越来越多的学者和教学一线工作者开始用更广泛的德育课程观念来整合学校德育内容,并且开始尝试通过隐性的方式进行德育活动,拓展学校德育的课程范围。其中,在学科课程中进行德育渗透是重要的尝试。

第一节　学科教师：德育渗透的主体

教师和学生是学校的两大群体，尽管当下的各种教学流派提倡关注学生在学习活动中的主体性，但是不能忽视教师在教育教学中的主导作用。按照传统惯例，从事一线教学的教育工作者可以分为班主任和学科教师。人们习惯性地认为班主任是一个班级的灵魂，是班级的核心，但这并不意味着可以忽视学科教师的作用。在学校，除班主任外，和学生接触最多的就是各个学科的教师。学科教师在教学活动中承担了每节课的教育教学任务，也是直接关系到学科教学中德育渗透的关键因素。

一、学科教师在德育渗透方面的问题及原因

（一）学科教师的德育渗透意识不足

现代化生产的发展要求并引发了社会各行业职务的分工。分工是为了更好地提高工作和生产的效率，所以在学校这个育人的地方，自然而然地产生了分工。当德育的具体实施被分工给"分管德育校长（主任）—班主任—品德与社会任课教师"这样一个专门的团队时，学科教师这支学校重要的德育力量就被忽视了。这种分工原本是为了提高教育教学的效益，但与此同时，分工亦产生了副作用——滋

生了各学科教师部门之别的狭隘教育思想观念,学校整体协同的育人机制受到了一定程度的削弱,以致有些学科教师在教学中只注重传授知识技能,忽视了对学生的思想教育。

联合国教科文组织出版的教育丛书《从现在到2000年教育内容发展的全球展望》中指出:"另一种做法似乎被大多数国家所采用。它把道德教育的责任交给了所有教师,因为各学科都可以在这方面起到作用。无论哪一学科的教师都有责任承担思想教育的任务。"这恰恰说明,教学分工只是为了教师能把主要精力放在教学上,但这并不是说教师的任务只是教学,教师有责任和义务在教学中和教学活动以外做好学生的思想教育工作。

如果学科教师兼任班主任,毫无疑问,教师与学生接触的时间自然就多一些,这有助于教师形成较强的德育主体意识,把全班学生都看作自己的孩子,对他们的身心健康负责,搞好德育工作。从客观上讲,学校里各项班级管理会议、思想教育活动、班队活动、晨会及班内的学生突发事件几乎都是由班主任主持或解决的。兼任班主任的学科教师长期处于这样一个氛围里,会自然而然地形成强烈的德育主体意识。

可是当学科教师没有当班主任,只是单纯的任课教师时,其身上的德育意识相对而言就显得淡漠很多。因为学校的教学分工主要是让各学科教师教好自己的专业课,帮助学生在期末考试中能够取得较好的成绩,学生的管理、行为规范教育与其最大的联系莫过于在学科的课堂上维持好应有的秩序。例如,某学生出了问题,很少找学科教师,而是找班主任、分管的相关校长解决;学校有集体教育活动也都由班主任负责。久而久之,学科教师很自然地会淡忘掉自身作为一名教师应有的德育主体意识。这并不是说他们不关爱学生,而是对学生的德育在一定程度上缺乏主动自觉的意识。

另外,在每个学科的课堂教学实践中,不同学科、不同年龄层次的教师如何进行学科德育渗透,随意性较大。学科德育渗透更多的是教师的个人教学行为,没有成为教学活动的必需。而且,绝大多数教学一线的学科教师课时较多,教学计划之外的工作也较多,学科教师的工作量较大,他们将大部分精力用于应对大大小小的知识检查抽测上,顾不上学科育人的目标。

(二)学科教师的德育渗透目标缺失

修订后的2011年版各个学科普通高中课程标准把知识与技能、过程与方法、情感与态度定为三个维度的目标(简称三维目标)。在教学的课堂活动过程中,教师往往注重知识与技能的掌握,或者重视训练学生思考问题的方法和解决问题的能力,而对情感与态度目标的教育有所缺失。

教师自身有教好学生的愿望,努力地落实教育教学的每个环节,但往往在不知不觉中更为注重知识的传授,忽视思想情操的渗透。在一些教师45分钟的课堂里,很难找到其在德育方面的教学渗透痕迹,一节课一节课具体地罗列出来,更多的是知识技能方面的学习。而且高年级学段的每节课几乎都是对知识方面的学习,往往忽略了学生的道德体验,忽略了激发学生自己要成为什么样的人的愿望,忽略了在课堂教学中对学生进行德育的大好机会。具体来说,造成这种现状有以下两个方面的原因。

第一,现在的纸笔升学考试模式。这种模式的考察侧重点是在智育方面,纸笔无法考查出学生的德育情况,应试升学率的指标完成与否依然是现在教育的着力点。教师在每周十几节课的情况下,最主要的精力放在了完成知识目标上。如果学科教师想要挖掘出教材中的德育因素,就需要不断地在实践中摸索出教学渗透德育的规律,创造出符合学情的学科教学新模式。这些都需要教师投入一定的时间和精力。而当各项升学指标、考评指标、职称指标开始挤占教师的教育成本时,德育目标被忽视也就不难理解了。

第二,理工学科的理性逻辑推理教学方式和德育的感性演绎说理方式特质之间的不兼容。例如,数学是一门建立在严密的逻辑结构基础上的科学,数学教学必须以严谨的逻辑结构为基础,以学生的已有知识水平为依据,从简单到复杂分阶段地进行教学。数学的教与学需要更多的理性思维,而德育往往是用感性的启发和体悟更有效。长期从事数学教学工作的教师往往会形成一种相对理性的、讲究形式逻辑的教学方式,概括来说就是"冷"风格。这并不代表数学教师上课没有感染力和热情,而是指在教学过程中,数学课上独有的分析问题、传递经验的方式能够带给学生一种严谨的状态。相对而言,德育在育人过程中需要的则是以情动人,将心比心,以理服人。这里的"理"是处理人与人、人与社会的一种公共准则,这就决定了德育的方式是"热"的。两种风格的对立使得数学教师的思维方式在进行德育时缺乏针对性和实效性,从而导致数学教师在德育渗透目标上往往显得缺失与空位。

(三)学科教师的德育渗透方法不当

第一,教师注意在学科教学中渗透德育,却存在生硬结合的现象,常常将德育与知识传授分割开来进行,然后在课堂教学的最后加上一条"德育的尾巴",给人一种画蛇添足之感。造成这种现状的原因主要在于教师个人素养的水准偏低。教师教书育人的意识强,才能在钻研教材中注意发掘其德育因素,在教学中发挥学科的德育功能;相反,如果教师育人意识薄弱,即使课程标准有明确的德育要求,教材有很好的德育因素,教师也会视而不见。同一所学校不同学科的教师之间,甚至同一个学科不同的教师之间,学科德育渗透与否、成效如何,差别是很大的。在进行学科德育渗透的过程中,每个教师选择的德育渗透的方式、方法都不同,没有一定的系统性和参照性。而某些教师明知德育渗透的重要性,却找不到合适的最佳切入渗透点,不能进行有效渗透,最终使教学失去了教育性。另外,还有一些教师根据个人喜好选择德育渗透内容,渗透水平往往取决于教师的个人素质。这些情况都成为学科德育渗透的障碍,导致学科德育渗透很难达到最佳效果。

第二,教师对学科渗透德育的方法缺乏计划性。教师的随意性和无准备的情况严重影响了渗透的效果。哪些内容与德育的哪一方面联系较为密切,哪些内容能比较自然地结合某种思想教育,不少教师没有经过认真考虑或者做出计划安排。因此,当讲到某部分内容时,教师常常无法做到自觉又自然地实现德育的渗透,而是生硬地加以灌输,这当然无法使德育自然而然地融于教学之中,真正落到实处。

二、对策：充分挖掘教师的德育因素

学科教师在学科中进行德育渗透具有相当重要的作用，尤其是在中学教育阶段。"德高为师，身正为范"充分说明了教师言传身教的重要性。

（一）加强学科教师的德育意识

视野决定高度。在教育教学活动中，教师的视野决定教育的高度。教师自觉进行德育渗透的意识是学科德育渗透的先决条件。不少学科教师认为德育是德育领导、班主任的事情，这是教师观念上的偏差。各学科最新版的普通高中课程标准均强调了情感态度和价值观的重要性。这意味着各科教师均要教书育人，寓德育于各科教学的教学内容中并渗透至教学过程的各个教学活动环节中。学科教师应认识到，德育工作不仅仅是学校德育工作者和班主任的任务，所有的学校工作人员都应该成为德育工作者，做到教学教育化。

另外，学科教师要从更深层次去认识德育渗透工作与学科教学工作并不矛盾，二者可以有机结合。学科教学可以渗透德育内涵，德育渗透不但有助于塑造学生健全的人格，更会促成其非智力因素的发展，从而提升学生的学习效率，提高学校的教学质量。当教师认识到在学科教学中进行德育渗透是德育工作最有效、最经常的途径，意识到自己不是一个简单的授业解惑者，更应是一个传道者，教学与教育必须结合，才能自觉地、有计划地在教学中加强德育渗透，从而更好地实现教书育人这一目的。

1. 学校的德育管理部门应加强培训

应改变把教师队伍一分为二的制度分工，每所学校都应该根据其实际情况，就学科渗透德育做一定的培训。第一，引导教师建立全员参与的德育意识，尤其是将所有的学科教师纳入其中。第二，在加强班主任责任意识的同时，实行班级教师集体德育责任制，使全体学科教师对学生各方面的发展负责。第三，学科教师是实施德育的重要参与主体，学校要求学科教师不仅要管"教"知识，更要管"导"品德，在学科渗透德育的同时，对学生的言行举止也要注重教育。这样，学校就不是把德育任务具体布置给某些人员,而是强调每个学科教师都应有德育主体意识。在这样的育人氛围中,各个学科的教师会自觉地从自己的角度和工作岗位发挥德育作用,将育人的主动性、积极性与教学的常态性、规范性进行有效整合。

2. 加强教师的德育主体意识

其关键还是要从学科教师自身的转变出发。第一,学科教师要正确定位自己,教教材是途径,育品德是目的。第二,促进学科教师与学生的交流与沟通,通过沟通深化师生之间的关系,在这一过程中自然地形成学科教师的德育主体意识。第三,结合各学科的特点,尝试从教学中有意识、有目的地挖掘德育资源,渗透德育,并反过来使德育的成效对学科的教与学产生正面的影响。第四,学科教学德育渗透是教育者有意识的主动行动,并不是随意的教学行为。第五,教师要有强烈的责任感,在领会教学大纲、读透教材内容、了解教学对象的基础上优化教学设计,有目的、有计划、有步骤地实施德育渗透,决不能完全靠随机,更不能强迫灌输给学生。

(二)提高学科教师的德育能力

教师的德育能力包括语言表达能力、心理诊断与辅导能力、教育机智等,教师的德育能力对学生的道德品质发展起着非常重要的作用。因为教师具备的素质、育人的态度、教学的方式、设计的活动直接影响教学的效果。同样,学生的价值观、情感也会影响学习的效果。

第一,提高学科教师的管理组织能力。积极鼓励学科教师在学科德育渗透中,在课堂教学组织活动中,找到有效的教育手段,管理组织好学生,创设出良好的教育氛围环境。

第二,培养学科教师的语言表达能力。语言是思维的外壳,是教师传授知识、交流思想、行发情感的重要工具。教师的语言要准确、精练、通俗易懂,具有一定的启迪性、趣味性。尤其是在对学科的知识点进行渗透时,教师的语言能对学生的思维起到启发、引导的作用。

第三,具备积极反思教育教学实践的能力。没有思考的行为活动就好像没有经过充分消化的食物,只能填饱肚子,毫无营养可言。所以,教师要在教学活动中不断反思,从中提取精髓,再根据自己内在的素养,组合成能对教师的教育活动进行指导的、内属于自己的准则,形成对待教学活动所具有的独特价值观、态度以及灵活处理特定课堂教学情境的能力。教师只有对自身实践经验的追思反省,"回诊"自己的教学行为,积极寻求学科教学与德育渗透的结合点,才能在课堂活动中不断提升自己的教育教学能力。

总而言之,学科教师具备了信息敏感度,善于捕捉教育契机,合理开发教学资源,在教学中进行无痕渗透和有目的的培养,就可以使学生在学习学科知识的同时收获人生成长的智慧与快乐。

(三)提升科任教师的德育艺术

知识的掌握,情感态度和价值观的形成,都离不开情境的创设。创设适当的情境是学科教学中进行德育渗透的重要途径,也是体现科任教师德育艺术的重要手段。情境学习是一种学习方式,由美国加利福尼亚大学伯克利分校的让·莱夫和独立研究者爱丁纳·温格于1990年前后提出。该理论的核心理念是在要学习的知识、技能的应用情境中进行学习的方式。也就是说,你要学习的东西将会实际应用在什么情境中,你就应该在相对应的情境中学习这些东西。简言之,在哪里用,就在哪里学。例如,学习演讲主持的技巧就应该在实际的活动中加以锻炼。

基于生活的学科教学情境是渗透德育的良好平台,学科教学的生活情境创设是知识学习与德育的良好结合点。教师在进行教学活动时,应注意激活生活情境的德育功能,创设实用性的情境,对学生适时地进行德育渗透。

第一,利用教材中已有的情境。其实教材中有许多情境本身就具有较强的德育影响,许多情境本身就是非常好的德育材料,教师辅以适时的德育渗透便可对学生的德育产生潜移默化的作用。

第二,在课堂上创设和谐的情境。苏联教育家赞可夫说:"学生积极的情感、欢快的情绪能使他们的精神振奋、思想活跃。"因此,师生之间、生生之间心灵接触的动态过程就是心灵沟通、情感交流的过程。和谐的师生关系意味着师生之间在交往中的活动增加了,在心理上的距离缩短了,在情感上的沟通顺畅了,更是学生进行积极思维活动而发挥主动学习精神的催化剂,在学科德育渗透中起到积极的作用。创设和谐的教学氛围是激发学生积极进取的好方法,它能改变平铺直叙的教学方式,使教学的活动过程在学生的脑海中形成深刻的印象。同时,良好的教学情境能使师生关系更加互动,使教与学更加协调,达到"亲其师,信其道"的教学效果。和谐的情境创设需要教师无论是在课堂上还是在课堂外,都着力创造良好的师生人际情境和积极的学习氛围,从而缩短师生之间、生生之间的距离。课堂中教师用和蔼可亲的态度、风趣幽默的语言、启发诱导的手段,营造和谐、民主、平等、合作的师生关系,成为学科德育渗透的教师德育艺术中不可缺少的要素。

第二节　学科课程：德育渗透的载体

决定课程本质的基础是课程内容,而课程内容又来源于文化,因为教育是一个传承、创造、改造和发展文化的过程。知与行、知识与修养、知识与世界观有着密切的联系。例如,属于社会科学范畴的课程,其教材内容就具有一定的关于思想品德的内容,教师可以在传授知识的同时直接向学生进行德育教育。属于自然科学范畴的课程,虽然其课程内容是自然科学知识,但也可以通过这些课程对学生进行思维方法的教育，训练学生的逻辑思维能力，提高他们分析问题、解决问题的能力。学习掌握这些知识内容并进行正确的思索的过程，也就是学习确立和发展道德认识的过程。而学科课程提供的德育渗透内容的选择上也存在一些需要研究的问题。

一、德育渗透在学科课程方面的问题及原因

(一)课程内容的德育意义开发不足

新一轮基础教育课程改革后的学科课程资源中有不少的德育资源。学生在课堂上的活动资源得到了一定程度的开发，大量与社会现实生活、学生日常生活密切相关的场景、资源出现在课程中，回归生活的道德教育理念得到了一定程度的体现，这是一个可喜的变化。尽管现行的课程中生活资源的比重得到了提高，但因选取的生活片段未必都符合学生的生活实际，未必能够呈现他们喜闻乐见的真实生活场景或事件，所以要进行学科中的德育渗透并不容易。在实际的教学中，不少一线教师常感到课程内容缺乏，只有新颖、有价值的道德生活资源才能真正地引发学生切身的体悟。

造成如此现状的原因主要在于课程教材的具体编写存在重学术、轻教育的倾向。特别是中小学教材，与学术专著不同，与一般图书更不同，它具有自身的许多特点。德育渗透在学科课程内容方面，必须深入了解学生和同伴、教师、父母及社会交往中所遭遇的真实生活，选取最能贴近学生生活经验的典型事件，使其成为学科课程内容和课堂教学的活性资源，通过课堂活动、师生对话及形式活泼的多样性活动，深化其对道德的感悟与理解。编写团队应为国内知名的专家学者，同时，应吸纳经验丰富的一线教师，避免教材的内容出现专家们对一线教学实际不熟悉造成的"学术有余而实践不足"的问题，尽可能地让各学科内容的德育意义得到充分的开发，贴合生活实际，贴近学生的学情。

(二)课程内容与学生道德生活脱节

德育内容与现实生活出现脱节时，易造成教育的形式化，不能真正内化成学生的自觉行动。有些内容过于空泛，大到理想信念，小到行为规范，而且这些内容之间

缺乏有机衔接。学科课程中一些可以进行德育渗透的内容也偏离学生的生活实际，使得学生头脑中的内容与实际生活构成了两个互不相干的认知空间。

从现在的教育实践来看，在有了课程改革方案的指导思想和培养目标后，现行的教材中也有了较注意体现德育的课程标准。但是，学生除了通过思想品德课的系统进行学习以外，其他学科的德育渗透中的情感态度和价值观的系统性尚比较薄弱。而这种薄弱的教材体系(考虑到全国或者部分地区的实际情况)都是一般性的、普遍性的问题。

另外，在新课程体系下，教材结构、课文内容已体现了"新"字，但是生活是鲜活的、不断变化的。由于教材的稳定性以及时间的限制，教材内容存在滞后性，这在一定程度上造成教材与现实的脱节。从总体上看，教材由于编写、出版的周期长，总是滞后于知识的增长速度。我国现行的中小学教材改版的周期基本是十年。也正因为如此，教材的体系、结构和内容的设计上应该留有充分的余地，以利于师生在使用教材时吸纳最先进、最新鲜的内容。

与此同时，在尊重教材、读懂教材的大前提下，可供教师选择的余地其实是非常有限的。所以，教材呈现的德育素材和内容同实际德育问题之间的落差，成为德育渗透中"南辕北辙"的症结所在。

二、对策：创设良好的课程环境

(一)补充课程的德育资源

在新课程的改革背景下，教育更加强调关注学生的成长。教育者应自觉主动地挖掘课程中的德育资源，进而在课堂中组织、引导、帮助学生认识、感受和体验，让学生通过自己的心理内部矛盾活动去感受、理解、领悟道德。新一轮基础教育课程改革提出的课程资源，广义上包括课程的要素来源和课程的实施条件，这就需要对课程中的德育资源进行有效的补充，并根据学生不同的个性特点以及差异选择适合学生的内容。

首先，让教育回归生活是课程改革的首要目标。生活教育理论是陶行知教育理论的精髓,在课程改革的今天依然具有旺盛的生命力。当下,人们必须解决传统教育远离学生的实际生活、实效性差、针对性弱的问题。所以,当课程中德育渗透内容的载体出现与学生生活脱节的情况时,教师选择与补充课程中的德育资源一定要遵循生活的逻辑,也就是这些补充内容要能体现生活的特性,用尽量真实的生活资源来设计课程结构,真正让课程与学生的现实生活相联系。

其次,教学内容也是在课堂教学中影响学生兴趣的重要因素。夸美纽斯认为:"选择实际有用的知识作为教学内容来教育学生,而且必须向学生说明其益处,这是激发学生学习的愿望和积极性的重要基础。"心理学家布鲁姆也指出:"学习的最好刺激是对所学的材料的兴趣,而不是等级和竞争等外来的刺激。"因此,要使学生对一门学科中的德育渗透内容感兴趣,就必须从学生感兴趣的内容出发,使这门学科渗透的德育内容值得学习。只有这样,教学过程才能成为学生愉悦情绪的体验,实现德育目标的过程才能成为学生积极情感的体验。

最后,在对课程德育资源补充与调整时,要尊重学生的身心发展特点,成人化的东西往往难以吸引学生。例如,年龄越小的学生对直观具体的、形象的事物越感兴趣,而随着年龄的增长,初高中的学生会对社会的热点问题,抽象的、评论性的内容更感兴趣。因此,选择的德育资源要充分考虑到不同年龄的学生,不能违背教育教学的规律。

(二)真正领会课程的理念

《普通高中生物课程标准》(2003年版)提出了知识与技能、过程与方法、情感态度和价值观的三位一体的课程目标,这是一个很有利的转变。在课程层面,任何教材都是在某种特定的理念指导下编写的。编写理念是教材编写者在国家制定的课程标准指导下,对教材编写在内容、形式等方面的基本观点,体现了编写者的基本教育观。其实,三维的课程目标不是现在才有,过去就已经存在。新一轮基础教育课程改革中,知识与技能目标就是过去一直强调的基础知识和基本技能;过程与方法就是指学生的学习方法和教师的教学方法,只不过原有的教学过程更多地关注教师应该如何教,相对而言忽视了对学生学法的培养。传统的应试教育使得教育工作者更看重知识和技能目标,对于情感态度和价值观目标往往缺乏足够的重视。

在新一轮基础教育课程改革的理念中,知识与技能、过程与方法、情感态度和价值观这三个目标是相互渗透、紧密联系、相辅相成的。这三个目标所构成的体系中,知识目标是必备基础,只有掌握基础知识和基本技能才能获得学习的方法和学习过程中的体验,才能以此为基础发展完整的人格;过程方法目标就是培养学生学会学习的能力和掌握学习的方法,此目标重视学生的学习过程;情感态度和价值观目标重在体验与感受,它其实存在于前两个目标之中。换言之,知识与技能维度的目标立足于让学生掌握"双基",过程与方法维度的目标立足于让学生学会思维,情感态度和价值观维度的目标立足于让学生积极投入。任何割裂此三维目标的教学都不能促进学生的健全发展。

随着课程标准的变化,在新一轮基础教育课程改革背景下,各个学科的教材内容的呈现主要采用三种方法:基于生活(问题)、基于案例(情境)、基于活动(体验)。另外,在实例的选择上、插图的设计上都隐含着对情感态度和价值观的渗透。这种隐性的内涵更需要教师深刻理解教材背后的理念。围绕如何形成基本价值观,教材力求教材内容呈现生活化,在启动学生思维和开展教学实践的过程中,为实现情感态度和价值观目标提供操作的可能性。

第三节 课堂教学：德育渗透的途径

课堂是学生掌握知识、经历过程、学习交往、构建道德主体的主渠道。在教学活动中，教学内容、教学方法、师生活动和人际交往都蕴含着丰富的德育因素。学生在校的绝大部分时间是在课堂上度过的，其德育渗透最直接、最真实，持续时间最长，发挥作用最持久。所以，关注课堂教学活动中的德育渗透，无疑具有重大的现实意义。

一、德育渗透在课堂教学方面的问题及原因

（一）教学活动的德育渗透真实性不足

在很多的公开课或者调研课上，人们经常看到这样的教学片段：

在一节课的最后，教师会说："经过刚才的交流与讨论，相信大家对我们长江存在的污染问题有许多话想说吧，现在就让我们拿起笔写下来，课后老师将选出写得最好的寄给区长或市长。"听了课堂上教师的这段话，学生们煞有其事地写下了自己的意见或想法，但课后寄信的事是否真的落实就不得而知了。

这种现象在当下的课堂教学中可谓屡见不鲜。现代教育主张课堂教学回归生活实际，故教师在进行教学拓展时应尽量设计与生活实际相联系的活动。涉及社会

问题时,写建议书成了一种惯用的方法,如呼吁全社会关心环境、关爱弱势群体等。这种呼吁"从我做起"的思路具有一定的合理性。但有时教师为了追求教学设计的立意而不顾实际地进行活动拓展,随意设计教学活动环节,事实上却并没有落实该教学活动设计,在某种程度上背离了诚实守信的生活原则。笔者在调研中看到,在诚信、环保等常见的主题活动中,教师采用最多的行动就是签名、倡议,而有无触动学生内心、有无真正改变现状则没有下文。学生经历数次这样的活动之后,便会觉得德育不过是一种形式。

造成教学活动真实性不足的原因在于,教师对学生进行德育教育更多的是从课程目标的需要方面进行考虑,而不是考虑学生成长发展的需要。建构主义学习理论十分重视创设真实情境,把创设真实情境看作意义建构的必要前提,并作为教学设计的最重要内容之一。教师选择生活化内容的意义就是要让学生感悟生活的真理。如果学生认为教师选的教学资源是不真实的,在生活中是不可能发生的或发生的可能性很小,那么这样的教育教学活动便达不到德育渗透的教学目的。最好的教学渗透资源内容是选择发生在学生身边的人与事,问题来源于学生的生活并且具有一定程度的典型性。

(二)教学活动中的德育渗透形式僵化

新一轮基础教育课程改革的理念倡导学生是课堂教学的主体。因此,许多教师会在设计教学的过程中增加一些学生自主活动的设计,这是一个很好的改变。但一些教师只注重课堂的形式多样、课堂气氛的热热闹闹,远离了教与学的本质,上课成为表演和作秀,让学生缺少了真正投入和思考体验,这就不是德育所追求的感悟和体验。比如,很多展示课或研究课上有学生讨论环节,但不是所有学生都在讨论教师给出的问题。笔者做过一些了解访谈,发现:有些问题过于简单,没有讨论的深度;有些问题太难,没有讨论的基础。这样的活动设计,在一定程度上潜移默化地引导学生走向了形式主义。

造成这种"走过场"的教学设计的原因在于教师只是单纯凭经验进行教学设计,而不是将科学教育理论与经验相结合进行教学设计。教学设计是运用系统方法,将学习理论与教学理论的原理转换成对教学目标、教学内容、教学方法和教学策略、教学评价等环节进行具体计划、创设教与学的系统的过程或程序。在设计学科渗透德育中的具体教学环节时,教师更应根据学生的现实思想和认知水平,努力寻找教学内容和教学方法的最佳结合点,增强德育过程的有效性,从而使德育渗透的实效落实到位。

另外,还存在电教设备使用不当的问题。信息化时代背景下的多媒体教学手段和工具是一把双刃剑。一方面,电教设备的配备是电化教学的基础。电化教学作为一种先进教学手段,具有鲜活、高效、生动的特点。它不但可以引起学生的学习兴趣,激发他们的学习积极性,而且有助于学生加深印象,理解知识,强化记忆,发挥独有的优势。电教设备给学生营造了一种色彩缤纷、声像同步、能动能静的教学氛围,既能提高学生的学习效率,又能锻炼学生的思维,还能为德育渗透提供更好的表现形式。另一方面,多媒体辅助教学常用的模式,如 PPT,不过是电子板书替代了传统的黑板板书而已。尽管它有着上文所指的优点,但它的局限性也是显而易见的。电教设备的选择权在于教师,而非出于学生自身活动真实的需要。多媒体的使用在体现学科德育价值时,真正有效的做法应该是为了加强视觉和听觉的冲击,强化所要表达的内容,从而在学生内心引发真正的思考,并且所选用内容的表现形式应该是其他教学手段无法有效替代的。

所以,在追求生活化的课堂上,教师在关注课堂活动的外显状态的同时,要格外关注挖掘这些活动中蕴含的德育因素内在的意义,不仅要调动学生参与活动的积极性,还应更多地重视教学活动中的思维成分训练与培养。教学活动呈现出来的德育内容中,更多的关注点应该放在学生发展上,让德育资源成为发挥学生主体作用、实现学科教学目标、加深学生的情感体验、促进学生健康成长的桥梁和纽带。教师提供德育资源时,首先,要理清学生成长历程中可能遇到的具有普遍意义的社会生活与品德发展的问题,弄清学生的所思所想、所感所惑、所欲所求,在此基础上选择课程中适合渗透的德育资源。其次,不能机械地解读各个学科的课程标准,要合理地运用课程标准回归生活、关注学习现实生活,从而把课程中的道德教育与学生的学习有机地结合,让德育渗透更有活力和生命力,进而实现课程标准的要求。

二、对策:关注课堂教学的德育契机

课堂教学的过程中,有上课、作业、考试等环节。在这些教育教学环节中,学生会在掌握知识、技能和完成作业以及成绩考核中遇到问题。在教育教学实践中,各个环节的实践需要培养学生正确的学习目的、动机以及良好的学习习惯。因此,在教学过程中,教师可以通过评价和自我评价以及学生之间的相互影响进行思想品德教育。教师应针对学生的思想实际,有目的、有计划地加以引导,以期收到良好的德育效果。

(一)德育渗透中的充分预设与动态生成

建构主义理论提出,学习过程实际是一种学习者本人主动建构的过程。其主动建构的动力源自学习者自身对知识的感受与体验。教师在预设教学环节时要从学生的兴趣出发。学生在课堂上的状态如何,伴随着科学知识的获得,学生对学科学习的态度如何,这些都必须为教师所关注,因为这种学生态度情感的体验都在影响着学生价值观的形成。正如教育者常常遇到的,学生对于某个学科感兴趣可能会影响他一生的发展方向。教师必须用心施教,不能只做学科体系的知识传递者。教学应具有教育性,因此,教师在预设课程中的德育资源时应进行充分的准备。课程德育资源的内容设计与选择要符合学生的心理特点和认识程度,使学生以生动活泼的状态投入到学习活动中。教学环节的设计既要能满足学生的好奇心和求知欲,又要能培养学生的基本知识和技能,并在其中渗透正确的价值观,把学科本身的魅力与学生的情感态度和价值观有机地结合,进而吸引学生。

另外,教学设计过程中深入分析和了解学生年龄和认知特点,也是学科德育渗透有效的关键因素。德育心理学的研究表明,学生的年龄特征直接制约着德育内容的广度和深度。就广度来说,不同的年龄阶段应有不同的德育内容;就深度来说,不同年龄阶段的同一德育内容也应有不同的要求。例如,日本某小学为培养学生尊重他人的道德品质,在整个小学阶段都反复进行这方面的教育,但具体针对各年级的要求是不同的。一年级的目标是不欺负、轻视别人,同学之间团结友爱;二至六年级的目标则是能考虑对方的立场,不以自我为中心,不在背后说别人的坏话和做令人讨厌的事,知道别人的优、缺点,不刺伤别人,尊重自己亦尊重他人,同学之间能互相了解、齐心协力,等等。上述成功之处值得我国借鉴、学习。

学科课堂教学的德育效果如何,不仅取决于教师对教材的理解、教学组织形式选择和教学环节的设计,在很大程度上还取决于教师在课堂上对学生的引导。首先,教师必须具有敏锐的观察力,善于通过学生的外在活动判断学生的情感变化,评估学生的情绪变化,进而有针对性地进行教育工作。其次,教师要运用语言的技巧,用强大的说服力与感染力打动学生的心灵,帮助学生迅速掌握知识,在这个过程中引导学生的情感、意志和行动。最后,在动态的课堂生成中,教师要具有教育智慧,寻找教育契机,灵活处理教学中的各种突发事件,让每个学生都能感受到教师的关怀,从一个个知识点中找到德育教育的最佳渗透点,从而达到和风细雨、育人无声的境界。

教学中的师生交往也是学科德育渗透的重要生成资源,它不仅是知识的传递,也是丰富的感情交流。教师的言行举止都有教育作用,一个期待的目光、一个鼓励的手势、一句温暖的话语都能影响学生。教师在课堂上以炽烈的情感去组织教学能起到熏陶感染的作用。学生成长过程中有很多习惯、兴趣、爱好都是从他们崇敬的教师那里模仿学习来的。教师的为人师表很大程度是在课堂上展现出来,培养学生健康的心理和高尚的情操也是课堂教学的一项任务;同时,在教学中结合具体学科的特点进行渗透,也是陶冶学生情操的一种有效途径。

另外,通过课堂中的教学,注意养成学生的良好习惯。不必增加教育内容,许多良好的习惯是形成优秀道德品质的基础,这也是学科德育渗透的重要一环。习惯有多方面:在学习上有按时完成作业、不懂就问、勤动脑、预习、复习的习惯等;生活上有整洁卫生、尊敬师长、团结同学的习惯等。这些良好的习惯需要各学科教师帮助学生养成。

(二)教学活动中的德育渗透形式多样化

德育渗透强调在教学过程中确保学科功能的同时,强化学科的德育功能,使学科中的德育功能得以充分实施,进而促进学生素质的全面提高。所以,各个学科在教学中的德育渗透形式应该是根据学科特点的多元化形式。在理工类的学科中,生活展现是德育渗透的重要手段和形式。教师可以从生活中选取某一场景,辅以语言的描述,将学生引导到这个情境中来,还可以选取图片或者视频一类,使得学生更容易接受。

总而言之,不同学科的教学课堂带有明显的不同特点,德育渗透有着各自的优势。政治理论课和思想品德课是学校德育的专设学科,它们的教育作用是直接的。人文学科部分内容是具有人文性的,对学生的德育方式可分为直接式和渗透式。自然科学教学的特点是,学科知识技能本身更多的是工具性,但当代自然观、环境观、发展观以及科学道德观在教学活动中都有不同程度的体现,指导人们按照自然规律与社会发展规律认识和改造自然,对塑造高尚人格具有一定的作用。

第四节 教学评价：德育渗透的保障

当前，德育评价理论的建设还处于起步阶段，尤其是在学科渗透德育的评价方面，还有很多需要研究的问题。评价本身也是一种教育活动，它可以推动学科渗透德育的深入开展，帮助学生在学知识的同时建构品德，促进教师自我成长，提高教师的专业能力。

一、德育渗透在教学评价方面的问题及原因

(一)学科教学评价体系中欠缺德育评价

学科教学具有德育性，但学科德育渗透始终没有一个比较完善的评价系统。因此，在评课时，德育成了一种可有可无的点缀。目前经常可以看到的状况是，在上展示课时，参与评课的领导和教师习惯于应用现有的评价方法测量和评价学生学科知识的掌握程度，对学科德育缺乏实用的评价方法，亦缺乏这方面的观念。学校领导更为关注学科教师在教学中对学科知识的教学状况，而对学科德育落实的状况则缺乏相应的管理；班主任与学科教师对学生的评价多限于学生学科知识的考试分数，操行评语在一定程度上难以反映学生品德的真实状况。显然，学科德育评价的滞后制约了学科德育的健康发展。

学科德育渗透评价缺乏的原因主要是传统的教学评价机制带来的影响。对课程进行评价在课程实施过程中发挥着教育导向和质量监控的作用。可是,如何评价学科德育渗透却没有一个相对完整的体系,因为以往的传统教学评价机制中,文化课学习成绩与能力是评价的唯一标准与尺度。这种评价最注重的是终结性评价,重视教师教学的最终结果,忽略了教师教学的具体过程。在评价形式上,传统的评价模式主要是单一的纸笔测验的量化评价方式,使复杂的教育现象、学生的学习状态简化为数量。因此,其评价模式是非人性化的、脱离教学情境的、低层次认知的导向。在评价指标上,着重强调对教师教学效果的考核与鉴定,即以教师所教学生的考试成绩和升学率为依据。

(二)学科教学评价管理中忽视德育评价

某市在德育评价体系的基础上构建了一套素质教育评价模式,把整个小学阶段分为两个学段,即将1~3年级设计为小学生素质发展评估手册——成长全记录,将4~6年级设计为小学生综合素质报告书。低年级的评估手册中的教师评价,除了有班主任的综合性评语,还有每个学科教师给学生的鼓励性评语,包括知识技能、过程方法、态度情感方面。而高年级的报告册只设计了"成长中的我"自评环节和"综合性评语"教师评价。每个学科教师给学生的评语不能在高年级得到落实,这样的德育评价设计不能按学科进行多面、多向的呈现。

为保证学科教学中德育渗透全面有效地开展,应该建立相应的管理机制。管理机制不到位是学科渗透德育无法落实的主要原因。行政部门只有明确了评价标准和措施的大前提,才能促使学校的学科德育渗透正常进行,落到实处。

二、对策:健全学科教学评价

评价方式是教学改革能否取得成效的重要影响因素。教学改革只是提供一种前提和可能,而如何评价才是教学发生实质性变革的指挥棒。只有对评价方式作考核方向上的变革,才能推动教学改革。

(一)学科教学评价体系的重建

严格来说,真实性评价并不是一种评价方法,而是基于建构主义学习理论所提出的一种新的教育评价理念。它不仅指采用传统的标准化测验的形式来进行评价,还指采用多种方法,在学习情境中评价学生学习结果的一系列评价方法(如手工作品、问题解决、合作实验、小组展示、档案袋),有时也因所采用的具体形式和途径不同而被称为表现性评价、档案袋评价、过程性评价等。真实性评价的核心理念是通过提供给学生与现实生活相关的真实性任务,让每个学生充分运用自己的知识、技能以及智慧。这些想法无疑为学科渗透德育评价提供了思路。

与传统评价理念的最大差异在于真实性评价理念对人的评价体现了教育评价对人的回归。以往的传统教育评价是科学化、规范化和标准化的,更多的是用统一和固定的标准来评价教育结果。而事实上,教育领域不同于自然科学领域的最大之处在于,它的评价对象是发展中的人,单纯的量化是无法对发展中的学生个体进行评价的。以真实性、过程性为主要特点的真实性评价,恰恰是学科德育渗透评价中最需要的,因为真实性评价关注的是个体差异,促进学生在原有水平上的发展和进步,全面反映学生的知识、技能、思想、态度等方面的成长和变化,从而使学科渗透德育得到科学的评价。

在课堂教学中,教师观察学生在解决具体问题中的表现,使评价成为学生学习过程中浑然天成的一部分。真实性评价的过程从教学活动一开始就与教学内容和教学过程融合为一体。真实性评价活动与课堂教学活动之间的界线不是泾渭分明的,学生在参与评价的整个过程中,不再将评价体系视为令人恐惧的纸笔考试,而是将其看作一次学习的机会。同时,教师可以通过这种评价方式对教学内容检查和调整,使其更符合学生的个性需求,有助于提高教学效果。

(二)学科教学评价管理的创新

在管理的规范化上,学科渗透德育还有很多管理制度上的缺失。为保证学科教学中德育渗透全面有序地开展,学校应该建立相应的组织机构和管理机制,把学科教学的德育渗透纳入教学常规检查的重要组成部分。

组织上,学校校长室、政教处、教务处等主要部门要有专人负责,结合日常教学工作进行检查,定期研究学科教学中德育渗透的现状和问题,以指导各部门工作。

制度上,把学科德育渗透的教学纳入每个学校的教师岗位责任制,作为考核教师履行岗位职责的一项重要内容,并制定出符合学校学情的责任制目标。围绕"在学科教学中如何进行德育渗透"课题,组织全校各个科任教师进行研讨。根据各个学科的特点,找出每个章节中适合的渗透点并列举出来,整理汇编成专门的教学资料作为教学中教育渗透的依据,使德育渗透具有一定的规范性。

在教学常规检查、教案评比、课堂教学竞赛等方面,突出德育渗透的内容和比重,以促进教师德育渗透观念的形成和高尚师德的养成。组织学科德育渗透的公开课、研讨课,或者请有经验的教师上全校性的德育渗透示范课。通过听课、评课活动研究渗透的方法、技术手段及其与内容的有机结合,提高德育效果。组织教师评选优秀教案与论文,引导教师对学科德育渗透的内容与方式进行反思与总结。

只有学科渗透德育真正在管理制度上做到了有领导、机构、制度、计划、目标和总结,以检查督促评比,并涵盖学校的所有学科,才能使德育渗透于各科教学内容和教学过程之中。

以上所提及的内容具有普适性,笔者将按照由一般到特殊的原则,着重就高中生物中的德育内容、德育要求、德育方式等进行详细的论述。

第三章 揭示高中生物中的德育

在学科教学中渗透德育教育是学校开展德育教育的重要途径。目前专家学者对于德育教育的研究已十分广泛，但是对学科中的德育资源分析与应用研究并不多。生物学科中蕴含丰富的德育教育资源，如何分析利用好这些德育资源已成为当前生物教育研究的重要内容之一。在本章，笔者着重就高中生物教材中所蕴含的德育内容以及生物的德育功能进行详细的说明。

第一节 高中生物德育内容

一、高中阶段德育的内容

(一)1995年《普通高等学校德育大纲(试行)》中规定的德育内容

1995年2月,国家教委发布的《普通高等学校德育大纲(试行)》中明确提出了高校学生各学习阶段的特点及德育内容,是中学德育内容的延伸和拓展,在此基础上根据高中教育实际情况,将《普通高等学校德育大纲(试行)》与高中德育联系起来,主要包含以下内容。

第一,马克思主义常识和社会主义教育:初步的科学人生观和世界观教育;经济常识教育;政治常识教育。

第二,爱国主义教育:为祖国富强、人民富裕贡献青春的教育;正确认识中华民族思想文化优良传统,抵制资本主义腐朽思想影响的教育;国家利益高于一切的教育;遵守民族政策,维护民族团结和祖国统一教育。

第三,集体主义教育:以集体利益为中心,舍小"我"为大"我"。

第四,理想教育:进一步的社会主义共同理想的教育;立志成才教育。

第五,道德教育:社会主义社会人际关系的教育;现代文明生活方式和交往礼仪的教育；个人利益、集体利益和国家利益相结合的社会主义、集体主义观念教育；职业道德教育；提倡共产主义精神的教育。

第六，劳动和社会实践教育：劳动教育与社会实践指导；社会主义劳动态度和提高劳动生产效率的教育；艰苦奋斗、勤俭建国的教育。

第七，社会主义民主和遵纪守法教育：社会主义民主政治的教育；进一步的法制与纪律教育。

第八，良好的个性心理品质教育：青春期教育；心理保健指导；良好意志性格的教育。

(二)2001年《基础教育课程改革纲要(试行)》中的德育要求

2001年我国教育部印发了《基础教育课程改革纲要(试行)》，其中强调实施素质教育，而素质教育中德育处于首要位置。德育在学生的成长中起着灵魂和定向的作用。高中德育的要求包括以下几点。

第一，注重高中生基本道德品质和行为规范的培养，使其形成正确的价值观与理想，构建知、情、意、行统一发展的品德心理结构。

第二，促进学生自律与他律相结合，促使学生思想品德矛盾斗争转化，使自我教育与教育协调发展。

第三，鼓励学生参与活动积极交流，促使学生实践性和社会性的统一发展。

二、高中生物教材中的德育资源

德育内容十分丰富，包括生命教育、科学教育、世界观、人生观、法制教育、爱国思想教育、集体教育、环境保护教育等。生命教育包括对学生热爱生命的教育、身体健康的教育等；科学教育包括对学生科学方法使用的教育、对学生科学观念的教导、培养学生实事求是和勇于实践的科学精神等。不同的专家学者对于德育的分类有所不同，以下为笔者根据生物学科内容进行的德育类型整合。

生物学是一门自然学科，是理科类课程，生物学中的德育内容应该更贴近生物学科的学科特点——科学性。因此，笔者对生物学科中的德育内容进行了更细致的分类,主要分为以下内容。

第一,爱国主义教育:形成热爱祖国的意志品质。

第二,国情教育:了解国情,更好地建设祖国。

第三,哲学教育:辩证唯物主义、世界观、人生观和价值观的教育。

第四,法律意识:学生做到知法懂法,遵守法律法规。

第五,科学精神、方法和态度:生态意识、科学实践等。

第六,生命观教育:生命意识教育等。

根据以上分类,笔者将高中生物必修教材(以人民教育出版社教材为例)中有关德育内容的部分进行了分析整理,分析整理内容详见各节内容。

(一)爱国主义教育

经过对教材的分析,人教版高中生物三册必修教材涉及爱国主义的内容共有8处(具体内容见表3-1),其中必修二与必修三涉及较多。必修一《分子与细胞》的内容偏重于基础知识,有关爱国主义的内容相对较少,主要是引导学生走入生物的课堂。

表3-1 爱国主义教育统计表

必修	章	内容	总计
一	科学家访谈	探索生物大分子	1
二	科学家访谈	我赞叹生命的美丽	3
	五	人类基因组计划	
	六	育种工作者	
三	科学家访谈	生物与环境是统一的整体	4
	四	从治蝗专家到生态学巨匠	
	六	我国的人口增长和对生态环境的影响;保护我们共同的家园	

爱国主义教育是德育教育中最基本的内容,是永恒不变的主题。爱国主义教育内容贯穿于各学科教学中。爱国主义教育能带给学生强烈的民族自豪感,使学生更加热爱自己的祖国。

(二)国情教育

使学生了解我国国情也是当代教育中必不可少的一部分。人教版高中生物必修教材中涉及爱国主义的内容有 10 处(具体内容见表 3-2)。

必修三《稳态与环境》中涉及国情教育的内容较多,这与必修三的内容有着密切关系。必修三的主要内容是稳态和环境,这部分内容与我国国情息息相关,在生物课堂上,教师应着重对环境保护进行讲解,使学生们树立环境保护意识。

表 3-2　国情教育统计表

必修	章	内容	总计
一	一	池塘中的水华	1
二	七	种群基因	1
三	四	出生率死亡率;性别比例和年龄组成;种群增长;群落结构;群落的演替	8
	五	生态系统的结构;生态系统的稳定性	
	六	我国的人口增长和对生态环境的影响	

要了解一个国家,首先要了解这个国家的实际情况。国情教育是一个人了解一个国家的基础,有助于巩固人们对爱国主义教育的理解。

(三)哲学教育

人教版高中生物三册必修教材中涉及哲学教育内容的有 14 处(具体内容见表 3-3)。必修一与必修三中涉及哲学教育内容较多。必修一与必修三开设于高中一年级,高一的学生正处于世界观、人生观和价值观形成的最佳时期,在这个时期对学生进行哲学教育,有利于学生的全面发展。

表 3-3　哲学教育统计表

必修	章	内容	总计
一	一	生命离不开细胞	8
	二	组成细胞的元素	
	三	细胞器之间的分工;细胞器之间的协调配合;细胞的生物膜系统	
	五	腺嘌呤核苷三磷酸(ATP)和二磷酸腺苷(ADP)可以相互转化	
	六	细胞的衰老和凋亡;细胞癌变	
二	七	生物进化	1
三	一	内环境;内环境稳定	5
	五	能量流动;物质循环;生态系统的稳定性	

哲学教育是深层次的内容,它关乎人的人生观、价值观和世界观。树立正确的三观有利于学生今后的成长。哲学是活到老学到老的内容,对于哲学的教育需要结合实际,通过典型的例子为学生讲解。

(四)法律意识

人教版高中生物教材中涉及法律意识内容的有 7 处(具体内容见表3-4),三册书中均有涉及,必修一和必修二所涉较多。必修一涉及的知识面宽泛;必修二涉及人类的生长与繁衍,因此,伦理教育是必修二教育中不可缺少的一部分。教师在教学中应注意对学生法律意识的培养,树立学生的法制观念。

表3-4 法律意识统计表

必修	章	内容	总计
一	一	池塘中的水华	3
	五	光合作用	
	六	细胞的全能性	
二	二	减数分裂和受精作用;人类红绿色盲	3
	六	转基因	
三	二	艾滋病	1

依法治国是当代社会的根本,学生学习法律知识、树立法律意识是学校教育的必要部分。当前未成年人犯罪时有发生,极少数未成年人法律知识浅薄,法律意识淡薄,因此,法律知识的教育在学校中尤为重要。

(五)科学精神、方法和态度

人教版高中生物必修教材中涉及这部分的内容有 50 处(具体内容见表3-5)。高中生物属于自然学科,帮助学生掌握科学的方法和学习思维十分重要。教师在教学中应注意教导学生积极地动手实践,形成严谨分析得出结论、解决问题的能力。在教学中,教师还应结合国情教育学生形成生态观念,保护人们赖以生存的环境。

表 3-5 科学精神、方法和态度统计表

必修	章	内容	总计
一	科学家访谈	探索生物大分子	26
	一	使用高倍显微镜观察几组细胞;池塘中的水华;细胞学说建立的过程;组装细胞	
	二	检测生物组织中的糖类、脂肪和蛋白质;世界上第一个人工合成蛋白质的诞生;国际人类蛋白质计划;观察脱氧核糖核酸(DNA)和核糖核酸(RNA)在细胞中的分布	
	三	体验制备细胞膜的方法;分离各种细胞器的方法;用高倍显微镜观察叶绿体和线粒体;细胞世界微探三例	
	四	植物细胞的吸水和失水;对生物膜结构的探索历程;授予诺贝尔化学奖的通道蛋白质研究	
	五	比较过氧化氢在不同条件下的分解;控制变量;关于酶本质的探索;影响酶活性的条件;探究酵母菌细胞呼吸的方式;绿叶中色素的提取和分离;光合作用的探究历程;环境因素对光合作用强度的影响	
	六	细胞大小与物质运输的关系;观察根尖分生组织细胞的有丝分裂	
二	科学家访谈:我赞叹生命的美丽		15
	一	性状分离实验的模拟;设计实验程序;孟德尔获得成功的原因	
	二	观察蝗虫精母细胞减数分裂固定装片;建立减数分裂中染色体变化的模型;基因在染色体上;染色体遗传理论的奠基人	
	三	DNA是主要的遗传物质;DNA分子的结构;DNA的复制;脱氧核苷酸序列与遗传信息的多样性	
	五	低温诱导染色体数目的变化	
	六	基因工程	
	七	现代生物进化理论的由来	
三	科学家访谈:生物与环境是统一的整体		9
	一	生物体维持pH稳定的机制;稳定概念的提出和发展	
	三	生长素的发现过程;探索生长素类似物促进插条生根的最适浓度	
	四	用抽样方法调查草地中某双子叶植物的种群密度;培养液中酵母菌种群数量的变化;土壤中小动物类群丰富度的研究	
	五	土壤微生物的分解作用	

科学精神、方法和态度是自然学科教育教学的重要组成部分。自然学科重在实践,实践是解决问题的唯一办法,只有通过不断地身体力行,才能发现问题、解决问题。自然学科的关键在于使学生树立科学观念,运用科学的思维解决问题,形成严

谨的科学态度。

(六)生命观教育

人教版高中生物必修教材中涉及生命观教育的内容有 13 处(具体内容见表3-6)。生命教育与生物教学息息相关,因此,在生物教材中涉及生命观教育的内容不在少数。这要求教师在教学中注意学生的心理变化,及时疏导学生,使学生拥有正确的生命意识。

表 3-6　生命观教育统计表

必修	章	内容	总计
一	二	氨基酸;糖类、脂质、蛋白质;细胞中的水	6
	三	癌细胞	
	六	细胞分化;细胞癌变	
二	二	人类红绿色盲;抗维生素 D 佝偻症	6
	四	基因、蛋白质与性状的关系	
	五	基因突变和基因重组;染色体变异;人类遗传病	
三	二	艾滋病死因和免疫系统受损的关系	1

处于高中阶段的学生压力较大,容易产生负面情绪,不及时疏导可能导致严重的后果。当今社会未成年人生命意识缺乏,对于死亡的理解有偏差,这就要求教师在教学中对学生进行生命意识教育。

第二节 高中生物学科德育功能

一、高中生物学科德育功能的内容

(一)领悟生命活动规律,培养科学的世界观

辩证唯物主义是关于自然界、人类社会和思维发展一般规律的科学,是科学的世界观和方法论。教师通过生物课的教学进行辩证唯物主义观点的教育,不仅可以使学生深入理解生物的特征和生命活动的基本规律,还能教会他们运用辩证唯物主义的观点认识和分析问题,逐步形成辩证唯物主义的世界观。在高中生物学课程的教材内容的选择和编排上,充满了辩证唯物主义的思想,有着丰富的辩证唯物主义观点教育内容。

第一,在有关生命的物质基础、新陈代谢等内容的教学中,培养学生世界的物质性观点。新陈代谢是生物最基本的生命活动形式,生物的其他各种生命活动,如生殖、发育、遗传和变异,都是在新陈代谢的基础上进行的。生物自身生命活动的调节,也是通过一定的物质实现的。《全日制普通高级中学生物教学大纲(试验修订版)》中关于生命的物质性的内容很多,充分说明了生物不仅是物质的,而且是运动着的物质。

第二,通过生物各器官系统结构、功能相互联系,生物与生物之间相互联系,生物与环境相互影响等内容的教学,培养学生普遍联系的观点。辩证唯物主义认为,物质世界是一个普遍联系的统一整体。宇宙间任何事物都不是孤立存在的,它们总是同周围的其他事物相互联系、相互依赖、相互制约和相互作用。高中生物学科中有很多内容体现了这一观点。其一,生物自身内部的各个部分之间是相互联系的。生物的内部结构之间、各个器官系统的生理功能之间都是相互联系的。虽然生物的器官系统各有一定的形态结构和功能,但它们共同构成了一个有机的统一整体,不能孤立存在。其二,生物与生物之间也是相互联系的。自然界中的生物虽然形态各异、多种多样,但都体现了统一性,它们具有相同的物质基础和结构基础,遵循着共同的生命活动规律。其三,生物与其生活环境之间是相互联系的。所有生物都依赖生活环境而生存,生物的生命活动又影响着它周围的环境。

总之,无论是生物内部还是生物之间,无论是生物还是非生物,都处于普遍联系之中,整个世界就是一个有机联系的统一体。

第三,利用生物的生长发育、进化等知识点,让学生知道事物是永恒发展的。辩证唯物主义认为,世界上的一切事物都处于不断的发展变化之中,一成不变的东西是不存在的。变化发展的趋势是复杂的代替简单的,高级的代替低级的,有生命力的代替无生命力的。生物界是不断发展变化的。从细胞的水平来看,细胞有分裂、生长、分化、衰老、死亡的发展变化;从个体水平来看,生物个体有生长、发育、生殖、衰老、死亡的发展变化;从物种的水平来看,生物界种类繁多的物种经历了由简单到复杂、由水生到陆生、由低级到高级的进化;从生态系统的水平来看,有群落的演替以及生物与环境的共同进化等。

了解了上述知识,学生很容易意识到,生物界是不断发展变化的,不仅如此,世界上一切事物都是不断发展变化的,这是不以人的意志为转移的客观规律。

第四,通过同化—异化、遗传—变异、生物—环境等关系的辨析,促发学生形成对立统一的观点。辩证唯物主义认为,世界上一切事物在任何时候内部都存在着矛盾。矛盾双方既对立又统一,推动着事物的发展。

首先，同化与异化的对立统一。生物最基本的生命活动——新陈代谢，是由同化作用和异化作用这两个相辅相成的过程组成的。同化作用是合成有机物、贮存能量的过程；异化作用是分解有机物、释放能量的过程。这两种作用既相互对立，又相互统一。例如，如果家兔长期不摄取食物，即同化作用中断，家兔的异化作用就会因为原料不足而无法进行。反之，如果家兔停止了呼吸作用，也就是说，异化作用中断，家兔的肌肉收缩等生命活动和体温就无法维持，同化作用也就无法进行。可见，同化作用和异化作用既相互对立，又相互依存，有着密切的关系。它们在生物内是同时进行的，共同决定着生物的存在和延续。

其次，遗传和变异的对立统一。遗传和变异是生物界普遍存在的生命现象。子代与亲代之间在形态、结构和生理功能上常常相似，这种现象叫作遗传。"种瓜得瓜，种豆得豆"说的就是遗传现象。但是，亲代与子代之间、子代的个体之间，都不会完全相同，总是或多或少地存在差异，这种现象叫作变异。"一猪生九仔，连母十个样"这句话就形象地说明了变异现象。生物的遗传特性属于生物的稳定性、保守性，变异特性则属于生物的前进性、创造性，两者相互对立。但是，变异是在遗传的基础上产生的，而遗传又是过去发生的变异积累的结果，故两者又相互统一。正因为生物具有遗传性，才能保持物种的相对稳定和生物类型的区别；又因为生物具有变异性，才可能产生新的性状，并导致物种的变化发展。因此，遗传性和变异性既对立又统一，推动了整个生物界的变化发展，是生物界由低等到高等、由简单到复杂进化发展的基本动力。

最后，生物与环境的对立统一。生物受环境中非生物因素和生物因素的影响，必须不断适应环境的变化才能生存。同时，生物一切生命活动时刻影响和改变着环境。可见，生物与其生活环境是一个对立统一的整体。

通过以上教学内容的辨析，可以使学生体会到对立统一的观点，进而认识到对立统一是世界上一切事物内部存在的、推动其发展的普遍规律。

(二)传授生态知识，培养环境意识

环境教育以跨学科活动为特征，旨在唤起受教育者的环境意识，使学生理解人类与环境的相互关系,发展解决环境问题的技能,树立正确的环境价值观与态度。环境基础知识包括很多内容,其中有关生物学知识,特别是生态学基础知识是进行环境教育的基础。美国环境教育专家亨格福德将环境教育的目标分为四个层次,其中第一层为生态学基础。生态学基础知识是高中生物学的一个重要教学内容。高中生物课本中含有大量的环境教育知识点,对帮助学生认识环境问题、形成正确的环境价值观和态度以及积极参与环境问题的解决具有重要的作用。

高中生物中有很多与环境教育密切相关的内容,如遗传与变异、生物的起源与进化。通过对这些章节的学习,学生可以掌握一些基本的环境知识与概念,诸如生态关系及平衡,能量的流动与消耗,自然资源保护与节俭使用,污染的起因、过程及其危害性,生物多样性的意义。不仅能够使学生的认知能力得以提升和加强,还能促使学生认真对待自然保护问题,逐步唤起他们对环境问题的意识和理解力。环境问题是复杂多样的,既具有明显的地域性,又具有全球性。在教学过程中,教师可以先让学生充分认识到自己所在地区或地域面临的问题,从而使他们真正关心并参与实际环境问题的解决。同时,使学生认识到环境问题相互影响的特点,懂得自然界是一个不可分割的整体,懂得人类及其生产、生活活动与环境是一个休戚相关、共存共荣的整体。还可以帮助学生理解人类在环境中的角色和作用。人类是环境的一个重要部分,人类与其周围的环境之间存在一种能动而又稳定的双向关系,这一关系是千百年来人与环境相互作用的结果,它很容易因强有力的自然灾害或人类对环境的不合理干预而遭到破坏。人类依存于环境的各种生命和非生命因素,因此,人类与环境的能动而稳定的关系一旦受到冲击,将迅速不平衡并趋于恶化,从而出现不利于人类的多种后果。

(三)依托内容优势,培养科学精神

1. 科学精神内涵的考查

"科学"一词来源于拉丁文"Scienitia",意为"知识、学问"。关于"科学"的论述有很多,《中国大百科全书——哲学》(1987年版):"科学是以范畴、定理、定律形式反映现实世界多种现象的本质和运动规律的知识体系。"《辞海》(1997年版):"科学是关于自然、社会和思维的知识体系,是社会经验的总结,并在社会实践中得到检验和发展。"综合各家所言,广义的科学就是以理性的手段对确定的对象进行客观、准确的认识。联合国教科文组织于1986年12月召开了第40届国际教育会议,会议通过的文件《面临科技挑战的中等教育》里专门论述了科学教育的主要内容,包括科学知识、方法、精神和价值等。

科学精神的内涵很丰富,可以从不同的层面来理解。第一,科学精神包括怀疑一切既定权威的求实态度;对理性的真诚信仰,对知识的渴求,对可操作程序的执着;对真理的热爱和对一切弄虚作假行为的憎恶;对公正、普遍、创新等准则的遵循。第二,科学精神包括探索求知的理性精神、实事求是的严谨精神、批判创新的进取精神、互助共进的协作精神。第三,实事求是、开拓创新是科学精神的核心与实质,科学精神教育的核心问题是教育学生要具有实事求是、开拓创新的精神。

2. 高中生物学科的德育功能及其实施

高中生物学科中的科学精神教育有着丰富的内容优势。

第一,通过观察、采集制作标本和搜集整理资料等实践活动,发现和认识事物,学习生物学知识,避免单纯地接受知识、死记硬背知识。

第二,运用所学知识解释生活、生产实践中的具体问题,增强理论与实际的联系。

第三,把对生物学知识的感性认识上升为理性认识,避免认识停留在低级阶段。

第四,在多种实践活动中,特别是在观察、实验和实习等实践活动中,积累、记录有关资料,有序地进行操作,善始善终地完成全过程,克服实践活动中行动或行为的随意性。对观察、实验、实习等过程和数据应如实记载,不可篡改(即使与权威或教材相反也应如此),培养对理性的真诚信仰和执着的科学精神。

第五,正确使用生物科学术语,运用科学的思维方法和学习方法,掌握生物科学的概念、规律、原理和观点等,避免学习行为的无序性;培养学生对真理的热爱和对一切弄虚作假行为的憎恶,以及遵循公正、普遍、创新等准则的科学精神。

第六，渗透开拓创新的科学精神，引导学生由"知识就是力量"向"创新才有力量"转变。"知识就是力量"是英国科学家弗兰西斯·培根在1620年提出的。经过400年的实践，人们不难发现，真正的力量不是来自知识收藏者，而是来自知识创新者。例如，英国人亚克敦读遍藏书7万册，还做了大量阅读笔记，却一辈子没有自己的科研成果。千万个相似的案例说明，"知识就是力量"的时代已经转入"创新才有力量"的时代。另外，在生物学科教学中，教师还可以促进学生思维的科学化，渗透创新思维和创新技法。

（四）传授生物学史，激发爱国情感

爱国主义是我国的优良传统，是激励人们建设祖国、保卫祖国的巨大精神力量，是我国各族人民凝聚力、向心力的重要精神力量和支柱。

爱国主义的核心是爱祖国。我国的科学家们在生物学的发展过程中做出了杰出的贡献。古代有华佗的麻沸散、李时珍的《本草纲目》、王清任的《医林改错》等。现代，我国科学家于1965年在世界上首次用化学方法人工合成了具有全部生物活性（指生物内胰岛分泌的胰岛素所起到的作用）的结晶牛胰岛素，这是世界上第一次用人工方法合成蛋白质，是一项伟大的创举；1971年在测定猪胰岛素晶体结构的研究工作中，我国的科学家又取得了重要成果；1982年初，我国科学家人工合成了酵母丙氨酸转移核糖核酸。在"人类基因组计划"中，我国的生物学家顺利地完成了其中1%的基因测序工作。以上这些科研成果为我国增添了荣誉，讲授这些内容可以极大地激发学生的爱国热情，增强学生的民族自豪感。

（五）学习生物资源知识，加强危机意识

我国幅员辽阔，自然条件复杂多样，蕴藏着十分丰富的动植物资源。在这些丰富的资源中，有不少种类是闻名世界的珍稀植物（如银杉、珙桐、水杉）以及珍稀动物（如金丝猴、大熊猫、中华鲟）。但是，我国人口的基数大、人均资源相对短缺、环境污染日趋严重。因此，培养年轻一代的危机意识迫在眉睫。危机感教育是指教师在教育、教学中有意识地创设一定的刺激情境，展示危机，促使学生产生危机意识。

高中生物课本中有不少进行危机感教育的好素材，教师应予以充分利用。第一，我国的生物资源并不是取之不尽、用之不竭的。第二，随着科学的发展，工业和城市建设布局不合理，工业生产排出大量的"三废"没有经过处理，直接进入人类生活的自然环境；农业生产上大量使用化肥和有机农药，使环境污染日趋严重，已经危及人类的生活和健康。第三，作为生命起源的海洋，竟被人类当作一个巨大的垃圾场，每年向海洋倾倒近200亿吨的垃圾，严重破坏了海洋的生态平衡。第四，被称为生命之源的水对维持生命具有重大的意义。随着工业和城市的建设、农业的开发，水资源特别是淡水的供应日趋紧张，严重地影响了社会和经济的发展。通过上述内容的教学，可以激发学生的使命感以及关注我国命运前途的忧患意识和历史责任感。

除了上述德育功能之外，还有通过《环境保护法》《婚姻法》等有关知识的学习培养学生法制意识，通过小组实验培养学生协作精神，通过有关克隆知识的介绍树立学生正确的伦理道德观念，等等。基于此，可以将高中德育功能归纳为三个方面，即辩证思维、爱国主义、生态观。

二、高中生物学科德育功能的特点

高中生物学科担负着促进学生全面发展，培养社会主义建设合格人才的任务。生物教师既要教书又要育人。生物教师要重视生物课的德育功能，就必须掌握生物学科思想教育的特点和方法，从而增强思想教育的效果。笔者认为高中生物学科思想教育有如下特点。

(一)教育内容的丰富性

高中生物学科思想教育内容的丰富性，是由生物的多样性、分布的广阔性和生物学知识的跨学科性决定的。生物与人类社会的关系密切，生物学不仅研究与人类关系密切的生物、生态系统，也研究人类本身。因此，社会的思想道德规范会更多地渗透在生物教科书中，使生物学科比其他自然学科思想教育的内容更丰富。

生物学科德育内容有爱国主义教育，国情教育，辩证唯物主义教育，法制教育，科学精神、方法和态度的教育,等等。如果教师对生物学科德育内容的丰富性认识不足,就会不自觉地削弱生物学科的德育功能。教师可以将按教材章节拟定出的德育任务作为教学依据,从而认识得更全面,减少教学中的盲目性。

(二)教育途径的多样性

生物学科丰富多彩的教学实践活动决定了这门学科有多种多样的教育途径。除课堂教学这一主要途径外,还有实验、现场教学、野外实习、参观访问、作物栽培、动物饲养等多种形式的教学活动。教师不仅要研究课本,还要研究课外活动的思想教育特点。现将生物课的几种教学实践活动的主要德育内容分述如下。

实验课:教育学生爱护公物,遵守实验规则;学生分组实验,可进行团结协作的教育;要求学生严格、谨慎、细心,培养严谨的作风和实事求是的科学态度。

现场教学:开展听指挥、守纪律、理论联系实际的教育。

野外实习和调查:开展吃苦耐劳、团结友爱的教育和安全教育;教育学生爱护庄稼、花草树木,培养他们热爱大自然的情操;利用自然美景来美化学生心灵,进行审美观的教育。

参观访问:教育学生虚心学习当地群众的实践经验,学习他们的先进思想和优良品质。在参观良种站、畜牧场了解新技术、新成果时,要抓住时机对学生进行科学价值观的教育,树立科技兴农思想,引导学生立志为家乡的经济发展贡献力量。

栽培饲养:开展实践观点的教育和劳动教育;引导学生发现问题、解决问题,培养学生坚韧的意志和百折不挠的精神。

另外,在"世界环境日"和"植树节"时,组织学生参加保护环境的宣传活动和植树造林等实践活动,也不失为一种有效的教育方式。

课堂教学是生物学科思想教育的主要途径,但不能忽视在实践活动中进行思想教育。教师要充分认识生物教学的实践活动对于培养学生良好的行为习惯的重要性,要善于认识各种教学活动中最适宜的教育因素,并选择恰当的时机进行教育。

(三)教育方法的渗透性

生物学科中的思想道德教育素材不同于思想品德课,它是与生物学知识紧密结合的。这就决定了要在生物知识的教学和技能的训练中渗透思想品德教育。教师要在教学中实现科学性和思想性的统一。在生物教学中进行思想品德教育,要防止可能出现的两种偏差:一种是脱离知识,穿靴戴帽,贴政治标签;另一种是单纯的知识教学,忽视生物学科的德育功能。

在生物教学中渗透德育要注意针对性。不同年级的学生有不同的思想特点。对于低年级学生,重在提供生动的有思想意义的素材,偏重于事实教育;对于高年级学生,仍要以科学事实为基础,注意画龙点睛式的思想升华。

另外,渗透德育还要把握好适度的原则。一堂课渗透的知识点不宜过多,物极必反。

(四)教育对象的易接受性

生物学科的认识和方法为学生唯物主义的世界观奠定了基础。学生所学的生物学知识和其他自然学科一样,大都具有可直接验证的特点,故知识的客观性在学生头脑中的印象更为深刻。从这个角度来说,由此进行的思想熏陶学生更易接受。一些思想标准和道德观念是结合人体生理卫生和遗传知识来进行的,可使学生感受到社会要求的行为准则具有坚实的科学基础。接受这样的思想教育,学生易内化为自己的道德认识,从而转化为良好的行为习惯。

例如,高中生物课本结合遗传病,阐明了《婚姻法》规定直系血亲和三代以内旁系血亲禁止结婚的道理。这样具有思想意义的内容在生物教学中讲授,比离开学科知识单纯进行纪律教育、道德规劝的效果要好。

(五)育人效果的依赖性

生物学科的思想教育是通过生物教师执行的,因此,思想教育的效果取决于生物教师的思想素质、专业知识和教学技能的水平。教师的政治态度、思想品德、意志、情感通过言传身教对学生产生导向作用。生物课良好的思想教育效果取决于教师正确的政治方向、饱满的政治热情、良好的思想品德以及教书育人的高度责任感。

教材的思想体系蕴涵在知识体系之中。教师具有坚实的生物专业知识基础才能对高中生物学科深入理解，掌握教材的科学性，也才能更好地发掘其中的思想性。教师只有不断地学习，不断地用现代生物科学成果的新信息充实其教学，才能使生物课的思想教育随着时代的步伐前进。生物教师要富有教学机智，善于根据教材和教学情境进行思想品德教育。教师的教学艺术水平越高，学生的学习兴趣越浓厚，思想品德教育就越事半功倍，从而越有利于促进学生良好思想品德的形成。

第三节 高中生物学科德育功能的实施模式

一、动手模式

动手模式是指通过观察、实验、野外实习和调查等实际操作性活动，培养学生良好思想品德的德育模式。生物学是一门以实验为基础的学科，可以通过认真组织观察、实验、实习等活动使思想品德教育落到实处。

观察：科学观察的基本要求是客观地反映可观察的事物，并且结果是可以检验的。观察结果必须是可以重复的，只有可重复的结果才是可检验的、可靠的。教师应当使学生明确，科学知识是观察的基础。无论是课内观察还是课外观察，是观察标本、事物、实验还是观察图表、模型等，重要的是掌握观察的顺序和记录方法。

案例:在实验中培养学生严谨的科学精神

——记"植物细胞的吸水和失水实验"

植物细胞的吸水和失水(演示)实验可以让学生在课外进行,然后请学生分析、讨论实验的结果和理论上的结论;还可以请学生按照实验原理设计一些不同的实验方案。

【实验过程】

第一组

实验方案:将萝卜切成小块,分别放入装有等量清水和氯化钠溶液的小试管中,观察液面变化。

实验预期:装有清水的试管中的液面会下降,而装有氯化钠溶液的试管中的液面会上升。

实验结果:没有看到明显的液面变化。

生:没有在试管上做任何标记,怎么知道试管中液面的变化?

师:该实验简单易行,与生活中的一些现象类似。但作为一个科学实验,对实验结果的观察似乎太过简单,缺乏严格的对照或定量的测量,实验结果的可信性让人怀疑。

第二组

实验方案:将萝卜切成小块,分别放入装有清水和氯化钠溶液的小试管中,然后立刻画上一条细线,标示出液面高度。观察液面变化。

实验预期:装有清水的试管中的液面会下降,装有氯化钠溶液的试管中的液面会上升。

实验结果:15分钟后,两个试管中的液面变化均不明显,无法确定溶液体积的变化。

师:还有没有其他组的实验设计方案与第二组相似?观察到了什么结果?

生(第三组):我们组的实验与第二组一致,同样看不到明显的溶液体积变化。

师:为什么会这样?大家相互讨论一下,找一找原因。

生:实验时间太短,只有15分钟,难以观察出来。

师:可能是原因之一。但我们想想平时做凉拌黄瓜时,只有十几分钟甚至五六分钟的时间,盘中就出现了很多的水分。还有没有其他原因?

教师提示学生,再联想凉拌黄瓜中黄瓜本身有什么变化,盘中的水分又有何变化。

生:氯化钠溶液中的萝卜可能失水,其体积会变小;而氯化钠溶液中的水增加,溶液体积增大,两者相互抵消,故看不出明显的液面变化。

师:分析得非常好。哪组同学的实验能证明这一点?

生(第四组):切出一块长方体的萝卜,高约1 cm,然后用小试管当作"打孔器",钻出两块圆柱形的萝卜块,两块萝卜的体积和表面积相等。在两个小试管中分别加入等量的清水和氯化钠溶液,并用记号笔做好标记,然后将两个萝卜块分别放进小试管中。15分钟后,用镊子取出萝卜块,再放回原长方体萝卜块的圆柱形空洞中。发现放入清水中的萝卜块无法放回,说明其体积变大了;同时检查放有清水的小试管,发现液面下降了许多。另一个放入氯化钠溶液中的萝卜块则相反,体积变小,而试管中的液面上升了许多。

师:第四组的实验设计比较科学、严谨,也成功地实现了预期的实验目标。他们实验成功的关键是通过巧妙的设置,成功地实现了待检测目标(萝卜块体积、溶液体积)实验前后的对照,从而为得出正确的结论提供了可靠的依据。

【实验结论】

植物细胞处于高浓度的外界溶液中失水,体积变小;植物细胞处于低浓度的外界溶液中则吸水,体积变大。

在实验过程中,教师要特别强调等量的问题。只有条件相同、材料相等,实验才具有可比性,才有可能得出符合实际的正确结论,这是进行科学精神教育的关键之一。在小组的实验操作中,学生的协作精神得到了培养。

野外实习和调查:野外实习与调查可以让学生直接接触大自然和社会,培养他们热爱大自然的情操以及关注社会问题的责任感。在这些活动中，教师可以结合具体情况对学生进行吃苦耐劳、团结友爱和安全的教育，引导学生爱护庄稼、花草树木，利用自然美景对学生进行审美观的教育等。

案例：在环境调查中培养学生的环境意识
——记野外实习"交通干道两侧空气中降尘含量测定"

学校毗邻赣州市两条大的交通主干道——319国道和305国道。两条道路由于车流量比较大，特别是305国道，夜间常常有成队的重型货车通过，不仅噪音污染严重，而且道路两侧的林地及杂草有这样一种现象：在大雨过后，其叶面颜色可见嫩绿；随后一两天叶面即被灰尘覆盖，当用手指在叶面上擦过，手指上可见到厚厚的一层灰尘。那么，到底交通干道及两侧降尘污染（也就是颗粒物的污染）比普通的生活区大多少？对周围居民将会产生什么影响？

【开展对象】

高二年级学生。

【活动准备】

1. 将学生分成4～6组，每组3～6人。

2. 准备简易"降尘测定板"若干块。

3. 在降尘测定板上贴上白纸，白纸上用铅笔打上 0.5 cm × 0.5 cm 的小方格。在纸上用图钉固定透明胶带，使透明胶带的胶面朝外并注意不能使胶带的胶面上沾染灰尘颗粒。

4. 准备放大镜、米尺。

5. 出发前，带队老师对学生进行人员分配、任务布置以及注意安全、爱护庄稼及花草树木等教育。

【活动内容】

1. 学生讨论以下问题。

(1) 空气降尘的成分及来源。

(2)降尘的大概含量。

(3)如何收集取样和确定数目?如果"降尘测定板"不洁净,如何在测定中科学地抵消掉这种影响?

(4)选择哪些取样地点?如何避免地点的特异性引起的数据失真?

(5)以哪个地点作为参照?

(6)通过互联网等途径查阅近一段时间有关空气质量的报道,重点关注本地区的空气质量状况,查阅有关空气质量评定的标准。

(7)收集有关天气情况的报道。

2. 在一个晴朗无风的日子,3个小组在319国道西侧取样,另外3个小组在305国道北侧取样。每处设4~5个取样点。

3. 将"降尘测定板"暴露于上述取样点10~20分钟。注意在往返路上不能将"降尘测定板"暴露于空气中。

4. 在每个取样点的取样结果中随机选定几个方格,用放大镜统计每个选定方格内的降尘颗粒数并计算平均值。

5. 调查数据统计(略)。

6. 分析并讨论以下问题。

(1)将每个取样点的降尘与空气质量数据进行对比,结果说明什么?

(2)降尘对人类生活的影响有哪些?

(3)林地降尘与交通干道相比如何?结果说明什么?

(4)你对环保部门有什么建议?

7. 学生的讨论结果:林地降尘比交通干道少得多,森林、植被对降尘作用很大……

【活动总结】

在后面的讨论中,学生纷纷陈述自己的观点,气氛十分热烈。通过这一次调查活动,学生接触了大自然和社会,思想上有很大的触动,在团结协作精神、关注社会问题的责任感,特别是环境意识等方面都有较大的提高。下面是一位同学在开展这次调查活动后写的周记《大自然的呻吟》，从中可以见该活动对学生思想的影响。

大自然的呻吟

哐的一声巨响，我家后面的树林又有一棵大树倒下了。望着眼前稀稀拉拉的几棵小树，我不禁回想起童年时代的快乐时光。

我读小学时是那片树林的茂盛时期，我和我的小伙伴们经常在树林里做游戏，雨后采蘑菇，早晨锻炼身体。它为我们净化空气，减弱工厂传来的噪音。这几年来，它默默地为人们工作，却不知到头来遭到这样的劫难，我真为它惋惜。

由此，我联想到当今世界森林面积减少的趋势还在继续，尤其是热带森林正遭到严重的破坏。目前世界森林面积只有38.6亿公顷，如果继续破坏下去，不到100年世界上的森林将被全部毁掉。森林资源遭到破坏，不仅造成人类生产和生活所需的木材等资源缺乏，更重要的是，大自然失去森林的调节后水土流失加剧，旱涝灾害增多，自然环境不断恶化。许多野生动物也会失去栖息的场所，面临灭绝的境地。因此，保护森林资源，大力植树造林，已成为刻不容缓的任务。总之，大自然不能给人类提供源源不断的资源，人类只有保护它，它才会长久地为人类服务。

水是生命之源，没有水就没有生命。现在，水资源的污染相当严重。一些小型的造纸厂、皮革厂把废弃物排入江中，废弃物中的有害物质把江中的鱼、虾毒死，往日水清鱼跃的景象一去不复返。另外，滥杀野生动物、大气污染、滥采矿产资源等，都会给人类的生存环境带来严重的威胁。

大自然在呻吟，因为它无法承受人类的侵袭；大自然在呻吟，因为它的污染太严重；大自然在呻吟，因为它身上的绿色正逐渐消失。让我们携起手来保护大自然，保护我们共同生活的场所。

哐！又一棵大树倒下了……

二、体验模式

体验模式是指教师在有关内容的讲授中，深入分析知识的深层内涵并创设适宜的情境,使学生在领会、体验的基础上形成一定的思想观念的德育模式。体验模式强调让学生在学习知识的过程中,自己去理解和体验知识中所隐含的思想观点。教师在教学中,首先要让学生深入地理解、掌握知识点,在此基础上恰当引导,使学生体会到其中隐含的辩证唯物主义思想,进而分析和认识生命活动的基本规律,逐步树立科学的世界观。教师使用体验模式对学生进行辩证唯物主义观点教育,要努力研究其在教材中的表达方法,使知识教育与思想品德教育紧密地结合起来。具体方法如下。

第一,要在章节的教学目标方面做到知识与观点具有内在的联系。知识要能明显地、充分地说明观点,观点可以贴切地、深入地解释知识。例如,"生物的进化"与"永恒变化"的观点就具有内在联系,可以在教学中有机地结合在一起。如果教学目标的知识与观点没有内在的联系,教师牵强附会地将二者拉在一起,学生无法顺理成章地体验到有关的思想观点,将影响德育的效果。

第二,要强调用体验的方法进行观点教育。教师在进行某个观点教育时,不能一开始就提出这个观点,而应随着知识由浅入深逐步展开,将该观点逐渐渗透到知识内容的讲解中。例如,在讲述"新陈代谢的过程"时,可以使学生体会到事物内部是存在矛盾的,而且矛盾双方是相互依存、相互作用的;在讲述"新陈代谢的意义"时,使学生体会到是矛盾双方的相互作用推动着事物的发展,从而形成对立统一的观点。下面以"植物体的形态"教学为例,具体说明体验模式的应用。

案例:学习生物学知识,体验辩证唯物主义思想
——记"植物体的形态"的教学

【教学目标】

知识目标:分析植物体的结构以及维管束在各器官里的分布,使学生了解植物体在结构上的整体性;分析植物体内营养生长和生殖生长的关系及各器官的主要功能,使学生从功能上了解植物体是一个整体。

能力目标:通过本课的学习以及对问题的分析,培养学生综合的思维能力。

思想目标:通过学习植物体是一个整体的基础知识,树立整体性的辩证观点;通过了解营养生长和生殖生长的相互关系,树立矛盾对立统一的观点。

【教学重点和难点】

植物体在结构和功能上的整体性是本章的重点和难点。

【教材分析】

通过前面的教学,学生学习了植物六种器官的基础知识。但是,六种器官之间有什么内在的联系?它们是如何组成一个植物整体的?这就是本章所要解决的问题。

本章教材从结构和功能两个方面分析和归纳出植物体是一个整体。以细胞、组织、器官和植物体为线索,用胞间连丝和维管束来说明植物体结构上的整体性;以植物体六种器官的主要生理功能的联系以及营养生长和生殖生长的相互依存关系,来说明植物体功能上的整体性。

【教学过程】

复习提问:

(1)组成植物体的器官有哪几种?

(2)这些器官是彼此孤立的还是相互联系的?

引言:植物六种器官之间是彼此联系的。它们是如何联系的?这就是我们这节课要探究的问题。

一、结构方面

多媒体课件展示图片,启发学生。

1. 从整体到局部。

植物体器官组织细胞。

2. 从局部到整体。

多媒体课件展示图片,启发学生,展示实物(豆角、橘子瓣等)。

学生总结后回答:

(1)细胞是构成植物体的基本单位(细胞—组织—器官—植物体)。

(2)细胞之间由胞间连丝互相联系。

(3)维管束贯穿于植物体的各部分。

教师适时提示学生:构成植物体的各个部分从结构看是相互联系的。

二、功能方面

1. 六种器官之间功能上的联系。

多媒体课件的展示。

2. 营养生长和生殖生长的联系。

学生自读,多媒体课件的展示。

(1)营养生长和生殖生长的概念。

(2)营养生长和生殖生长的联系。

师:你能从生物学的角度解释"红花还需绿叶衬"的现象吗?家庭养花时常常要控制茎、叶的生长,如果茎、叶长得过于旺盛,往往开花很少甚至不开花,为什么?

学生讨论后得出:绿叶可以进行光合作用,制造有机物供植物开花的需要。但是如果茎、叶的生长过于繁茂,植物通过光合作用制造的有机物就会被茎、叶大量消耗,而用于开花结果的有机物就会不足。

通过讨论,学生深切地认识到植物的六种器官不是各自孤立的,而是相互制约、相互依存的,生殖生长与营养生长是对立统一的关系,由此可进一步升华形成对立统一和联系的观点。

在"生命的物质基础"一章的教学中,培养学生统一的物质世界观是重要的德育目标。教师在教学中向学生讲解清楚自然界中的生物和非生物都是由化学元素组成的,组成生物的20多种化学元素在无机自然界都可以找到,没有一种化学元素是生物界所特有的,学生可以体验到世界是统一的物质。

三、熏陶模式

熏陶模式是指通过生物学家的光辉事迹及教师的高尚人格影响学生,使其在潜移默化中得到良好熏陶的一种德育模式。生物学家的高尚品德对中学生有着巨大的感染力,教师在教学中要充分利用这一优势,让学生得到良好的熏陶。

例如,在"单子叶植物"的教学中,通过介绍"杂交水稻之父"——袁隆平的有关事迹,既让学生了解杂交水稻方面的知识,又对学生起到了很好的品德熏陶作用。

案例:讲述袁隆平的光辉事迹,熏陶学生的良好品德

——记"单子叶植物"的教学(片段)

中国农民说,吃饭靠"两平",一靠邓小平(责任制),二靠袁隆平(杂交稻)。西方世界称杂交稻是"东方魔稻"。袁隆平的成果不仅在很大程度上解决了中国人的吃饭问题,而且被认为是解决21世纪世界性饥饿问题的法宝。国际上甚至把杂交稻当作中国继四大发明之后的第五大发明,誉为"第二次绿色革命"。(袁隆平的伟大成就令学生民族自豪感油然而生。)

袁隆平是世界上成功利用水稻杂交优势的第一人。他于1964年开始从事杂交水稻研究,历时9年于1973年实现了三系配套,并选育了第一个在生产上大面积应用的强优高产杂交水稻组合——南优2号。为此,他于1981年荣获我国第一个特等发明奖,在国际上被誉为"杂交水稻之父"。

国际水稻研究所所长斯瓦米纳森博士评价袁隆平:"我们把袁隆平先生称为'杂交水稻之父',因为他的成就不仅是中国的骄傲,也是世界的骄傲。他的成就给人类带来了福音!"他认为,袁隆平一旦解决了远缘杂交水稻的不足问题,就有希望解决整个世界的饥饿问题。(对学生进行民族自豪感的熏陶。)

最初,袁隆平按照米丘林、李森科"无性杂交"学说进行教学和科学实验。他们认为,水稻作为自花授粉的植物没有杂交优势,实验没有任何意义。袁隆平对这一学说产生了怀疑,沿着当时被批判的孟德尔、摩尔根遗传基因和染色体学说进行探索,这是需要很大勇气的。(对学生进行敢于质疑、敢于创新的科学精神的熏陶。)

1950年,我国水稻的平均亩产只有141千克,1998年达到450千克,增加了2.2倍。在当今中国,有50%的水稻种植面积和60%的水稻产量来自袁隆平及其助手培育出来的杂交水稻,从1976年到1998年累计增产粮食3.5亿吨,按每吨1

000元计算,累计增收3 500亿元。1998年6月25日,湖南长沙爆出了我国目前最大一宗无形资产评估价值额项目——"袁隆平"名字品牌价值1 008.9亿元的特大新闻,在全国闹得沸沸扬扬。对此袁隆平泰然面对:"人的身上,最值钱的东西,是脑袋里的知识!我这么个糟老头子,才1.69米高,60千克重,连骨头卖了都值不了几个钱。我把这事看得很淡。我们家里从来不谈钱,我一个月工资1 600多元,外加院士补助、其他津贴、顾问讲学费,掐指一算,也有三四千元,够了!"袁隆平每年手里多的时候掌握着几千万元科研经费,但其生活却极其简朴。他没有名车豪宅,与50多名工作人员在基地吃住。基地坐落在三亚市东郊荔枝沟警备区农场。这里没有水泥公路,一条机耕路弯弯曲曲、坑坑洼洼,两层楼房像普通农舍,掩映在椰林中。椰子树之间扯起一根铁丝晾晒衣物。在这里,没有职位高低,院士、研究员、博士、硕士一律下田。袁隆平的儿子、儿媳硕士毕业,跟大家一样,天天下地,默默工作。(对学生进行金钱观和荣誉观的熏陶。)

熏陶模式还要求生物教师必须有高尚的品德,德才兼备。生物教师既然是一名德育工作者,就应有意识地提高自身修养,注意自己的一言一行、一举一动,以自己的人格魅力影响、教育学生,充分发挥教师自身的德育示范性。

在学生的眼里,教师是知识的化身,是学习的榜样。生物教师要不断充实自己。俄国文艺评论家车尔尼雪夫斯基说:"你要教育学生成为什么样的人,你必须首先要成为这样的人。"

四、兴趣模式

兴趣模式是指教师根据学生的年龄特征和兴趣特点,选择学生感兴趣的学习内容和活动方式,使学生在轻松的气氛中养成良好思想品德的德育模式。对于高中生来说,兴趣往往能够激发他们对学习某门功课的热情,并成为今后漫长学习道路上的推动力。在生物教学中,教师要发掘教材的内在因素,不断激发学生的学习兴趣,在饶有兴趣的学习活动中培养学生的良好品德。

兴趣不是先天就有的,而是后天培养的。高中生物教师自上第一节生物课起,就应该注意激发和培养学生学习生物的兴趣。学生往往对生物知识存有神秘感和好奇心,这时教师要因势利导,把学生的兴趣转化成乐趣,把乐趣转化成志趣。在心情愉快且轻松的氛围中,学生乐于接受教师的思想品德教育,不产生厌烦心理。

例如,学生往往喜欢自己动手做些简单的实验。在上"植物水分的吸收"一课时,教师可以根据实际情况让学生于课前动手做个小实验,并在课上围绕这个小实验让学生展开讨论。

案例:利用家庭小实验,引发学生的探究兴趣,培养学生的科学精神

在学习"植物水分的吸收"时,课前,教师要求学生做一道凉拌黄瓜小菜(这道小菜既容易完成,又能得到家人夸奖,学生非常乐于去做),并观察小菜在食用前和食用后有什么变化。

课上,教师要求学生说出自己做的凉拌黄瓜在食用前和食用后的变化。学生说法不一,但大多是食用前没汤,吃到最后有汤,且最后的黄瓜不脆了。

教师接着问学生:"盘中的汤从哪来的?吃到最后黄瓜为什么不脆了?"

学生众说纷纭。有的学生说是因为放了蒜,蒜使黄瓜渗出水来;也有学生认为是用刀切、拍黄瓜造成的;但多数学生认为是放了盐、醋等调味品使黄瓜失水造成的。

当学生说完自己的观点后,教师接着引导:"大家说了这么多原因,都正确吗?这需要用实验来证明。由于时间和条件所限,在这里我们只通过实验法来证明'盐水、醋等高浓度溶液使植物细胞失水'假设是否正确。而大家给出的其他原因,则希望大家利用实验法在课余时间进行证明。"

接着,教师引导学生分析出实验原理,再要求学生根据实验原理,以小组为单位,利用教师提供的萝卜、浓盐水、清水、小烧杯、试管和镊子等材料进行实验操作(后面部分见"植物细胞的吸水和失水实验"案例)。

通过这个有趣的家庭小实验,学生可以逐步体会到生活中处处有科学,学会用科学观点解释生活和自然现象,形成学科学、用科学的好习惯。

又如,学生对生物科学的一些新动态、新进展抱有很大的兴趣。教师可在有关章节的教学中,选择一些时代感强、富有思想性的内容,在增长学生见识的同时进行有效的思想品德教育。

案例:介绍克隆知识,培养正确的伦理道德观念
——记"生殖的种类——克隆专题"的教学

【教育目标】

知识教学点:复习无性生殖的概念、方式和实例,有性生殖的概念和意义,卵式生殖的过程、概念和实例;理解克隆技术的原理,了解克隆技术的发展。

能力训练点:从几种无性生殖的概念、特点和实例的比较,训练学生比较分类的能力;阐明精子、卵细胞、受精卵以及卵式生殖的概念,训练学生由具体到抽象的思维能力;通过材料的阅读、分析及辩论,培养学生分析、解决问题的能力。

德育渗透点:先讲有性生殖再讲无性生殖,培养学生的逆向思维,从而对学生进行辩证唯物主义的思想教育;通过讨论克隆问题,渗透伦理道德教育。

方法训练点:教会学生自学、阅读、分析以及辩论的方法,即归纳、比较、分类。

【教学重点、难点及解决方法】

教学重点:克隆专题。

解决方法:阅读感知,点拨讲清,练习巩固。

教学难点:伦理道德。

解决方法:自由讨论、辩论,留下思考空间让学生自己领会、体验。

【教学方法】

目标导学、事件分析及辩论式教学法。

【教学过程】

一、生殖的种类(略)

二、克隆的基础知识

1. 何为克隆(略)。

2. "多利"的诞生(略)。

3. 克隆技术及其发展。

教师发给学生有关克隆技术的材料,让学生自学,再让学生阅读下列摘自国外某媒体的报道,并回答各小题。

Ian Wilmut of the Roslin Institute was a runner-up in *Time* magazine's Man of the Year for his work in cloning the lamb Dolly. "Dolly was bonus," Wimut was quoted as saying, adding, "sometimes when scientists work hard, they also get lucky, and that's what happened." Wilmut discovered not so much a technical trick as a new law of nature. Dolly was named by science as the top scientific breakthrough of 1997.

(1)多利羊是由_____(英文人名)培育成的。

(2)上述报道认为:确切地说,多利羊的培育成功表明人类发现了_____(用英文表示)。

(3)克隆羊的过程:从 A 羊的_____中取出细胞注入 B 羊去核的_____中,经培养,再植入假孕的 C 羊子宫中。

(4)上述繁殖方式属于哪一类生殖类型?请再举一例。

(5)从两个不同的应用领域说明克隆技术将会给人类带来的好处。

4. 克隆技术给人类带来的好处。

学生归纳总结克隆技术在遗传育种、濒危生物保护和医疗事业等方面的益处。

5. 辩论:克隆人是福音还是噩梦?

学生利用教师提供的学习材料及自己课前收集的有关材料,现场指定主席、正方和反方,由双方按各自观点展开辩论。以下为辩论片段。

学生甲:克隆人简直是太好了!通过克隆技术可以制造出一大批思想家、政治家、科学家、体育家、演员等,多好啊!

学生乙:此言差矣!科学证明,克隆技术只能复制出外貌特征相同的生物,不能克隆出被复制者原有的才能。人的思想才能受后天的制约,所以即使有人能克隆出酷似历史上的伟大领袖、伟大科学家那样的人物,克隆人也仅在外貌上相同,却缺乏其思想、气质、才能。试问这样的克隆有什么意义?再说,要是制造出一批残暴的恶魔的复制品岂不是灾难?

学生丙:学生乙说得对,无性繁殖复制的人体将彻底搞乱世代的概念。克隆人技术打破了传统的生育观念和生育模式,使生育与男女结婚紧密联系的传统模式发生改变,降低了自然生殖过程在夫妇关系中的重要性,使人伦关系发生模糊、混乱乃至颠倒,进而冲击传统的家庭观以及权利与义务观。

学生丁:克隆人与细胞核的供体既不是亲子关系,也不是兄弟姐妹的同胞关系。他们类似于一卵多胎同胞,但又存在代间年龄差。这将在伦理道德上无法定位,法律上的继承关系也将无以定位。假设克隆人解决了"生物学父母"的界定问题,试问克隆人有无在"生物学父母""代理母亲"和"社会父母"中选择父母和更换父母的自由?抚养克隆人的义务和权利又归属于谁?克隆人对谁的遗产具有继承权?从医学伦理角度审视,可以发现这些"父母"都是不完全的父亲和母亲。在这种组合的家庭中,伦理的模糊、混乱和颠倒很容易导致心理上和感情上的扭曲,播下家庭悲剧的种子。

学生甲:我们可以利用克隆人来取得人体器官,用于医学上人体器官的移植,解决医学上器官移植供体不足的问题。

学生丙:这也是不可行的。因为克隆出来的人首先是一个公民,他享有人权,如果克隆人不肯捐赠器官,创造者也不能其侵犯人权。

通过对克隆技术知识的学习,再经过激烈的辩论,学生普遍认识到,在技术上有可能做到的不一定就是在伦理学上应该做的。因此,发展克隆技术但不克隆人的方针是正确的。

第四章 高中生物课堂中的辩证思维

恩格斯指出："一个民族要站在科学的最高峰,就一刻也不能没有理论根据。"在高中教育阶段,马克思主义哲学是高中政治的一个重要组成部分,它是科学的世界观和方法论,还是唯物主义与辩证法的统一。它不仅论证了世界的物质统一性,还揭示了物质世界的普遍联系和永恒发展(联系的观点和发展的观点是唯物辩证法的总特征)。

马克思主义哲学的研究对象是自然、社会和人类思维发展的最一般规律,即其所研究的规律适用于一切领域,而不像具体学科的规律,仅适用于某一特定的领域。随着分门别类的具体学科(如生物学)的逐渐独立和专业化,揭示每一具体领域的特殊本质和规律已成为具体学科的任务,马克思主义哲学上升为适用于一切领域的一般规律。这种规律在高中生的意识范畴中显得较为抽象。因此,把这种规律应用至具体的生物学科教学中指导生物知识学习,就显得十分必要。

生物学科作为一门专门研究生物的形态、生理、分布、遗传与变异、进化与生态等的科学,是一门基础的自然科学。关于生物学发展的一般规律,完全可以从马克思哲学中领悟到。唯物主义的辩证思维是指引学生学习的坚强思想后盾和方法基石。

第一节 高中生物教学对辩证唯物主义的呼唤

一、高中生物学科教育中结合辩证唯物主义思想教育的依据

(一)辩证唯物主义教育是学校德育工作的要求和重要环节

加强德育工作是现阶段我国中学教育目标的一项重要要求,《中共中央关于进一步加强和改进学校德育工作的若干意见》中明确指出:"要按照不同学科特点,促进各类学科与课程同德育的有机结合。"同时,辩证唯物主义教育是德育工作的重要组成部分。《全日制普通高级中学生物教学大纲(试验修订版)》在阐述课程目的时也明确指出:"通过高中生物课程的学习,树立辩证唯物主义观点,养成科学态度和科学精神,树立创新意识,逐步形成科学的世界观。"

(二)学科教育是德育渗透的主渠道

教学过程是一种特殊形式的认识过程。用心理学的观点分析,学生思想品质的培养,是知、情、意、信、行共同发展的过程,传授知识本身就是思想教育的一部分。在教师的指导下,学生不仅可以掌握系统的科学文化知识来认识客观世界,也可以发展认识能力和创造能力。同时,这些知识在影响和改变着学生的认识水平和世界观的形成。脱离德育的纯智育是不存在的,知识和对知识的评价性认识也是统一在教和学的过程中的。学科德育具有隐性的教育功能和极大的价值。因此,《中学德育大纲》中明确指出:"各学科教学是教师在向学生传授知识的同时,进行德育教育的最经常的途径。"学生在校的大部分时间都是在课堂上度过的。教学是学校教育的基本形式,在学科的课堂上进行德育是学校德育中最经常、最丰富、最有效、最现实和最活跃的一种形式。课堂是德育的主阵地,教师是德育的主力军,学科课堂教学理所当然应成为实施学校德育的主渠道。

(三)学科教育中实施辩证唯物主义世界观教育是现代教育理论的要求和体现

现代教育理论认为,德育是一个系统工程,知识的学习受到思维方式、世界观、认识论的影响。传统教学中重知识传授,轻观念、能力培养的方式显然不符合现阶段社会发展现实。过去社会积累的、具体的基础知识固然需要学习,但更重要的是学会学习。辩证唯物主义是科学的世界观和方法论,对于学生学会学习有着重要的意义。

(四)生命科学与辩证唯物主义哲学有着极其密切的联系

首先,生命科学是一门自然科学,而辩证唯物主义的产生本身就是以自然科学的发展为重要前提的。恩格斯把"细胞学说""能量守恒和转化定律""生物进化论"评价为19世纪自然科学的三大发现。这些成果使人类对自然过程的普遍联系和永恒发展的认识大大地向前推进了。

其次,哲学是对科学规律的高度概括,哲学对自然科学的发展具有普遍的指导意义。物理学家爱因斯坦说:"哲学是全部科学研究之母。"哲学世界观对科学技术的发展起着支配作用,哲学方法论对科学技术活动具有指导意义,哲学的批判精神和怀疑精神则为科学技术的创新打下了坚实的思想基础。正因如此,有些国家为自然科学研究设立的最高学位是自然哲学博士学位。

最后,生物学科本身在辩证唯物主义观点的培养和用动态的、发展的观点研究自然的思想方法的培养上有独到的价值属性。生命科学为辩证唯物主义的基本内容和基本观点提供了丰富的论证材料。

(五)在高中生物学科教学中实施辩证唯物主义教育是最佳时机

从学生主体受教求学的角度而言,高中学生的辩证逻辑思维逐步占了优势,而且正好在高二年级开设了哲学课程。笔者在以往的教学实践中也发现,有些学生,特别是基础较好的学生,对于各学科的融会贯通、生命科学中蕴涵的辩证思想表现出浓厚的兴趣。因此,学生无论在思维发展方面还是知识储备方面,都为辩证唯物主义的渗透教育提供了最佳的时机。

由此可见,在生物科学教育中进行辩证唯物主义思想教育有充分的依据和优越的条件,是可行的。

二、高中生物学科教育中结合辩证唯物主义思想教育的必要性

(一)在个体需要方面,生物学科具有独特的德育价值

首先,对学习生物学本身而言,生物学科中有许多朴实而又博大的基本观点。站在哲学的高度考察这些观点,能使学生深刻地认识生命的本质和生命世界的复杂关系等问题。生物学科教学中的解题训练在一定程度上是前人科学研究的再现,其中蕴涵的哲学思维方式无论对解题还是对学生的研究能力的培养都是十分有益的。教学中采用适当的辩证法思维方式的训练,可以提高学生全面分析知识的能力,促进知识的有效迁移。

其次,自然科学在世界观的形成过程中起着决定性的作用。虽然科学知识为奠定科学世界观提供了基础,理科教育和自然科学工作本身有助于主体形成自发的唯物主义和辩证法观点,但科学知识和科学世界观并不是同一的,单纯的自然科学知识并不足以使人抵御精致的唯心主义和形而上学观点的侵袭。特别是在遇到科学发展的新情况和一些复杂的社会问题时,历史上一些杰出的科学家都曾有过失误,现实社会中这些问题更是层出不穷。辩证唯物主义是人们认识事物、分析问题的有力思想武器和科学的方法论,教师在学科教学中有意识地渗透辩证唯物主义观点,有助于发展学生智力,促进其正确的、稳固的世界观的形成。

生物学中的一些基本观点和唯物辩证法思想对学生求知、生活、做人有一定的

指导意义:有利于培养学生正确看待社会中的生物学问题,使其对世界、未来有更丰富、全面和客观的认识;使之能辩证地看待并且勇敢地面对科学的艰险和人生的挫折,提高心理素质;能引导学生从哲学高度领略科学之美(简单性与复杂性,统一性与和谐性)以及人生之美。

最后,在生物学科教学中进行辩证唯物主义的思想教育还有利于丰富哲学课的学习内容,加深学习的深度。

(二)在社会需要方面,生物学科具有显著的德育价值

这是一个全球一体化、信息化、知识化的高科技时代,要想发展我国的经济,改善人民的生活水平,最重要的是提高全民族的科学素质,而高素质的人才培养是各学科综合教育的结果。教育不仅要注重学生的现在,更要为未来培养人才。因此,教师应为学生的未来发展着想,注重学科教学中的观念、能力、思维方式的教育。唯物辩证法的教育正是实施此种教育理念的有效手段之一。

21世纪又被称为生命科学的世纪,生命科学在改善人类生存质量、改善人类与自然的关系等方面有着无可替代的重要意义。而当今世界普遍存在的全球性社会问题几乎都与生命科学相关,这些问题的产生与以往人类对科学技术(包括生命科学技术)中的技术因素过于关注而对生命哲学忽视不无关系。解铃还须系铃人,生物学科中蕴涵的辩证思想对指导人与自然的和谐发展等方面有着显著的重要意义。因此,要想提高全民的科学素质,就应重视生物学科中的辩证唯物主义思想等观念的教育。

社会发展的全球一体化、信息化过程虽然对国家发展有很多益处,但人们还应辩证地看到它们有可能带来文化多样性的衰退。一方面,辩证法的思维方式切合中国人传统的思维习惯(如综合的、系统的、一分为二的思辩法,天人合一的自然观);中国传统哲学中蕴涵着丰富的朴素唯物论和辩证法思想,是可以与作为人类认识史之结晶的马克思主义的辩证唯物主义哲学相通的,在学科教育中进行辩证唯物主义教育有利于中华传统文明的传承。另一方面,科技的发展为大众展示了越来越多的崭新领域,而传统文明中对唯物主义思想追求的长期无为状态以及不可知论

的深远影响,造成现实社会中探究进取精神的普遍缺乏。因此,在学科教育中渗透辩证唯物主义教育,特别是唯物观的科学思想教育,不仅有利于培养学生个体理性的头脑和进取探索精神,增强其判断是非的能力,克服对未知的恐惧,更有利于社会群体意识中唯物主义信念的增强,有利于全社会破除迷信,识破伪科学的面具。

(三)在教学需要方面,生物学科具有实际的教育价值

在教师教学实际方面,学科教育中渗透辩证唯物主义教育有助于教师宏观地、全面地、深刻地把握教材,有助于教师教学水平的提高。

生物学科所研究的生命现象具有很强的整体性,教与学中都要把握这种整体性。相应地,要把握教材中各部分知识之间的联系,找到普遍的规律。世界上最具有概括意义的规律莫过于哲学规律。因此,教师有意识地对教材中体现的辩证唯物主义规律进行认识和分析,有助于教师本身对生命现象认识的深入。辩证法的思维方式和教学尝试也有利于教学方法的改进,从而提高教师的教学水平和教学效率。

综上所述,在高中生物学科教育中结合辩证唯物主义思想教育对社会、学生乃至教师都有益处,具有现实意义。

三、高中生物教材中的辩证唯物主义观点

(一)高中生物教材中最具有辩证唯物主义教育价值的知识分析

《全日制普通高级中学生物教学大纲(试验修订版)》在态度能力方面对课程目标的规定是"让学生通过对生物学知识的学习,初步形成生物的结构和功能、局部与整体、多样性与共同性相统一的观点,生物进化观点和生态学观点,树立辩证唯物主义自然观,逐步建立科学的世界观。正确认识我国生物资源状况、生物科学技术的发展,增强爱国主义思想感情。懂得爱护自然界的生物,认识保护生物多样性的重要意义,提高环境保护意识,树立人与自然和谐统一和可持续发展的观念。"

根据以上规定及学科内容和唯物辩证法的特点,笔者认为在高中生物教学中渗透辩证唯物主义教育的主要内容应该包括以下三个方面。

1. 生命世界的物质性及其运动规律

(1)生命世界物质的客观性

世界的物质性是唯物主义世界观的首要论点和本质特征。生命是物质的,自然界的一切生命现象都有其物质基础。科学发展史上证明生命物质性的最早的伟大发现之一就是细胞学说,它使千变万化的生物界以具有细胞结构这个共同特征而统一起来。另一个伟大的理论是达尔文的进化论,说明了自然界的万物都有其发生、发展的过程,人类是自然界发展到一定阶段的产物。这两个理论的提出都有力地证明了世界的物质性本源,打破了上帝创世的唯心论。

从生态系统的范围看,每个生物个体都不能脱离无机自然界而单独存在。在生物圈与非生物环境之间发生着永不停歇的物质循环过程,生物成分与非生物成分不停地相互转化。这一切说明,世界统一于物质,生命与非生命之间除了运动方式不同外,没有一个超界限存在,生命现象的物质基础是分子的运动。

特别指出的是,基因不是什么神秘物质,它是DNA大分子上有遗传效应的片段,其基本结构单位是核苷酸,它是物质性的遗传单位。现代生物科学的发展从分子水平上证明了世界统一于物质的唯物论观点。2000年6月,人类基因组草图已基本绘制完成并向全世界公布,人类在认识自我上迈出了决定性的一步。

另外,组成生命的化合物中最主要的是蛋白质和核酸等高分子有机化合物,这是生命特有的物质,生命现象正是在这两种生物大分子的相互作用下实现的。这些特有物质由于组成单位的差异及其在化学结构和空间排列上的不同又形成了千姿百态的生物种类,同时,生物具有了新陈代谢等非生命不具备的特征。在生命世界中还存在着一些与机械世界规律不同的特殊现象,如生命的自主性、历史性、复杂性、随机性、整体性……生命的运动是超越机械运动、物理运动、化学运动的高级运动方式。

物质决定意识,物质是第一性的,意识是第二性的,意识对物质的反作用是有限的。物质的性质由其结构决定,性质的表现受环境的影响,不因生物的主观愿望或意志而改变。在生物学教学中,有一种特别容易违反唯物主义认识论的言辞,就是容易将进化过程中生物所形成的对环境的适应性特征(结果性适应)倒装表达为目的性适应,即某生物为了适应某环境(为了在这样的环境中生存),结果就(不得不)演变、产生出某种性状。这种拟人化的表述容易使人误解,似乎在生物的进化过程中,生物本身的意愿成为它进化的动力并且指导着它的进化方向。显然,这种表述方式与用进废退论所认为的动物的变异由动物本身的意愿所决定的观点相似,都是唯心主义的观点。正确的观点表述应该是,生物的变异是不定向的、多样的,在特定环境下,某些性状适应此时此地环境从而在生存斗争中得以保留而遗传,变异的积累导致适应性性状的产生。适应是自然选择的结果,而不是在进化前预先计划好的目的。前述错误的表达方式不仅学生可能使用,即便是教师也容易说错,故要引起注意,切勿将社会学中人努力适应环境的主动性任意推而广之。

在认识论看来,要从生命世界的物质性本质出发,尊重事实,实事求是,反对迷信,坚决反对存在超物质力量的谬论。

(2)生命物质的永恒发展和运动

运动是物质存在的形式,是物质的根本属性。运动是绝对的、普遍的、永恒的,而静止是相对的、局部的、暂时的。物质的运动是一个发展的过程,内因是事物发展变化的基础。发展变化的规律是简单到复杂、低级到高级。自然界不是存在着,而是生成并消逝着。

生命在于运动,生物具有生命活动,本身就说明其生生不息的运动变化本质,生命存在自我更新、自我调节、自我复制和对体内外的环境做出选择性反应等运动特性。因此,学习生物学尤其要注意其"生"的特征。当然,生命现象中的运动不一定表现出明显的位置移动,然而必然始终处于运动变化中。

生命的运动具体体现在从分子水平直至生态学水平的各个层次上,概述如下。

第一,分子水平。生命物质的形式转化和运动主要体现为新陈代谢每时每刻都在发生,生物因代谢而有生命的活性,新陈代谢的终结意味着生命活动的终结。

第二,细胞水平。生命运动的表现包括细胞的分裂、生长、分化、衰老、死亡,具体如细胞质的流动和膜的流动性,都可以用实验进行验证。细胞质运动的加速是细胞生命活动旺盛的表现。在细胞分裂中有着量变和质变的现象,尤其是细胞分裂间期,表面看细胞似乎是静止的,但其内部发生着复杂变化,如DNA的复制和有关蛋白质的合成。因而,没有绝对的静止,相对的静止是处于量变的状态。

第三,个体水平。个体的发生、发育、衰老和死亡,自始至终伴随着吐故纳新的矛盾运动。主要体现在教材中"动植物胚胎发育"等章节中。

第四,群体水平。种群、生态系统的动态平衡及生物圈的运动发展和变化,在教材中"生物与环境"等章节多有体现。

第五,生命起源和生物进化过程。生命存在着明显的否定之否定及质量互变。教材中有许多的例证,如生命诞生中化学进化显然是典型的量变到质变的过程,可以看出事物量变过程中积累着突破其界限的质变的因素。当量变达到一定程度,就会突破旧的界限而发生质变,最终导致生命的诞生。教学时可以引导学生分析、琢磨教材中描述生命诞生过程的四个阶段性变化的精当用词。

辩证唯物主义认为,发展的趋势是复杂的代替简单的,高级的代替低级的,有生命力的代替无生命力的,这正是生物进化的客观规律。达尔文的自然选择学说是基本符合辩证唯物主义的,是生命世界的普遍联系和永恒发展的有力例证。

生物进化除了有物种宏观特征的进化外,还包括生命的分子也在发生着的进化,如染色体。原核生物的遗传物质是裸露的DNA,而真核生物的染色体除了DNA和RNA外,还有蛋白质等,结构也越来越复杂。

另外,生物现象中存在不少的动态平衡。平衡强烈依赖于外界条件,平衡是有条件的、暂时的、相对的,表面上往往表现出静止状态,哲学上称为相对性静止。例如,生态系统的物质循环和能量流动动态平衡;成年生物个体的同化和异化处于动态平衡状态;水分通过半透膜扩散到平衡状态时,水分不是不出不进,而是进出平衡,表现出动中有静、静中有动的辩证关系。

总之,生命在于运动,生命的本质特征是不断与外界环境进行物质、能量和信息交换的自我完成运动方式。

从认识论角度而言,看待问题要用发展的眼光、动态的观点、历史性的观点,要特别防止认识静止化的倾向。在对待生物及其学科的发展方面,如果否认运动,看问题就是僵化的、机械的,就会否认生物的进化。但如果否认相对静止的存在,就会把物种看作千变万化的、虚无缥缈的,否认了规律的存在从而无法研究物种的特征。学习活动也要求发展、求变化,不断学习新知识以及新的学习方法。

(3) 生命运动的规律性

生物界的一切活动都是受一定客观规律支配的。生命是由非生命物质经过漫长的复杂过程进化来的,各种生物之间有着或远或近的亲缘关系。它们的生命物质和生命活动具有统一性。也就是说,各种生物所遵循的规律是基本统一的,如遗传密码的通用性、遗传的中心法则的普适性、生物界新陈代谢的基本规律性、生物生长发育的规律性、生态系统中的物质循环和能量流动的规律性、生态平衡规律性、群落的演替规律性及生物进化的规律性。

在教学中教师还应让学生意识到,这些规律是人类经过漫长的艰辛历程逐渐发现的,但已经认识的规律只是一小部分,人们还将继续深入认识生命的奥秘。也就是说,任何自然规律,无论它多么神秘深奥,终究是可以被人类认识的,真理也是不断发展的;要反对不可知论对思想意识的潜在影响,更要反对把目前尚未认识清楚的某些生命奥秘和自然的奇特现象说成是某种神秘力量作用的结果。

在尊重客观规律、探寻生命活动规律的同时,要使学生认识到在普遍规律下具体事物的特殊性,学会具体问题具体分析的辩证方法。

2. 生命世界的普遍联系与矛盾

矛盾的对立统一规律是唯物辩证法的核心,是辩证唯物主义方法论的重心。能体现物质世界普遍联系的内容包括"生命的物质基础""生命的基本单位——细胞""生物与环境"等。同化异化、遗传变异则是体现对立统一规律的最典型内容。

(1) 生物界的普遍联系与矛盾的普遍性、特殊性

辩证唯物主义认为,整个世界是一个相互联系的统一整体。事物之间的联系不仅是普遍的、客观的,而且是多样的。

无论是微观分子水平还是宏观的生态系统，无论是生物内部还是生物个体与个体之间、生物与非生物之间，都是普遍联系着的。这些联系包括物质的、能量的和信息的，其中，生物与非生物在物质和能量上的联系也证明了生物界的物质性。

细胞是一个统一的整体，其各细胞器以及细胞核、细胞膜之间存在联系。人体及任何动植物个体都是统一的整体，其各器官、系统间存在密切的联系和配合。生物个体与环境是普遍联系着的。

在生物界的普遍联系中，需注意生物的结构与功能相统一这个显著规律。例如，DNA的双螺旋结构与其复制、转录及储存遗传信息的功能是相适应的。正因为生物界的普遍联系，人们看待、分析生物学问题时必须全面、系统，抓住事物的内在联系。既要看到现象又要看到本质，既要看到部分又要看到整体，既要看到结果又要看到原因。在平时的学习中，学生要用多维的方式多角度地看问题，从而培养自己的辩证思维能力。

矛盾普遍存在于联系着的事物中。分析生物与环境的矛盾后发现，矛盾是永远存在并且不断变化着的。生物对环境的适应是相对的，生物在生存斗争中，有利变异积累从而逐渐产生新的物种，新物种起初都有良好的适应能力，居于矛盾的主要地位；但是环境永远在变，原来的适应可能变为不适应，新物种变旧，更新的物种将替代它。所以，适应是相对的、暂时的，变化是绝对的、永恒的。

(2)矛盾的对立统一与动态转化

①矛盾的对立统一规律及其意义简述

对立统一规律是唯物辩证法的基本内容之一，是最根本的法则。一切过程中矛盾着的诸方面，不但有互相排斥、互相斗争、互相对立的一面，又有互相联系、互相依存、互相制约的一面。

矛盾双方既对立又统一，推动了事物的运动和发展。矛盾是事物发展变化的内在动力。例如，遗传与变异的矛盾是生物进化的内在动力，同化与异化的矛盾是个体发育的内在动力。因此，现实中有矛盾并不是可怕的事情，矛盾是客观存在且普遍存在的，人们可以按照自然规律办事，促进事物向好的方面发展。

例如，植物施肥量、灌溉量的把握就存在矛盾。土壤中矿质元素的缺乏会造成植物生长速度减慢甚至出现生理疾病，因此，种植作物要施肥。但施肥过多会使植物不仅不能吸收矿质元素，反而会通过渗透作用失去水分而萎蔫甚至死亡，出现"烧苗"现象。同样，植物缺水会死亡，但灌溉过多会影响植物根部的有氧呼吸，造成植物因缺氧而受害。所以，应该适时、适量地灌溉、施肥。

植物细胞吸水或失水也是存在矛盾的，水通过细胞膜自由扩散，渗透是双向的。当外界溶液浓度小于细胞液浓度时，吸水成为矛盾的主要方面，起决定性的作用，占主导地位；当外界溶液浓度大于细胞液浓度时，失水力量超过吸水力量，失水成为矛盾的主要方面，细胞失水萎缩。这说明矛盾的双方互为依存，又可以互相转化。

②生命现象中最典型的三大矛盾

生物学中的矛盾集中体现在同化与异化、遗传与变异和生物与环境的对立统一关系中。

第一，同化与异化的矛盾。同化与异化是生物新陈代谢的两个基本过程，这两个过程相互矛盾、相互依赖。同化作用能合成有机物，贮存能量，而异化作用是分解有机物、释放能量的过程。二者是性质上矛盾的两个生理过程，但二者都要不断地与外界进行物质交换和能量交换。同化是异化的基础，异化是同化的动力。没有同化作用合成的有机物，异化作用就是无源之水；没有异化作用提供的能量，同化作用就无法启动，无法获得所需要的原料。这样，生物内同时进行着物质合成与分解、能量储存与释放的过程。随着生物化学和生物物理技术的不断进步，生物大分子代谢的细节日益显现出来，人们发现许多物质在同化与异化过程中是被反复利用的。

新陈代谢中最典型的实例就是绿色植物的光合作用与呼吸作用，这两个对立过程"斗争"的结果是植物的生长或者衰败。在动物代谢中，血糖与肝糖原的相互转化同样是同化、异化这一矛盾对立统一的体现。

第二，遗传与变异的矛盾。遗传和变异是生物界的普遍现象。遗传保持生物原有的特性和性状的存在,是对亲代的继承和肯定,是大量的、保守的。变异促使生物向其他特征和性状的转化,是对亲代的否定,是少量的、创新的。二者是矛盾的对立:遗传是相对的,变异是绝对的;二者又密不可分:遗传的动摇即表现为变异,变异的巩固则是遗传。变异是在遗传的基础上产生的,而遗传是对过去变异的积累,二者在同一个体上同时有所体现,这本身就说明生物是肯定和否定的辩证统一体。遗传除了包括原有特性的遗传外,还包括新形成的可遗传的变异遗传,说明肯定之中包含否定的辩证关系;而变异是不定向的,经过选择之后,只有适应环境变化的变异才会保留、遗传下去,这说明否定之中包含肯定的辩证关系。遗传可以使生物的性状代代相传并保持生物类型的区别,使生物繁衍的后代遗传性状有相对的稳定性,使生物的种族得以延续,使生物从低等到高等的进化有依赖的基础。由于变异,新的性状才产生,使生物的类型不断推陈出新,从而推动生物的进化。另外,在遗传和变异中表现的显性和隐性的现象也是矛盾的关系,并且在一定条件下可以相互转化。

  辩证唯物主义认为,矛盾包括内部矛盾和外部矛盾。内因是事物变化发展的根据,外因是事物变化发展的条件,外因通过内因起作用。遗传现象能体现矛盾的内外因对事物发展的作用。性状是由遗传物质核酸决定的,而不是由生命体现者蛋白质决定的。遗传和变异的矛盾是生物性状表达的内因,环境条件是影响性状表达的外因。遗传的内因就是遗传物质的遗传行为,通常情况下,获得性是不能遗传的,即外部条件只能影响而不能决定事物发展的本质。基因型是表现型的内因,是基础;环境是外因,环境可以影响生物发育过程中基因型的表达。从遗传的可能性(基因型)到性状表现的现实性(表现型),二者之间有一个个体发育的过程。故而三者关系可以大致的表示为:表现型 = 基因型 + 环境。例如,课本中提到的观赏植物藏报春在20℃～25℃的条件下,AA 和 Aa 的个体都开红花,aa 的个体开白花。但如果环境温度是 30℃,这三种基因型的个体都开白花。另一个典型实例是动物的性别性状的表达。性别表达分为两个方面:一是性别决定,是由受精卵中的遗传物质,主要是性染色体决定的,是性别表达的内因;二是性别分化,即在受精卵到性成熟过程中,环境条件等因素作为外因影响性别的表达。从进化角度考虑,遗传和变异是进化的内因,环境压力造成的生存斗争是进化的外因,是推动进化的动力。从整体看,生物进化是内外因协同作用的结果,矛盾是事物发展的动力和源泉。

第三,生物与环境的对立统一。生物与环境之间有着错综复杂的依赖关系,环境影响着生物的生存和发展,生物在适应环境的同时又不断影响、改变着环境,生物对环境的适应既具有普遍性又有着相对性,生物与环境之间保持着动态的平衡。生物个体的形态、结构、习性与环境是相适应的,如干旱环境中的植物一般根系长、叶或厚或细小,有毛、腊等保水"措施";动物的保护色、警戒色、拟态等更是典型的适应现象。

仅从生物与其他生物关系看,就包括种内互助与种内斗争、种间互助与种间斗争等丰富的内涵。但学生对生物之间的对立统一的认识往往不够深刻,如狼和鹿(或者其他具有显著捕食关系的动物),一般只认识到狼凶残捕食草食动物的一面,没有想到二者的相互选择、协同进化,也就是通过捕食与被捕食而共同朝着奔跑加快的方向进化。矛盾的双方互相吸取有利于自身发展的因素,在相互利用、相互促进中各自得到发展,这才是矛盾的对立统一的完整含义。另外,站在更高层次上,还应该理解狼作为食物链中高营养级动物对于维持生态平衡的重要意义。由于人类认识能力和认识方式的缺陷,人类历史上多次出现大肆捕杀大型食肉动物的事件。最典型的例子是20世纪初美国亚利桑那州为保护黑尾鹿而大肆捕杀美洲狮和狼等大型食肉动物,最后造成草场退化、鹿群大量死亡的悲剧。

自然界中任何一个事物都不是孤立存在的,世界不仅是不可分割的有机整体,而且是动态有序的整体,人类的价值和意义包含于自然整体的组织进化过程之中。从这个意义来看,人与自然的关系不再是机械唯物式。辩证唯物主义的生态观认为,人是自然界的产物,人本身就是自然存在物;人通过劳动与人周围的自然发生关系,并且在对劳动的占有中,人与人之间又发生关系。人类的生存和发展必须实现两种和解,即人类同自然的和解以及人类本身的和解。围绕着这一价值目标,马克思和恩格斯提出了一系列科学的思想和结论。例如,协调两种生产——物的生产和人的生产;联结两个主义——自然主义与人道主义,也就是人的自然主义与自然界的人道主义的统一。这些观点为当今人类正确认识人与自然的关系,摆脱全球性危机,走出生存的困境指出了正确的方向。

这种辩证的分析强调了人与自然协调发展的必要性和紧迫性,深化了学习者对自然的认识和对辩证唯物主义内容的认识。

③生命现象中普遍存在的对立统一规律

在生物学中普遍还存在着局部与整体、结构与功能、个别与一般、个性与共性或称作多样性与共同性等方面的对立统一。

首先是局部与整体、结构与功能的对立统一。生物结构和功能的统一性是生命科学最基本的观点之一,如叶绿体、线粒体的结构分别与光合作用、呼吸作用相统一。这些自身结构在各有其结构和功能的特点的同时,又相互联系组成一个统一的整体。生物是一个多层次的有组织的结构复杂的系统,其中的各组成部分和整体具有多方面的相互作用。还原论方式的自下而上决定原则与系统整体思维方式的自上而下的决定原则相互对立又相互依赖。例如,肌肉收缩和舒张、神经的兴奋和抑制、激素作用的二重性、营养生长与生殖生长等现象就是局部对立而整体统一的典型例子。

不仅生理活动中局部与整体是对立统一的,在整个生态系统中,局部与整体也是对立统一的辩证关系。从现代的生态世界观来看,整体与部分的区分只有相对意义,它们的相互作用才是根本的,而且整体对部分的决定作用是主要的,部分是次要的。

其次是个别与一般、个性与共性的对立统一。生命世界最常出现的就是一般规律中的例外,即特殊的个别。因此,教师在讲解概念、规律时,要特别注意概念、原理的外延、适用范围,具体问题具体分析。从个别出发归纳总结,上升到一般,从现象上升到本质,然后将一般作用于具体的个别,解决个别的问题。例如,细胞是生命结构和功能的基本单位,一方面要解释,一切动物和植物都是由细胞构成的,另一方面要强调,病毒等特殊生物例外,它们不是由细胞构成的。同时,要提醒学生注意,应该辩证地看到病毒在其寄生的细胞之外不能独立地表现出生命活动。再如,含有性别决定基因的性染色体相对于其他常染色体而言是特殊的。任何杂交遗传都是两性的结合,在形成生殖细胞过程中都存在同源染色体的分离、交叉互换和非同源染色体的自由组合,XY染色体的遗传同样符合自由组合规律和分离规律,这是常染色体与性染色体的遗传共性。所以,涉及伴性遗传的现象,解题时要分析XY染色体的行为,而不必写常染色体。同理,分析常染色体遗传时尽管涉及父母亲代,但不必动辄写上"XY"。

上述现象表明,生命世界中存在多样性与共同性的对立统一。生物多样性是维持自然界生态平衡和生机活力的重要条件。目前的科学研究和社会思潮有一个趋势,即对共同性问题和多样性保护深入研究,同时协调进行。

总之,正是在上述一系列的矛盾和对立中,生命及生命活动才有了其完美的、和谐的统一。

(3)质量互变规律与否定之否定

任一事物内部矛盾存在不可调和性,造成事物自我的否定,并通过对否定之再次否定,实现自我发展、自我完善。

一切生物的一生都是一个总的量变过程,也是进行部分质变的过程。例如,动物摄取糖类过多,随着量的积累,除了合成糖元,过多的糖将转变为脂肪储存,实现质的变化。动物的发育过程也同样明显体现了量变到质变(发育成熟)。遗传过程中,DNA分子内部的结构变异以及基因的表达有量变到质变的现象。生物进化历史也是一个质量互变的过程,在"遗传—变异—遗传"的否定之否定过程中生物实现进化,自然选择时刻起着作用,不断的选择造成微小变异的积累,从量变向显著变异,即新物种的方向发展。在分类学上看来,亲缘关系相近的物种之间有各种量的指标上的差异,在进化上从最初的量上的地理隔离发展到质变(生殖隔离)导致物种的分化。生命物质形态的演化是进化和分化的统一,是量变和质变的统一。

总之,在质量互变过程中存在着否定之否定,每一次量变和质变都是在一定程度上对过去的否定。任何事物的变化都是量变与质变的统一。

高中生物中对生长素作用二重性的辩证分析可以说明量变到质变时"度"的重要性。同一器官在不同浓度的生长素作用下表现出"高抑低促"的特点,不同植株或同一植株的不同器官对生长素的敏感度有所不同。

3. 辩证唯物主义的认识论

辩证唯物主义的认识论的主要观点是"实践—认识—再实践—再认识"。实践是认识的源泉,是认识发展的动力,也是检验认识的唯一标准。

教学过程是一个认识的过程,必须不断地进行实践。列宁认为,从生动的直观到抽象的思维,并从抽象的思维到实践,这是认识真理、认识客观实在的辩证途径。教师和学生都要逐步地实践,透过现象看本质,探讨教与学的本质规律,寻找、认识生命活动的本质和规律。教师在教学中有意识地将验证性实验改为探索性实验,将结论性知识传授改为过程性讲述探讨,对学生思维的培养起重要作用。

生物学科中的原理、规律都是人类长期实践所发现的,并在实践中得到检验和丰富,体现了辩证唯物主义的认识论。教学中有关生物发展史的内容往往可以作为辩证唯物主义的认识论教育的好材料。例如,人类对遗传物质的认识就是一个不断深化的辩证发展过程。在生物科学史的讲授中渗透辩证唯物主义的观点,能从科学思想的发展和对现实科学问题的评价以及未来科学发展的展望等方面给学生提供一条较为清晰的思路,增强学生辨别是非的能力,破除迷信和伪科学。

认识的最终目的不是知识本身,而是改造世界的实践活动。马克思说:"哲学家们只是以不同的方式解释世界,而问题在于改变世界。"[1]从古至今,人类都在自觉或不自觉地进行着认识自然和改造自然的实践活动。例如,遗传物质及

---

[1] [德]弗里德里希·恩格斯,[德]卡尔·马克思.马克思恩格斯全集·第三卷[M].中共中央马克思恩格斯列宁斯大林著作编译局.北京:人民出版社,1960:6.

其作用的原理对改造生物就具有重大的实践意义。现代的作物、动物育种和生物制药以及对遗传疾病的研究,很多是通过研究遗传物质而进行的。生物工程中最重要的领域就是遗传工程,目前人类已经取得很多成果,如杂交水稻、无籽西瓜、克隆羊。

由于科学知识对事物的描述必然受到主观因素的影响和客观条件的限制,所以真理具有相对性,人类的认识具有局限性,因而人类的认识过程具有了无穷性。人们既要尊重真理,又要承认具体的真理是相对的,都有适用的范围和成立的条件,应该用发展的、全面的眼光看待问题,树立为科学不断探索的志向。与此同时,要注意把发展科学与伪科学、封建迷信区别开来。现代科学的迅猛发展,为人们认识已知世界提供了越来越多的新知识,同时,揭示着越来越广阔、深邃的未知世界。人们必须保持足够的警惕,认识到科学不是绝对真理,不是神圣的殿堂,更无须对科学顶礼膜拜。如果科学成了某种不可证伪的绝对真理,科学就不需要发展了,也就不是科学了。人们必须不断地学习科学文化知识,用最新的科学知识、科学方法、科学思维、科学技术揭露形形色色的伪科学。

教师可以在教学过程中,引入现实的关于价值观的社会争执、科学的伦理道德等热点问题,从而引发讨论和价值判断,激发学生学习科学并热爱科学的兴趣。

高中生物知识中处处体现着辩证唯物主义的哲学思想。通过一年的教学活动,应使学生明确认识到以下观点:生命是物质的,生命物质是运动的;生命物质及其运动是普遍联系并广泛存在着矛盾的对立统一现象;生命物质的运动和联系是有规律的,并有其不同于非生命世界的特殊性,这种特殊的运动规律是可以经由实践被人类逐步认识并加以利用的。

(二)高中生物现行教材知识点与辩证唯物主义观点的结合

高中生物现行教材知识点与辩证唯物主义观点的结合详见表4-1—表4-8。

表 4-1　绪论部分知识点与辩证唯物主义观点的结合

章节	生物学知识点	辩证唯物主义观点	简要分析说明	备注
绪论部分	生物体具有严整的结构	生命的统一性、部分与整体	生物都有严整的结构：大多数生物以细胞结构体现严整性；病毒不是细胞但具有严整性的结构	剖析课本用词、讨论病毒是否有严整性，培养思维严密性
	生物具有新陈代谢和生长（及衰老）现象	矛盾观	同化作用与异化作用的对立统一导致生长或衰老	
	生物都具有遗传和变异现象	矛盾观	遗传和变异的对立统一导致物种的稳定与发展	
	生物都具应激性；生物都能适应并影响环境	普遍联系	生物与外界环境不是隔绝的，存在普遍联系与对立统一	简单说明观点，让学生对生命活动中存在的矛盾和联系等哲学观点有初步认识
	生物具有的七大特征	生命物质的特殊性	生物源于无机自然界，高于无机自然界	
	生物学的研究兼向微观和宏观两方向发展	认识论（实践）	人类通过实践使认识逐步深入，也说明各学科的普遍联系（电子显微镜在生物学微观领域的应用）	
	生物学的发展及其对解决当今世界重大问题的意义	生态哲学观	人类认识具有能动性，人与自然要协调发展	
	学习生物学知识对于建立正确的世界观很重要	辩证唯物主义物质观和进化观	生物的多样性以及拟态、保护色等惊人的适应性，是长期自然选择的结果	初步了解

表 4-2　第一章　细胞知识点与辩证唯物主义观点的结合

章节		生物学知识点	辩证唯物主义观点	简要分析说明	备注
第一章 细胞	引言部分	细胞学说	细胞学说使动植物通过具有细胞结构而统一起来	生物彼此之间存在亲缘关系	介绍、评价此学说对人类世界观的重大影响
	第一节 细胞的化学成分	原生质概念以及细胞中的化学元素	生命的物质性和特殊性以及复杂性、普遍性联系	生命统一于物质,生命无专有的化学元素,生命以原生质的形式体现出特殊性	第一次强调生命与非生命在物质层面的统一
		细胞的无机物		细胞中水分含量最多,生命离不开水;矿质元素含量少但很重要,说明生命与无机环境相联系的一面	建议先学习知识,后讨论生命的物质性和特性、普遍联系性
		细胞中有机物的元素组成及结构层次		复杂的有机物是由碳、氢、氧等基本化学元素按一定的规律以不同的方式构建而成的。有机物比无机物复杂多样,有机物可以相互转化	
		核酸是一切生物的遗传物质		遗传现象主要是由遗传物质决定的	
	第二节 细胞的结构和功能	细胞亚显微结构	认识论	人类认识的深入和学习活动的深入	技术进步对认识有影响
		物质出入细胞的三种方式	运动观、普遍联系	细胞内部时刻发生着复杂的生理变化,细胞与外界交换物质,逆浓度梯度的运输需要能量	遵循生物运动的原理
		细胞膜结构和功能以及线粒体、叶绿体等细胞器的结构和功能	结构和功能统一及生命物质的特殊性	生命物质这些精美复杂的结构以及功能上体现的主动性(如膜的选择透过性等)是非生命所不具备的	结构与功能统一观
		动植物细胞的区别,原核与真核细胞的区别,细胞种类、形态的多样性	共性与个性、多样性与统一性	细胞的基本结构相似,但不同生物或同种生物的不同细胞各有其特殊性	注意同与异的辩证思维的培养

续表

章节		生物学知识点	辩证唯物主义观点	简要分析说明	备注
第一章 细胞	第二节 细胞的结构和功能	细胞是有机的整体	联系观和部分与整体的统一	原生质各部分互相联系，细胞只有保持其完整性才能正常完成各项生命活动	举例说明
	第三节 细胞分裂	细胞分裂概述	运动发展观	细胞分裂是生物体生存、发育和繁殖的基础	在讲述时要抓住主次，以遗传物质、染色体为中心
		有丝分裂的特征	运动的规律性	子细胞与母细胞染色体数量相同，保持遗传性状的稳定性	
		细胞分裂的过程	量变与质变	DNA复制是逐步完成的，分裂过程的几个阶段并没有明显的界线	

表 4-3　第二章　生物的新陈代谢知识点与辩证唯物主义观点的结合

章节		生物学知识点	辩证唯物主义观点	简要分析说明	备注
第二章 生物的新陈代谢	第一节 概述	同化作用与异化作用	矛盾的普遍性与对立统一	见前文分析	可重复论证
		ATP及其与ADP的相互转化	生命物质的统一性和运动性	所有细胞普遍存在ATP，它是各项生命活动的直接能源，ADP与ATP的相互转化是体内能量储存与释放的统一	结合化学上的可逆反应等知识讲授
	第二节 绿色植物的新陈代谢	渗透作用中的扩散平衡	运动与静止的关系	渗透平衡时水分并非不出不进，而是进出平衡；运动是永恒的，平衡是相对的静止	需要教师点明动态平衡观
		质壁分离与复原	普遍联系、矛盾的内外因观点	失水与吸水是矛盾的；内因：原生质层和大液泡；外因：外界溶液浓度	简单分析
		植物体缺素培养会导致生理疾病	唯物的世界观	植物生理疾病是由物质性的原因造成，与上天的征兆和感应等无关	点到即可

—108—

续表

章节		生物学知识点	辩证唯物主义观点	简要分析说明	备注
第二章 生物的新陈代谢	第二节 绿色植物的新陈代谢	植物吸收矿质元素与呼吸作用密切相关	普遍联系	矿质元素的吸收需要呼吸作用提供二氧化碳（在水中解离为用于离子交换的氢离子和碳酸氢根离子）和能量，体现生物体内部的协调统一性	观点教育点到即可
		植物水分代谢与矿质代谢的关系	联系观和相对性的观点	吸收原理不同，相对独立，吸水与吸收矿质有时矛盾，但又有联系：矿质养料溶解在水中被吸收，伴随水分运输	分析课本文字中"相对"二字的含义
		矿质元素的再利用	运动观	矿质元素在植物体内合成某化合物后并非不再变化，有些可以移动，与其化学性质有关	
		光合作用研究的历史	认识论	通过讲述希尔反应、普利斯特里实验等，既了解了历史，又认识了反应过程	举例说明
		光合及呼吸的实质，呼吸的类型	现象与本质，共性与个性	无机物与有机物相互转化过程中的能量变化是实质	点明主与次，现象与本质，区别与联系
		光合作用的反应条件及两步的联系	普遍联系	光合作用需要光，光反应为暗反应提供氢离子和ATP，光合作用原料的获得需要其他器官和细胞结构的配合	
		光合与呼吸关系	矛盾观	具体分析见前文	
	第三节 动物的新陈代谢	动物代谢不同于植物的显著特点	普遍联系、个性与共性	动物必须直接或间接以植物为食物，与植物代谢有异：适应的方式各有千秋，但都以获取有机物及能量为目的	
		与动物代谢有密切关系的器官和系统	普遍联系生物的整体性观点	各器官系统分工合作并统一受神经系统的调节	举例说明
		动物代谢过程	生命的特殊性及复杂性	动物通过内环境与外界进行物质交换，维持体内的有序性，代谢过程比较复杂	
		动物糖类、蛋白质代谢中合成与分解	矛盾对立统一	在体内同时有分解和合成两个方向的代谢活动，三者间的转化也终究归与合成、分解	将三类物质的代谢进行比较、归纳而得出哲学性的观点

续表

章节		生物学知识点	辩证唯物主义观点	简要分析说明	备注
第二章 生物的新陈代谢	第三节 动物的新陈代谢	三大有机物的相互转化	普遍联系、个性和共性	三类化合物在元素组成上都有碳、氢、氧,结构上都是有机化合物,呼吸作用是三者转化的枢纽	将三类物质的代谢进行比较、归纳而得出哲学性的观点
		小肠是消化吸收的主要器官	结构与功能的统一	分析见课本叙述	
		葡萄糖等有机物的热价	辩证唯物主义生命观	葡萄糖在体内"燃烧"与其在体外燃烧所释放的总能量相同,但前者释能是逐步的	
	第四节 生物代谢类型		个性与共性关系、普遍性与特殊性	自养分为光合自养与化能合成自养两类,二者既有区别又有共同之处;异养分为需氧型和厌氧型,也有共性与个性	建议通过对比,培养同中求异、异中求同的辩证思维

表4-4 第三章 生物的生殖和发育知识点与辩证唯物主义观点的结合

章节		生物学知识点	辩证唯物主义观点	简要分析说明	备注
第三章 生物的生殖与发育	第一节 生殖	有性生殖和无性生殖各有优点和缺点	一分为二的辩证观	无性生殖可以快速繁殖且能保持亲本形状,而有性生殖对进化和种群的保存有重要意义,有性生殖是更进步的生殖方式	建议通过讨论克服片面性认识
		生殖过程中减数分裂过程和受精作用的意义	生命运动的规律性	有性生殖的生物生活史中均有循环不息的规律,在这个规律中体现稳定与发展协调统一的辩证法,有利于物种进化	让学生知其然,知其所以然
	第二节 发育	个体发育过程	繁殖的物质性及运动发展	动植物统一于细胞,多细胞生物来源于一个细胞的分裂和分化,都是由受精卵发育到胚,直到性成熟个体,期间有量变、质变	
		蛙胚的发育过程	进化观	生物重演律的典型体现	简介
		卵生动物的胚的发育受到环境的影响	普遍联系和矛盾的外因	内因:完好的、受精的卵;外因:外界合适的温度	可启发学生自己回答

表 4-5　第四章　生命活动的调节知识点与辩证唯物主义观点的结合

章节		生物学知识点	辩证唯物主义观点	简要分析说明	备注
第四章 生命活动的调节	第一节 植物激素	植物激素	矛盾、量变、质变	见前文分析	
		植物激素调节的协调性	整体观	植物一生受各种激素的共同调节	
		顶端优势的原理及其应用	认识的实践论	棉花摘心、树木修剪等应用都是人类的实践成果	
	第二节 动物生命活动的调节	动物生命活动的两方面调节及其关系	矛盾对立统一、整体性	激素调节与神经调节的相互作用,以神经调节为主	简介
		各种动物激素分泌失调引发各种病症	生命的物质性	动物内分泌失调引起各种病症,阉割实验也证明动物的性状受内部因素的控制。科学地说明这些病的病因,治疗也要用科学手段而不能迷信	
		昆虫三种内激素的功能	整体性、矛盾性	蜕皮激素和保幼激素功能相反,同时,脑激素能促使两种激素的分泌,起调控作用	
		昆虫激素在生产中的应用	实践观和生态观	认识激素的作用及原理,生物防治害虫、保护益虫	

表 4-6　第五章　遗传和变异知识点与辩证唯物主义观点的结合

章节		生物学知识点	辩证唯物主义观点	简要分析说明	备注
第五章 遗传和变异	第一节 生物的遗传	遗传和变异在生物界普遍存在	矛盾对立统一	子代与亲代既像又不像,具体分析见前文	在引言部分略讲,到章节学习完毕再进行详细分析
		遗传学发展的历史以及遗传原理在改造生物中的应用	实践论	对于遗传现象,人类的认识大致上是从宏观向微观发展的,而学生学习的是间接经验,直接从原理入手,加快了认识的速度。在实践中可以利用原理改造生物性状,体现了"实践—认识—实践"的认识论	

-111-

续表

章节		生物学知识点	辩证唯物主义观点	简要分析说明	备注
第五章 遗传和变异	第一节 生物的遗传	分子水平上对遗传的物质基础的研究，如中心法则、遗传密码；遗传的三大规律	生命物质性及运动的规律性、多样性与统一性	看似神秘的遗传现象是由遗传物质（基因，有遗传效应的DNA片段）通过特定的方式控制的；不同的生物，其遗传符合共同的规律，是统一的	
		遗传中的核质关系、DNA与RNA在遗传中的关系	主与次的辩证关系和协调整体性	遗传是细胞核与细胞质相互作用的结果，以细胞核为主；染色体是遗传物质的主要载体，DNA是主要的遗传物质，RNA也是遗传物质	
		DNA结构	结构与功能相统一观点	DNA的双螺旋结构具有稳定性是其作为主要遗传物质贮存遗传信息的结构基础；DNA的碱基顺序使之具有多样性和变异性，能通过转录、翻译控制多样化的蛋白质合成，从而表达为多样的性状；DNA具有遗传物质必备的四大特点	
		表现型是基因型与环境条件相互作用的结果	矛盾的内外因观点	见前文	
		显性的相对性	矛盾的对比转化	不完全显性等遗传现象说明了相对性的辩证观点	要点明相对性的观点
		禁止近亲结婚	实事求是	按客观规律办事，减少遗传性疾病的发生率	
	第二节 生物变异	环境条件中产生的变异是不遗传的变异	矛盾的内外因关系	当生物体内的遗传物质没有发生变异并通过性细胞传递时，因环境变化导致的获得性的性状只能在此个体表达，是不遗传的	
		基因突变	运动观	基因结构的稳定性是相对的，基因突变不可避免	

表4-7　第六章　生命的起源和生物进化知识点与辩证唯物主义观点的结合

章节		生物学知识点	辩证唯物主义观点	简要分析说明	备注
第六章 生命的起源和生物进化	生命的起源	生命的化学进化起源理论及相关模拟实验证据	生命起源的物质性	否定了神创论的唯心主义观点;随着人类认识的深入,必然有更多的证据	可以辅以课外活动,加深认知
		生命起源的四个阶段	量变、质变	最后一个阶段的演变是至关重要的	
	生物的进化	生物进化的学说和大量证据	进化发展观、运动观	大量过渡类型化石和比较解剖学上同源器官的证据说明生物是发展进化的,而非一成不变的;特别是胚胎学上人与其他动物胚胎发育的比较,说明人由有尾的动物进化而来,人和其他脊椎动物的祖先生活于水中	另外,在物种进化的同时还有退化现象
	进化学说	自然选择学说与用进废退学说的差异比较	唯物观	用进废退学说所认为的"动物的变异是由动物本身的意愿所决定的"是唯心主义观	简要介绍,结合前一章中有关变异的知识
	自然选择学说	遗传与进化	内因:生物本身的遗传变异性;外因:环境变化以及生存斗争(自然选择);外因通过内因起作用,推动物种进化		

表4-8　第七章　生物与环境知识点与辩证唯物主义观点的结合

章节	生物学知识点	辩证唯物主义观点	简要分析说明	备注
第七章 生物与环境	生物与环境的关系	辩证的对立统一的整体观	见前文的分析	
	环境对生物的影响	普遍联系	种内关系、种间关系、非生物因素、生物种群、群落、生态系统等概念均体现了普遍联系	
	种内关系、种间关系、非生物因素、生物种群、群落、生态系统等概念均体现了普遍联系	辩证统一观	因为环境条件永恒变化着,所以适应是相对的,即暂时的、局部的、一定条件下的适应	注重教育方法的渗透性
	生态系统的结构和功能	联系性、整体性、复杂性	生态系统具备食物链、食物网等结构,功能上存在物质循环和能量流动	
	生态平衡	运动性、系统观	生态平衡是动态的平衡,生态系统具有整体性	
	环境保护和新的生态平衡的建立	人类意识的能动性	人类应该成为保护环境的主要实施者。生态环境既要严格保护又要合理利用,适度开发,按客观规律办事	建议讨论和其他的课外活动同时进行,辩证对待环境问题

四、在高中生物教材中进行辩证唯物主义观点教育的初步实践

前面主要从理论角度阐述了辩证唯物主义在高中生物教材中的体现,而在实际教学活动中,需要教师周密地计划,审慎地实施,灵活地发挥。下面笔者列举了一些具有可操作性的教学案例,以期对教师的教学实践有所启示。

(一)教学案例1:关于生命的物质性及特殊性的观点教育

【教学背景】

在开学之初,笔者通过问卷调查和访谈,了解到学生对生命物质性的有关观点

的认识有相当的偏差。例如,组成生物的元素成分与非生物的元素有区别吗?多数学生(74.2%)认为生命之所以高于非生物,是因为它们组成物质的化学成分中有些元素不是无机自然界所具备的;有些学生(12.9%)对此不能确定;能正确认识生物与非生物在元素组成上并没有任何差异的只有少数学生(12.9%)。由此可见,对生命的物质只有一些初步的认识,知道生命的个体主要由一些物质性的成分构造而成,但对生物与非生物的物质的统一性并没有明确认识。通过调查发现,对于生命现象抱有神秘认识的学生不在少数。在教学中,对有关观点的教育可以采取层层递进的教学形式。

【教学过程】

首先,教师讲完绪论中的"生物具有严整的结构(细胞)"和"生物都有新陈代谢现象"时,可以用两句话进行小结:各种生物通过具有细胞结构而统一起来(同时书写副板书——生物界结构的统一性),并且通过新陈代谢与外界环境相沟通;生物与环境也是统一于物质的(副板书——生物与环境的统一),生命是物质的。此时,不必详细讲述生命物质性的哲学问题。讲完七大特征后,学生对生命物质的特殊性自然有了感性认识,不必特别强调。

其次,教师讲完第一章中引言部分的细胞学说后,可以稍作引申性的论述。所有的动物和植物都是细胞构成的,就像所有的建筑物,无论式样如何,都是由一块块砖瓦、一个个房间构建而成的。而且所有多细胞生物都是由一个细胞,即受精卵发育而来,这是生物彼此之间存在亲缘关系的有力证据之一,也是达尔文进化论的唯物主义基础。之后,就恩格斯对自然科学的三大发现的评价进行简要介绍,说明这些发现不仅是科学领域的重要成就,还深刻地改变了人类的思想。后续课程是细胞的化学成分,在讲基础知识时可以结合化学知识,如用甲烷的结构引出氨基酸的结构,说明可以将氨基酸看作甲烷的取代产物,其他有机物无非是碳烃链的衍生化合物,并可以略微比较一下动物和植物物质成分的异同。在最后总结时,可以就先前大多学生的错误认识反问学生:学完细胞的化学成分后,大家想想,生物(如人体)内,有没有一种能够赋予人类思考或者别的什么高贵特征的特殊元素,使人类区别于无生命的石头或者泥土？人体内有没有无机自然界所没有的元素呢？答案显而易见，将结论写于黑板上：生物界和非生物界的统一性。

再次，在"细胞结构"的引言部分，教师可以用问题巧妙地说明生物不仅是物质的，生命物质还很特殊，具有结构整体性和复杂性。教师引入：我们知道，生物内的物质无非是六大类化合物，都是由元素周期表上列有的元素组成。那么，我们拿一杯水，在水里按比例放入这些化合物成分，一样也不缺，然后搅和搅和，能产生生命吗？（学生笑）当然不能，生命物质在细胞中是有特殊性的，是有序的，原生质的各种化学成分组成了完整的一种结构——细胞（演示细胞亚显微结构图，引导学生观察）。在学习了动物和植物细胞结构后，应就动物与植物细胞的结构进行比较，明确其异同，说明动物和植物的物质结构的统一性和形态功能的多样性。本节的结束部分，可以用例题（如小肠腺细胞分泌消化酶）说明细胞各结构的整体性。

然后，第五章中的遗传和变异部分再次涉及生命的物质性原理，教师可以以具体事例以及人类对遗传问题的研究历史入手，说明遗传变异现象从神秘到破解体现了生命的物质性原理的一次次胜利。教师应反复说明，性状是由基因控制的，遗传现象并不神秘，是由遗传物质控制的。

教材中最后一次明显强调生命的物质性是在第六章。教师在讲述生命的起源和进化时，除了批驳神创论的荒谬外，还提出了学生容易关注和信服的"人类外星起源说"的问题，让学生于课后进行讨论。经过讨论，学生得出观点：尽管我们希望太空中有外星生命存在，人类寻找外星伙伴的脚步不会停止，但外星人毕竟是未经科学证实的猜测而已，我们无法否定，但也不能肯定。就目前看，生命起源的化学进化理论是有充分证据的科学论述，达尔文学说是对生物进化最合理的解释。当然，现代科学进一步丰富了达尔文学说。

在上述教学、讨论过程中，一些关键性、结论性的词句，如"生命的物质性""生命物质的特殊性""统一性"，都可以作为副板书随手写在黑板上，教师通过逐步渗透，加深学生的印象。

上述教学总体设计体现了由浅入深、逐步渗透的思想。在教学方式上，以教师的教学引导为主,以学生的讨论为辅,从理论和与现实生活的联系两个方面,通过正面教育和反面对照基本实现了教学目的,在教学中是可行的,而且取得了良好的效果。

(二)教学案例2:寻找统一

在生物学理论中,"统一"是一个很常见的词,生物界各个层次、方面的"统一"能够说明生命的物质性、整体性和规律性,并且证明了生物之间的亲缘性和进化,具有很重要的哲学意义。

教师在教学过程中开展了一个小活动——"寻找统一",即在教学中第二次接触"统一"这个词时,给学生布置一项小作业,让他们在笔记本后面留出一页,把课本中所提到的所有的"统一"归纳记录下来,在全书学习结束后一起汇总,并且讨论其意义。汇总的结果如下:第一,千变万化的生物界通过具有细胞结构这个共同特征而统一起来;第二,构成细胞的几十种化学元素……没有一种是生命物质特有的……说明生物界和非生物界具有统一性的一面;第三,细胞的各个部分并不是彼此孤立的……一个细胞就是一个有机的统一整体;第四,生物之所以能够成为一个统一的整体……与生物本身具有调节功能有密切的关系,动物体之所以能够成为一个统一的整体……主要是由于神经系统的调节作用;第五,生物与环境之间是相互作用的,它们是一个不可分割的统一的整体;第六,生态系统中的各种组成成分……正是通过能量流动和物质循环……形成一个统一的整体。

以上是直接出现在教材中的"统一",而生物学中生命活动矛盾的对立统一、结构与功能的统一、局部与整体的对立统一等,是教材内容中普遍蕴含着的统一思想,分析见前文。另外,课本知识点中包含的统一问题还包括所有细胞的结构都是由原生质构成;细胞分为真核细胞和原核细胞,性质相同的细胞无论来自什么生物,都是结构相似的;不同生物的同种细胞器的结构相似、功能相同;细胞分裂的方式都是有丝分裂、无丝分裂;生物的遗传密码是统一通用的;生物细胞内普遍存在着ATP,作为直接的能源物质;植物吸收矿质元素与呼吸作用密切相关体现生物内部的协调统一性;等等。

与这项活动类似的,还有对"基础"的归纳整理,即课本中提到的"新陈代谢是生物进行一切生命活动的基础""构成细胞的各种化合物……是细胞结构和生命活动的物质基础""细胞分裂是生物生长、发育、繁殖的基础"。教师可以根据实际教学情况,有针对性地开展归纳性专题整理活动。

(三)教学案例3:矛盾的内外因观点的教育

教学中首先涉及矛盾的内因和外因问题的是植物细胞的质壁分离。教师先讲解渗透作用的原理。发生渗透作用的条件有二:一是存在半透膜,二是半透膜两侧溶液存在浓度差。此后,讲述质壁分离。质壁分离实际上是细胞渗透作用的具体体现,如果仅按照书上的知识点进行一般性的讲解,学生通常不能理解得很深刻,会就事论事。当教师问"把根尖生长点细胞置于浓蔗糖溶液中,有无质壁分离现象?"时,很多学生不会分析。所以在讲完基本知识后,教师特意提出:"植物细胞失水或者吸水,这从现象上看是相反的、对立的,在哲学上叫什么?"(学生答:"矛盾。")"那么,矛盾有内因和外因之分,内因和外因分别是什么呢?也就是说,要发生质壁分离,这个细胞是什么样的细胞是内因,把这个细胞放到何种条件下是外因。"通过简要的分析,得出发生质壁分离或者复原的条件:第一,细胞是活的完整的植物细胞(有原生质体和细胞壁),而且具有大液泡(即成熟的细胞)——内因;第二,把这个细胞放到与细胞液浓度不等的外界溶液中(造成浓度差)——外因。这样,学生不仅加深了对渗透作用原理的理解,更明确了发生质壁分离的条件。

在这次讲述之后,部分学生可以对类似的矛盾(即内因和外因问题)做出正确分析。例如,在后续课程讲到"动物胚胎发育与环境关系"的知识点时,教师只要提出问题,如提问方式恰当,反应快的学生便能够很快地从内因和外因的角度分析问题,得出结论。

针对鸡胚的发育问题,教师问:"是不是所有的鸡蛋都能孵出小鸡呢?"

生:"不是。"

师:"那么,什么样的鸡蛋能孵出小鸡?"

生1:"透光照有黑点的。"

生 2:"受精的。"

教师简要讲解鸡胚的初期发育,即主要解释"黑点",得出结论一:首先鸡蛋是受精的而且是活的(存放时间越长,孵化的可能性越低)。

师:"那这样的鸡蛋放到鸡蛋筐里或者像爱迪生小时候那样窝到肚皮里,行吗?"

生:"不行(笑)。"

师:"谁能总结一下,到底鸡胚的正常发育需要什么条件?"

学生总结,自然答出需要内部条件和外部条件(略)。

师:"这在哲学上叫什么?"

不少学生可以答出内因和外因。这个例子给学生留下的印象比较深刻,以至于后来有些学生在学期结束时的小论文中有所提及。

通过这样的两次教学,学生一般能够做到举一反三。后续课程中遇到关于表现型与基因型的问题,诸如课本中提到的藏报春花色与环境温度、身高性状,他们都可以自行从哲学高度进行说明。另外,在讲性别决定时,学生的问题偶尔会涉及性别分化,他们平时很少接触这些知识,如果需要,教师可以在适当的时机结合对其内外因的分析进行说明。

这个案例的实施简单有效,只要教师做有心人,引导学生从哲学高度分析生物学问题并不是难事。

(四)教学案例 4:解决问题的辩证法思维训练

自然科学方法论也是辩证唯物主义研究的主要内容之一,在教学过程中适时进行科学方法论的教育而不是就事论事式的教学,不论是对未来提高学生素质,还是近期提高学生成绩,都是十分有益的。

1."对比"问题。

生命科学是一门实验科学,常运用观察、对照等方法。对照和观察相结合的实验是中学生物课程中最常见的实验类型,如观察植物细胞的质壁分离和质壁分离复原,可以说是过程对比实验。在滴蔗糖之前一定要先观察洋葱表皮细胞的初始状态,才能与其后质壁分离的状态进行对比观察。

英国哲学家培根提出了归纳逻辑方法"三表法",即求同法、差异法、共变法。尽管学生从初中甚至更早就接触了这三种方法,但没有教科书明确地对这三种方法的本质程序进行过解释。实际上,教师的期望与学生的实际认识水平是有相当的差距的,大多数的学生不能自发地意识并运用这三种方法。故在教学中,教师应结合实际情境加以明确。

根对矿质元素离子的交换吸附实验就是运用差异法设计对照实验的范例。此实验中所控制的实验条件包括两份等量用亚甲基蓝染色并漂洗充分的根、两个等大的烧杯、等量的溶液(氯化钙溶液与蒸馏水);同时将两份根分置烧杯内,一段时间后同时对比观察两个烧杯中溶液颜色的变化和根色的变化。为什么这些条件都要两两相当?理论上讲,就是必须控制实验条件,除了设置一个条件(实验因素、因子)有差异外,其他完全两两一致。实验结果如果有差异,就可以追溯到唯一有差异的实验因子,就能体现出因果之间必然的联系。

从理论上讲,差异法可以用表达式示意如下:

实验装置:实验装置甲,实验装置乙;

实验因子:a、b、c、d,A、b、c、d;

实验结果:Ⅰ,Ⅱ;

得出结论:实验结果(Ⅰ、Ⅱ)的不同是由实验因子 A 与 a 的差异引起的。

本实验的结果是两个烧杯中溶液颜色和根色均发生变化,可以推论出这种差异是溶液的不同造成的。该实验证明了根在溶液中可以对矿质元素离子进行交换吸附;反之,如果实验条件控制不严格,则无法判断对照实验结果差异的原因。例如,有些学生看蒸馏水有富余,就在烧杯中倾倒了较多的蒸馏水,而另一个烧杯中氯化钙溶液用量少得多。最后,虽然实验现象仍然是蒸馏水近无色而氯化钙溶液显浅蓝色,并没有错,但实验不严密。可以认为两个烧杯中从根上交换到溶液中的亚甲基蓝阳离子是差不多的,只不过蒸馏水多些,颜色看起来淡,而氯化钙溶液少些,看起来颜色浓,这样的实验结果是不能说明问题的。

经过一两次的强调,学生掌握了对照法的要领,在做习题时可以举一反三,避免在这些问题上出错。

另外,有些学生受理解能力和表达能力的影响,在没有对比的情况下,对需要定性、定量描述的问题滥用对比性的词或含糊不清的形容词。例如,"生长激素对人的生理作用是_____",有些学生没有记住这个知识点,又有理解错误,随意答成"生长激素对人的生理作用是很强的"这样一种让人啼笑皆非的答案。因此,教师可以这样强调:"对于科学性问题,要慎用形容词,一般而言,没有比较就没有'比较级',不能随意用夸张的描述,'很''非常''特别'以及'好''多''大'这样的词要少用。"通过这种方式,培养学生审慎的科学态度和严谨的科学精神。

2. 实验和情境分析题中的辩证法。

首先,坚持联系和发展的观点,全面地考虑问题,坚持全面,反对片面。例如,有一道题是这样的:一盆麦苗置于玻璃罩中,罩内充有含氧-18标记的二氧化碳,过一段时间后,罩壁上出现含氧-18的_____,它是_____产生的。这个问题不仅考查了光合作用原理,而且考查了思维的严密性、连续性。二氧化碳经过光合作用转变为葡萄糖和水中的一部分,而产物水到罩壁上(能看见的只能是水汽)还需要通过蒸腾作用,所以答案是:水、光合作用和蒸腾作用。

其次,坚持一分为二的观点,善于具体问题具体分析,抓住重点和主流;善于从不同的角度分析理解问题,透过现象看本质。以孔雀开屏为例,这是雄孔雀求偶的一个典型现象,可以从多个角度进行分析。从生理上讲,这是由体内神经和激素调控的行为,雄孔雀成熟了(幼年雄孔雀无此现象),绚丽的尾羽是激素调节的结果,生物学上称为第二性征。开屏必须受到外界刺激,因此,这是一种应激性,具体说就是反射。从遗传方面而言,开屏具有物种特异性,绚丽的毛羽是外在的性状,遗传物质是内在的决定因素,所以这是受基因控制的一种性状。从生态角度看,求偶炫耀是种内斗争的一种方式,有利于物种的繁衍,因此,又是一种适应。炫耀本身增加了个体生存的危险性,说明适应总是相对的。可以从多个角度分析一个现象,故当习题涉及此类现象时,要特别注意出题者问问题的角度,具体而言就是要注意关键词和修饰词。

再次，要掌握分析与综合相结合的方法，在"遗传与变异"一章中对自由组合规律的应用是分析与综合方法相结合的典范。在解决应用自由组合规律的遗传题时，不论是分枝法、表格法还是分解相乘法，其实质都是分别计算每对基因（或性状）的遗传，再把结果相乘，都是化繁为简、集简为繁的方法，在整体中分析，在分析后综合。

3. 概念学习的本质与外延。

学习概念要注意其外延和内涵两个方面：一方面要掌握概念的本质和特征，另一方面要明确概念的适用范围。生物学历史的发展主要是概念的发展，对概念的准确理解是学好生物学相当重要的一个问题。例如，适应性、应激性以及反射三个概念，它们的外延依次减小，后者从属于前者，因此适用范围不同。

(五)教学案例5：辩证唯物主义的生态观教育

辩证唯物主义思想的教育不是一蹴而就的，特别是当理论运用到实际中，问题往往就会凸显出来。正因为如此，更要重视实践对青少年的教育作用，让他们在实践中实现自我教育，生态观教育尤为如此。教师要尽可能地让学生参与教学活动；学生的想象力是十分丰富的，教师在活动设计中要充分考虑学生的意愿和建议。

另外，可以让学生参与的活动有搜集资料和社会实践，可以在节假日进行。资料的搜集途径除了传统的报纸杂志和广播电视外，还要充分重视网上资源。资料内容主要包括生物学发展史、生命科学最新进展、生命科技与人、环境保护等。教师在课堂上讲解生态系统环境保护的有关内容时，可以将学生搜集的资料中具有代表意义、现实意义的问题进行讲解，其他一般资料打印张贴即可。社会实践活动可以结合学校假期活动安排，如夏令营的各地资源环境考察、调查，还可以结合各个纪念日开展上街宣传活动或劳动，如植树节、爱鸟周、无烟日、艾滋病日。具体活动和教学设计在此不再赘述。

特别指出的是，由于全球的环境问题日益严重，所以举例是相对容易的。但是困难的是，要让学生把环保口号转化为理性意识，并且进一步转化为生活中的自觉行动。所以教师尤其要重视与学生密切相关的生活中的环保问题以及热点环境问题,如绿色消费问题、北方春季沙尘暴问题。

为了准确了解学生对生态问题的真实认识和深度,了解生态教育的效果,教师可以设计一些问题:如果有人请你到公馆就餐,菜单上有野味,你会阻止宴请人点这个菜吗?如果已经把它端上席了,你怎么办?"减卡救树"活动倡导大家不要用漂亮的贺卡向朋友表达情谊。有人说:"卡片已经印刷好了,反正树已经死了,我不买别人也要买,所以买了也无妨。"你认为呢?你会怎么做?

究竟怎样进行教育才能让学生乃至全社会的公民对环境保护从点滴做起、从自身做起,这确实是需要大家广泛参与研究的一个课题。

第二节　高中生物课堂中的联系和发展

一、生物课堂教学：物质世界的普遍联系

(一)普遍联系的哲学观的内涵

所谓联系,通常是指事物或现象之间以及事物内部要素之间相互连接、相互依赖、相互作用、相互转化的关系。

在整个生物圈或非生物圈中,联系并不是个别事物之间短暂而特殊的关系,而是所有事物、现象或过程共有的客观而普遍的本性。任何事物都不能孤立存在,都和其他事物发生着或多或少的联系。联系有客观性、普遍性、多样性、条件性等特点。其中,普遍性是它的一个比较显著的特点,因为任何事物都有内部结构,都不可能孤立存在。

现代自然科学已经证明,在由基本粒子和场所构成的宇宙中,普遍存在着万有引力、电磁力等力的相互作用。一切物质都在这些相互作用中发生着质量、能量或者是信息的交流。随着科学的不断发展,人类越来越深入地揭示了自然界各种事物间的密切联系。其实,并非仅仅是自然界,人类社会和思维也是这样发生着各种联系。自然界的生命界与非生命界、自然界与人类社会都通过多种方式保持相互依存、相互过渡、相互制约的整体联系。

生物界的普遍联系无处不在,其中最常见的有生命界的遗传联系,生态的联系,生物圈中生产者、消费者和分解者之间的联系,一棵树同阳光、水分、土壤、鸟兽虫林等外界环境的联系,植物的根、茎、叶、花、果实、种子的各种联系,动物的内部或外部构造与生理功能的联系,等等。生物本身呈现着普遍联系,所以要坚持用普遍联系的观点去看生物界的各种生物及生命现象。

(二)生物课堂教学示例

恩格斯指出:"当我们深思熟虑地考察自然界、人类历史或我们的精神活动的时候,首先呈现在我们眼前的,是一幅由种种联系和相互作用无穷无尽地交织起来的画面。"[①]因此,必须用联系的观点来分析和看待各种生物问题。

例如,学习生物进化论时提到瑞典生物学家林奈,他在生物分类上做出了很大贡献。但由于他只看到各种生物的区别,看不到各种生物之间的联系,结果得出了"上帝创造多少物种就有多少物种"的错误结论(即所谓"特创论")。与林奈相反,达尔文通过文昌鱼看到无脊椎动物与脊椎动物之间的联系,通过总鳍鱼看到鱼类和两栖类之间的联系,通过始祖鸟看到爬行类与鸟类之间的联系,等等,创立了"生物之间都有亲缘关系"的生物进化论。古生物学、胚胎学、比较解剖学、分子生物学等学科的发展和所提供的证据也能证明生物之间的普遍联系。

又如,在介绍基因时,讲到基因控制生物性状,同时提及性状的多基因决定与基因的多效性,即所谓的"多因一效"和"一因多效"。基因的多效性示例:有一种翻毛鸡,羽毛是反卷的。这种鸡与正常的非翻毛鸡有一对基因的差别,翻毛鸡是FF,正常鸡是ff。翻毛鸡与正常鸡的差异不仅仅是毛翻卷不翻卷,它们在很多性状上都有差别。在小鸡尚未长出硬羽之前,两者已有很多差别。长出硬羽以后,由于羽毛的差别,更引出了一系列的差别。首先,翻毛鸡的羽毛保持体温的能力不如正常鸡的羽毛,身体热量散失较多,因此,翻毛鸡的体温比正常鸡低,体能散失多,会促进代

---

① 张玉春,刘冠军.论恩格斯的辩证世界图景[J].湘潭大学学报(哲学社会科学版),2008(4):144-148.

谢作用来补偿消耗。这样一来，翻毛鸡一方面心跳增加，心脏慢慢扩大，心脏的形状也发生改变；血液增多，与血液有重大关系的器官——脾脏也因之慢慢扩大。另一方面，其代谢作用增强，必然要多吃东西，因而消化器官、消化腺和排泄器官都发生变化。最后，代谢作用又影响肾上腺、甲状腺等重要的内分泌腺体，使生殖能力降低。那么，控制羽毛的基因怎么会引起这些方方面面的差异呢？这个问题可以上升到辩证思维高度，因为，基因是通过影响新陈代谢过程中的生理变化来控制生物性状的，而生物新陈代谢的各个环节又是普遍联系、相互制约的。基因就是通过影响生理生化过程来影响生物性状的，影响到其中一个环节也必然会对其他环节造成影响，因此，基因的作用也必然是相互联系的。一因可能会对应多效，一效也会对应多因，这种现象在生物界是普遍存在的。

体现物质世界普遍联系最多的可能就是人教版高中生物教材（必修）第二册的第八章"生物与环境"。生物与环境是一个普遍联系、不可分割的整体。生物依存于环境，但又在时刻影响和改变着环境。例如，土壤系统就是一个生物与环境密切联系、相互作用的典型示例。土壤的结构和化学性质决定着什么植物能够在它上面生长、什么动物在它里面居住。但是植物的根系对土壤也有很大的固定作用，并能大大减缓土壤的侵蚀过程。动植物体的残体经过细菌、真菌和无脊椎动物的分解作用而变为土壤中的腐殖质，增加了土壤的肥沃性，反过来又为植物根系的发育提供了各种营养物质。缺乏植物保护的土壤（包括受到人类破坏的土壤）很快就会遭到侵蚀，变成不毛之地。一个物种的消失既降低了生物多样性，又会对人类、对整个生态系统造成直接或间接的影响。这样的例子不胜枚举：食物链和食物网的中断、人们对外来物种的盲目引入（如紫茎泽兰的生态入侵）、人们对生态资源的过度开发……都会对整个生态系统、对人类自身的生活环境造成巨大的危害。有些后果也许短期内看不到，但由于联系是普遍存在的，通过这些联系可以预见某些结果的发生。例如，长江1998年发生特大洪水，这与长江中上游地区长期破坏植被和长江中下游地区人们盲目围湖造田，是不是有必然联系呢？这种联系又是如何产生和运作的呢？通过这些内容的分析与学习，学生不仅能认识到自然界中事物与现象的普遍联系,更能学会运用联系的观点去分析所遇到的问题,正确指导自己的行为实践,树立科学的世界观和方法论。

二、生物课堂教学:物质世界的永恒发展

(一)变化发展的哲学观的内涵

一直以来,围绕事物是否变化发展有两种对立的观点。一种是形而上学的发展观,即用片面、静止、孤立的观点去看待世界;另一种是辩证法的发展观,即用联系、全面、发展的观点去看待世界。现在大众认可的是辩证法的发展观,对形而上学的发展观持批判态度。

唯物辩证法的一个总特征就是发展的观点,认为是自然界、人类社会和人的思维都处于不断运动、变化发展的过程中。发展的实质就是前进、上升、新事物取代旧事物的过程。变化就是事物数量的增减和性质的变化,是由一种状态到达另一种状态。世间万物都处于不断变化和发展中,因此必须坚持用变化发展的观点看待事物和问题。

事物的发展不仅是量的增加、减少或重复,还会在量变的基础上达到质变,由新事物向旧事物转化。世界是处于不断的变化发展过程中的,发展的不同阶段、不同方面以及各个过程之间,都是相互联系、相互作用的。

最常见的生物进化学说体现了变化发展的哲学观。生物进化是从低等到高等、从简单到复杂、从水生到陆生的过程,这种进化的过程充分体现了变化发展的哲学观。

(二)生物课堂教学示例

世间万物不仅是普遍联系的,而且是运动发展的。永恒发展是唯物辩证法的又一个总特征。恩格斯指出,没有任何东西是不动和不变的,一切都在运动、变化、生成和消逝。作为生物,其生命运动的主体是蛋白质与核酸组成的复杂的多分子体系。毛泽东说:"新陈代谢是宇宙间普遍的永远不可抵挡的规律。"生命本身就是一个发展变化的过程。不论是生物个别的个体发育还是生物物种的系统发育,都是一

个发展变化的过程,有诞生、有发展、有成熟,也有必然的消亡。

在学生首次接触高中生物的绪论部分时,教师就可以进行发展观点的渗透和引导。在绪论部分,教材中提到生物有一个最基本的特征,即生物能够进行生殖和发育。报纸上曾经有这样的报道,有人认为动物的寿命取决于其心率的高低,认为在动物的一生中心脏的可搏动次数约为7亿次。换句话说,谁的心率快,谁的寿命就相应较短。姑且不考虑这种说法的科学性和可信度,但是这起码能给学生这样的启示:生命都是有限的,永恒不变、万寿无疆是不可能的。生命的发展变化在于其不断地新陈代谢,自我更新,生殖发育,从而实现生命的延续。

生命的诞生和进化也体现了其永恒发展的特性。从非生物到生物的化学进化过程,再从简单到复杂、从低等到高等、从水生到陆生,都是一个不断发展的过程。在学习"种群和生物群落"时,要进行严格的时空界定。这是因为研究对象是活动的生命,它比其他事物有着更加明显的发展变化。时光推移、环境变化都会引起种群特征、群落成分、群落结构等变化。因此,一定要因时因地制宜,不能用一成不变的眼光来分析和看待事物。

三、生物课堂教学:联系和发展的基本规律

(一)对立统一规律

对立统一规律揭示了事物发展的动力和源泉,又叫矛盾规律。其基本内容是:任何事物都包含着矛盾,矛盾的双方既统一又对立,由此推动事物的发展运动。例如遗传与变异,遗传使生物相似,变异则使生物出现新特征。作为一对矛盾,它们相互作用,共同推动生物的进化和发展。再如,细胞内每时每刻都在进行着物质的合成与分解、能量的储存和释放等矛盾斗争,正是由于细胞在这一系列的对立中求得了同化作用和异化作用的统一,才使得生物表现出新陈代谢和种族繁衍的生命特征,推动了生命的自我更新。

事物的内部矛盾是推动事物发展的动力。事物的外部条件对事物的发生、发展也起着重要的影响作用,所以必须正确认识事物发展的内外因及其相互关系。内因

是事物的内部矛盾,外因是事物与其他事物之间的相互影响和相互作用,即外部矛盾。内因是事物发展变化的根据,外因是事物发展变化的条件,外因通过内因起作用。例如,生物的基因型与外界环境及其表现型的关系,基因型是生物的内在遗传物质组成,而表现型是生物的外在表现情况。有什么样的基因型是不是就一定有什么样的表现型呢？不是,基因型就是内因,而特定遗传物质的表达还需要特定的外在条件,即环境条件作为外因出现,内外因结合才会有特定的表现型。再如,在介绍生长素的发现实验中,通过多组对照实验,引出生长素的发现及其生理作用。可以设计这样的问题：胚芽鞘尖端弯曲生长是不是因为单侧光照射？胚芽鞘生长与不生长是不是决定于其有没有尖端？通过分析对照实验,寻找事物的内在矛盾,就会发现：弯曲与否根本并不在于单侧光照射,单侧光照射仅仅是外因,内因在于单侧光照射以后引起胚芽鞘尖端生长素分布不均。可以不运用光的因素而改用其他因素（例如含有生长素的琼脂小块）处理,同样会引起胚芽鞘的弯曲生长。同理,胚芽鞘的生长与否并非完全取决于其有无尖端,有生长素即可生长。通过这些教学示例,学生既能分清内因和外因的关系,又可以学会透过现象抓住本质问题,形成辩证的灵活思维方式。

在辩证法中,由于矛盾发展的不平衡性,出现了主要矛盾和次要矛盾、矛盾的主要方面和次要方面。基于以上关系,在分析问题时,要分清主流和支流。抓住主流,正确认识事物的性质,同时也不能忽略支流,并且注意主流和支流的变化。依据以上理论,在学习影响生物形态、生理和分布的生态因素时,必须明确各种生态因素是同时存在、同时起作用的,并且是相互作用、相互影响的。主要矛盾、次要矛盾、矛盾的主要方面和次要方面都要认识到,面面俱到。但面面俱到并不意味着中庸之道,在各种生态因素中必然有一个是主导因素或主要限制性因素,必须找到它并进行认真分析,做到"两点论"和"重点论"相统一。还要看到二者的转化：当环境条件发生变化时,主导生态因素也会发生变化。

(二)质变量变规律

质变量变规律揭示了事物发展的状态和形式。量变引发质变,在质变的基础上开始新的量变。在漫长的生物进化史中，地理隔离引起遗传物质交流中断及差异扩大，最终导致生殖隔离而形成新的物种。

中学生物教材中培养学生辩证思维的内容是极其丰富的。除了以上的示例以外，构成生物的各种元素在无机自然界都可以找到，这说明生物界和非生物界是物质统一的：世界是物质统一的，生命自身也是物质统一的；生物的结构和功能是统一的；生物的局部和整体是统一的；生物与其生存的环境也是统一的。这些内容符合辩证唯物主义的观点。而且，自然界的一切事物和现象都是物质的，是受客观规律支配的，当然也是可以认识的。所以，生命现象无论怎样复杂，也超越不出其本质是属于物质的这一范畴。例如，通过细胞化学成分和种子成分的测定，可以揭示出生物生理过程的物质性，生物完成任何一项生命活动都有其相应的物质基础和结构基础。另外，生物学知识的应用——杂交育种、单倍体育种、多倍体育种，乃至近代生物科研中一些重大成果的取得，如克隆羊的诞生、人类基因组图谱的绘制等，也都明确了不仅生命是物质的，而且生物界也是可以认识的，生物可以被人类认识并造福于人类。适应是相对的，是在一定条件下、一定程度上的适应，而不是绝对的、一成不变的。这是由于生物的遗传是相对稳定的，而环境则是时刻不停发生变化的。这对矛盾酷似人类社会发展中生产关系与生产力的矛盾，这亦说明自然界和人类社会有共同的规律和特点，这也正是马克思主义哲学所揭示的内容。

总之，生物教材中处处都体现着辩证唯物主义思想。只要教师认真研究，深刻挖掘教材内涵，巧妙设计教学过程，就可以让学生在获取知识的同时养成辩证思维的习惯。这对于全面提高学生科学素质和道德素质，形成正确的世界观、价值观和方法论都是十分有益的。

第五章 高中生物课堂爱国主义教育

　　爱国主义是一个永恒的教育主题。生物教材中有很多生动的爱国主义素材,任课教师可结合课内外知识,从多方面对学生进行爱国主义教育。新版的《全日制义务教育生物课程标准(实验稿)》中提出,要了解我国的生物资源状况和生物科学技术发展状况,培养学生爱祖国、爱家乡的情感,增强振兴祖国和改变祖国面貌的使命感与责任感。这是对教育方针的贯彻,是爱国主义教育在生物学科的落实和体现。这一代中学生生活在社会各方面变化迅速而深刻的年代,他们接受的新事物多,生理、心理成长速度快,具有批判意识和改革愿望。但是也容易片面地否定民族传统,忽视人的社会性。因此,要培养学生符合时代需要和符合学生个性发展的素质,就要把"做人,做中国人,做现代中国人"作为培养目标。教师在教学中,应充分挖掘教材中的爱国主义教育因素,因势利导。另外,作为教师,在教学活动中应运用各种教学媒体,创造出丰富多彩的爱国主义教育场景,使学生在赏心悦目学到生物知识的同时,自发地产生热爱祖国的感情,从而达到悦人、感人和育人的目的。

第一节　丰富的生物资源

我国幅员辽阔,有着丰富的动植物资源。例如,我国仅高等植物就有两万多种,其中很多种类是闻名世界的珍稀植物,如银杉、银杏、珙桐、水杉、金钱松、台湾杉、鹅掌楸。我国的动物资源也十分丰富,已知的鸟类有 1 400 多种,占世界鸟类种数的 14%;鱼类有 3 000 多种,约占世界鱼类总种数的 8.3%;哺乳动物 600 余种,约占世界上哺乳动物种数的 12%,其中有不少动物是我国特产的珍稀动物,如大熊猫、金丝猴、白鳍豚、扬子鳄、朱鹮。

我国除了特产的珍稀动植物以外,还有许多具有重要经济价值的生物种类——植物资源方面的用材林、经济林、绿化树种和牧草等;动物资源方面的淡水鱼类和海洋鱼类,肉用兽、毛皮兽和药用兽,对农牧业生产有益的哺乳动物以及农林益鸟和经济鸟类等。

通过对我国丰富动植物资源的介绍,可以大大激发学生热爱祖国的情感,为祖国拥有这么丰富的资源而感到骄傲和自豪。对于该问题不做过多讲述,教师只需要在教学活动开展中注意引导学生关注生物资源、保护生物资源即可。

第二节 生物学科研究的历史和伟大成就

在本节中,笔者将立足遗传和进化,谈一谈如何丰富生命科学史教学资源,借此使学生在丰富的科学史引导下树立起良好的道德素养。

一、生命科学史的理论基础

(一)生命科学史核心概念及其界定

1. 科学史的概念

科学史不仅仅是对历史事实的简单复述,它包含了人类探索科学的发生和发展的整个历史。科学史的创始人乔治·萨顿给出了科学史的定义:"科学史就是发现客观真理的历史、人类征服自然的历史。它展现了人类为思想的自由,为思想冲破暴力、专横、错误和迷信的束缚而战斗的历史。"换言之,科学史是科学的发生、发展历史,也印证了人类整个思想和文明史。

2. 生命科学史的概念

玛格纳指出:"生命科学史的研究内容既包括科学家对生命现象的研究过程,也包括了科学家的观点和态度;既涵盖生命科学的理论和方法的形成和演变过程,又涵盖不同学科之间、科学与社会之间的联系和影响。"也有学者认为,从学科角度来看,生命科学史是科学史中的某一门学科史,有必要将对生命科学史的研究归入整个科学史中。

无论站在自然科学还是历史的角度,生命科学史的内容都是丰富多元又充满生命力的。科学家们倾注了大量的精力,经历过无数的挫折和失败。本书将生命科学史定义为:生命科学史是生物学家和科研工作者研究生命现象及其规律,创造生命科学研究方法,探索生物世界的历史过程。它凝聚了生命科学知识、研究方法和生命科学的思想,解释了"生物科学—生物技术—社会"之间的联系和影响以及生命科学与其他学科的关系。

3. 生命科学史教育

生物学史教育是通过教学,让学生理解科学概念,掌握科学研究的方法,培养学生的科学精神,提高学生生物科学素养的教育。它绝非单纯传授历史知识,而是强调让学生通过回顾科学发生发展的历程,学习科学家的科学思维、科学方法以及科学精神,以培养自身的能力和品质。在强调理解知识的同时,重视过程与方法,注重情感态度与价值观的培养,提高学生的科学素养和人文素养。

(二)教育心理学相关理论基础

1. 认知心理学理论

认知心理学把学习看作主动接受信息的创造性思维过程,是对知识的表征方式,强调好的认知结构或知识体系胜过零散的知识。

瑞士心理学家皮亚杰是发生认识论创始人。他深入研究了影响儿童智力发展的一些基本概念和范畴的形成和发展过程,揭示了各种认识的起源,认为科学知识的发展都具有一定的历史特征。要想理解科学知识,需要尽量去重建知识发生发展的历史过程,通过考察形成概念的历史,判断知识的真正内涵。美国当代最著名的认知心理学的代表人物布鲁纳则认为,学习的过程中存在一个认知的过程,学习者通过认知、获得意义和意向三个步骤形成认知,其过程是认知结构的组织和重新组织。布鲁纳提出的发现学习,是指给学生提供有关的学习材料,让学生通过自己去探索、操作和思考,自行发现知识、理解概念和原理。这种教学方法强调学习过程,要求教师要引导学生,使学生像科学研究前沿的科学家那样思考和探索,强调获取知识的途径和过程,最终理解和掌握知识,建立该学科的知识体系。发现学习还特别强调在学习过程中学习者的主观能动性对学习的重要性。该观点认为学生具有内在的学习愿望,并且重视科学方法的学习、思维能力的培养以及兴趣的激发,这些都恰好与生命科学史教育的价值取向吻合。生命科学史涵盖了生物学概念、理论的形成、发展的过程。生命科学史中的奇闻趣事、科学家小故事、争论等都是良好的教学资源,可以激发学生的好奇心和求知欲,培养学生的科学精神。运用科学史资料开展教学,学生可以沿着科学家探究的道路一步一步地找寻科学的真相,一步一步地深化认知结构、提高生物科学素养。

2. 建构主义理论

建构主义的知识观认为,知识只是对现实世界的一种解释和假设,知识并不是现实世界的准确表征,也不是问题的最终答案。建构主义知识观颠覆了传统教育教学理论:教师传授给学生的知识仅仅是对现实世界的一种相对可靠的假设,并不是真理,所以不能以知识的真理性强迫学生学习;教材、教师、科学家不再是压制学生的权威。学生在学习新知识、理解新知识的同时,可以对其进行分析和检验,甚至对其进行批判。"细胞膜流动镶嵌模型的建立""DNA双螺旋结构模型的建立""孟德尔遗传定律"等科学史教学的运用,并非以往传统传授科学结论或直接给出一个被广泛认定的假说和模型,而是客观地遵循科学发生发展的规律和顺序,不断地接近科学的真谛。生命科学史很好地体现了科学是一个动态发展的过程,强调背景、过程的重要性。

(三)生命科学史的教育功能

生命科学史最显著的功能无疑是在教育教学领域,在传授科学知识的同时,令学生学会一定的科研方法,培养学生的思维能力,帮助学生理解科学本质等,是提高学生科学素养和人文素养的重要渠道。科学史教育并非传统意义上知识的教育,而是强调能力、知识、情感态度和价值观三维教学目标的达成,帮助提高学生的科学素养,培养学生的人文素养。

1. 提高学生的科学素养,理解科学本质

提高学生的科学素养是我国高中生物课程标准的重要理念之一,也是新课标的核心任务。科学素养不但包括科学知识、过程和方法,还包括科学精神、科学的情感态度和价值观、科学的行为习惯和思维方式等诸多内容。生命科学史以其丰富而生动的内容,客观地展示了生命科学的发展历程,形象而全方位地再现了生物学家的多彩科研人生。其教育价值远远超过了介绍科学知识本身。将科学史知识和生命科学的教学有机地融合,将科学史中蕴含的科学知识、科研方法和科学精神展现给学生,在潜移默化中影响学生,使学生建立科学的思维方式,学会科学研究的方法,理解科学的本质。

生命科学史全面展示了科学发展中的范式转变过程,能够促进学生理解科学理论的建构过程和科学的本质。要让学生真正理解科学的本质,仅有对科学知识和结论的线性积累是远远不够的。库恩认为,永恒不变的科学真理是不存在的。科学结论只是暂时的,科学知识处在不断修正和发展的过程中,绝对真理的知识观念应被摒弃。因此,帮助学生建立正确的科学历史观是必不可少的。生命科学的成果离不开一代代科学家的研究贡献,要将生命科学史融入科学教育,让学生感受特定时代或背景中的科学知识。学生通过对科学史上的重大发现、研发过程和一些典型案例的学习,逐步发展批判性思维,认识到科学是一个永不终结的探究过程,无论在广度和深度上都是一个不断发展的开放系统,即使现在人们普遍接受的知识,也存在一定的适用范围,也可能被修改,进一步使学生在了解科学知识以及科学的发展过程中逐步理解科学的本质。

2. 培养学生的探究能力,学会正确的科研方法

培养学生的科学探究能力是我国高中生物新课标的理念之一。科学探究不仅是学生获取知识、培养能力的重要途径,也是人们认识世界的重要方法。生命科学史中蕴涵着丰富的探究资源,为提高学生的探究能力提供了大量可借鉴的范例。学生可以通过探究过程,学习科学研究的一般方法。

美国天文学家卡尔·萨根说过:"科学方法看似枯燥无味且不易理解,但科学方

法远比科学发现更加重要。"在科学探究的过程中,科学方法有着至关重要的作用,是科学探究的重要工具。科学上的重大发现往往伴随某一创新的科学方法的诞生和运用。科学方法不仅在自然科学的学习中占有显著地位,其亦作用于社会及人文科学范畴。生命科学史中包括丰富且完整的科学研究方法,详细罗列了科学发现过程中的社会因素、文化因素、个人因素以及哲学思想等。所以,运用生命科学史开展生物教学,能促使学生更加全面深刻地理解科学知识。例如,在孟德尔发现遗传定律之前,已经有很多科学家做杂交实验,但都离成功只有一步之遥。英国育种学家奈特第一个发现豌豆种子的灰色对白色是显性的,但他并没有进一步发现种子之间的数量关系。而孟德尔将数学的研究方法运用到了杂交实验中,才发现了遗传定律。这样的科学史故事能促进学生建立科学的探究思维和行为方式,促进科学方法的应用。

3. 激发学生的学习兴趣,促进知识的理解

兴趣和探索的乐趣对知识的学习至关重要。生物科学史中有许多历史故事、名人的奇闻趣事。用人性化的科学家小故事拉近学生与科学的距离感,可以增加学习的趣味性。追溯问题来源,回顾科学研究,不仅吸引学生的注意力,感受科学的奇妙,更能在过程中理解概念和原理。科学史中可以吸引学生兴趣、促进学生理解知识的案例数不胜数,科学史的争论也是学生理解知识的良好教材。例如,在学习"探究酵母菌的呼吸方式"时,可以用多位科学家的争论吸引学生的兴趣,使学生在好奇心的驱动下主动了解科学家争论的焦点,通过事件的发展,逐步解开呼吸的本质。作为局外人,学生不仅觉得事件有趣,并且能进入历史的情景中,与科学家一起探索。

4. 培养学生的批判思维和创造性思维

不拘泥于传统的定理和思维,不盲目崇拜科学权威和教材,是科学创造和发现的重要思想前提。但是我国基础教育教学中明显重视固有知识的传授,教科书中有大量的结论性知识,缺少知识的形成过程中的曲折和批判过程。这种批判过程能促进创造性思维的形成。通过对生命科学史的学习和研究,可以提高学生的批判思

想。诺贝尔奖得主摩尔根最初认为孟德尔的遗传理论不具有普遍性,用审视的眼光看待萨顿的染色体假说。正是这样的敢于批判和怀疑的精神,让摩尔根对遗传理论进行了深入研究,并证实了基因在染色体上,反而成为孟德尔定律最有力的支持者,推动了遗传学的发展。

生命科学史对与学生创造性思维的培养有很大的积极作用,能让学生将学习过程与科学知识产生的过程与和方法结合起来,使学生站在历史的角度,思考如何冲破思维的枷锁,提高勇于和善于提出科学问题的能力。这些远远重要于单纯记住结论性的科学知识。

5. 培养学生的科学精神和科学品质

探究科学的道路是艰辛的。数千年来,生物学家用他们的实际行动及坚韧不拔的意志在科学的道路上奋斗着,用一生的时间与精力奋斗在科研之路。他们不畏强权政治,不顾社会权威,永远以客观事实为依据,以百折不挠的精神追求科学的真谛,揭开人类认识自然的帷幕。正是一代代科学家的共同努力,才有了今天科技所改变的生活。科研之路并不是一帆风顺的,无数的失败挫折淹没在历史的长河中。自古英雄多磨难,科学家们能战胜自己,克服外界的种种压力,坚持为自己信仰的科学事业奋斗,种种事迹无不感召和启示着世人。达尔文历经艰苦的五年环球考察活动,以20载的积累著成《物种起源》。而很少有人知道,多年航海的经历让达尔文重病缠身,很多时候卧床不起,每天只能坚持下床工作一小时。达尔文的进化论不顾社会各界的压力,颠覆统治阶级和教会宣扬的神创论,带领人们冲破思想的禁锢。科学家是科学精神的活教材和典范,他们对科学坚韧不拔的意志和科学精神不断地激励和鞭策着学生。教育工作者要善于带领学生探寻生物学家的科研历程以及生平事迹,以科学家的精神熏陶学生的科学情感,在教学活动之中培养学生的意志力和科学精神。

从以上多个角度来看,生命科学史极具教育价值。它既有助于学生理解科学的本质,提高科学素养,又利于激发学生学习兴趣,促进知识的掌握和理解;既可以帮助学生建立批判性思维和创造性思维,还可以让他们学习到科学家们坚韧不拔的意志和科学精神。

二、人教版遗传与进化教材中科学家资料相关内容分析

(一)科学家数量主维度和次维度分析

据统计,在人教版遗传与进化教材中,出现姓名的科学家共有 27 位。另外有 26 次出现科学家但没有提及姓名,仅以"科学家""生物学家""化学家""学者"等表述。教材中仅出现了 2 位中国科学家的姓名,分别是邹承鲁和袁隆平。另外,有一次出现我国科学家并没有出现姓名,表述为"我国农科院的科学家"。本册教材中仅出现一位女性科学家的姓名——富兰克林。富兰克林利用 X 射线衍射技术测定 DNA,为 DNA 双螺旋结构的发现做出了很大贡献。教材并没有明确指出富兰克林为女性科学家,描述也只是寥寥数语。在没有给出姓名的科学家中,不排除女性科学家的存在。

综合以上数据可知,人教版遗传与进化教材中提及的科学家数量可观,但有大部分的科学家没有被提及姓名。一方面对科学家的工作成果不够尊重,另一方面不利于教师和学生查找自己感兴趣的科学家的资料。教材对中国科学家介绍的数量过少。虽然中国现代科学技术起步较晚,但也不乏为生命科学事业做出贡献的科学家,教材并没有抓住这个良好的提升学生民族自尊心和自豪感的教育机会。另外,教材严重忽视女性科学家的工作。

(二)科学家介绍主维度和次维度分析

教材对 27 位出现姓名的科学家的介绍中,17 位介绍了国籍,22 位介绍了生卒年,9 位科学家在教材中出现时配有人物图片。教材对科学家的主要著作的介绍并不多,仅提及 10 位科学家的著作。教材仅评述了 10 位科学家的贡献及历史地位。另外,科学家性格爱好、奇闻趣事、家庭教育背景等的描述最少,教材仅描述了 2 人的奇闻趣事,分别介绍了 5 人的性格爱好和家庭教育背景。而在没有给出姓名的科学家中,仅有 2 位科学家被介绍了国籍。仅有 1 次交代了科学家的研究背景,其他关于科学家的介绍一概没有。

由此可见，人教版遗传与进化教材对科学家个人信息的描述过于匮乏，缺乏统一标准，且科学家形象片面。多数科学家的基本信息不全面，个别科学家甚至连国籍、生卒年等基本信息都没有(甚至达尔文这样对人类有伟大贡献的学者都没有说明国籍)，性格爱好、奇闻趣事、家庭教育背景等信息更是少之又少。教材或参考书中科学家的图片数量过少，且大部分的科学家形象都是不苟言笑的老学究形象，枯燥乏味。

(三)科学家呈现方式主维度和次维度分析

总体来看，科学家资料在教材中呈现的方式较多的是扩展阅读性材料和结论性正文，有20次以扩展性阅读材料的方式呈现，17次以结论性正文的方式呈现。其中，14次以贯穿性正文的方式呈现，在例题与习题中出现科学家资料共9次，作为引入课题的背景材料呈现的相对较少，仅有3次。出现姓名的科学家资料的呈现方式与没有给出姓名的科学家有很大的差异，前者的呈现方式多为贯穿性正文、扩展阅读性材料和例题与习题，后者的呈现方式多为结论性正文和扩展阅读。

虽然部分科学家资料仍然以拓展阅读等形式出现，但科学家资料在教材中得到了一定重视，在正文中出现的比例达到了58.4%。更值得一提的是，提及名字的科学家资料中，对科学家的科研成果不仅仅是一句话带过，能做到更加细致地描述科学家探究的过程以及运用的科研方法，以较多的篇幅介绍科学家研究的历程。

(四)编写意图主维度和次维度分析

教材中77.3%的科学家资料及科学家研究历程的编写意图为帮助知识的理解。仅有8位科学家资料的编写意图为培养学生能力，这与在高中开展生命科学史教学的意图形成反差。高中阶段引入生命科学史，其目的并不是纯粹地让学生读史或背史。我国普通高中生物课程标准规定了科学史的教学内容，但是并没有实施特定的评价机制来考查学生对科学史的掌握程度。科学史编入高中生物教材更多的是作为一种教育的途径和手段，提高学生对知识的理解、提高能力，让学生理解与掌握科学研究的过程和方法，培养学生科学的情感态度和价值观。

三、高中生物遗传与进化模块生命科学史课程资源的开发

生命科学史的教育价值毋庸置疑,但切实开展生命科学史教学,还需要教育工作者积极开发生命科学史课程资源,解决课程资源的匮乏的现象。生命科学史课程资源的开发形式和角度多样,编写方式主要有以下几种:通过某一科学事件的发生,以专题形式开展,如酶的发现历程、DNA 双螺旋结构的建立过程、遗传因子的发现历程、生物进化论的发展历程;按年代的发展描述生物学科发展的历史,如 19 世纪生命科学的发展历程;通过描写某位科学家生平事迹和科研历程,以传记的形式进行课程资源开发。本文主要以科学家为主线,尝试以科学家传记形式对人教版高中生物遗传与进化教材的相关科学史资源进行了开发。

(一)以科学家为主线开发课程资源的一般思路

科学家传记对于科学史的教育而言是宝贵的课程资源。近年来,相当多的科学家传记出版,但并不是所有传记都是可靠的、可信的。萨顿曾表示:"我们需要的是批判的笃实的传记。"《大不列颠百科全书》将传记文学分为根据一手知识写成的传记和根据研究编写的传记。根据研究编写的传记又可以分为不同角度:资料性传记、评传、标准传记、阐述性传记、小说化传记、传记式小说。其可靠性是依次递减的。

本文针对人教版遗传与进化教材中出现的科学家,依据《大不列颠百科全书》关于科学家传记可靠性的论述,搜集有关科学家的资料,咨询生物科学史专家其可靠性,根据生物学专业知识,初步提出了"完善科学家基本信息、教育背景,凸显科学家品质和素养"的科学史课程资源的编写建议,并以此对所搜集的资料进行整理、编写,开发生命科学史课程资源。

(二)科学家传记类型的生命科学史课程资源编写建议

1. 塑造丰富立体的科学家形象

(1)完善科学家基本信息

第一,完整的科学家姓名。科学家为人类的文明进步付出了艰苦卓绝的劳动,

奉献毕生的精力,甚至牺牲生命。在介绍某个重大科学发现或科研成果的时候,科学家姓名作为个人最基本的信息,其出现既是对科学家的尊重,也是对科学的尊重。另外,科学家姓名要尽量完整和标准,姓氏和名字要齐全,外国科学家要有英文名,方便教师和学生查阅科学家的资料。例如,科学史的奠基人萨顿和美国遗传学家萨顿,两位科学家名字都译为萨顿,如果不加英文名,很可能导致不必要的混淆。

第二,已故科学家的生卒年。告知已故科学家的生卒年是对科学家活动年代的一个交代,可以根据生卒年判断科学家所处的时代背景,了解科学家发现某一科学事件时的年龄等。

第三,科学家的国籍。科学家的国籍同样属于科学家的一项基本信息。学生在接触到一个科学家时,很自然地想了解这是哪国的科学家。人们常说,科学是没有国界的,但是科学家本身是有祖国的。科学家的研究成果是个人的成就,也是祖国的荣耀。站在世界的角度,科学家就不仅仅代表了个人,与自己的祖国也是密不可分的。

第四,科学家本人图片。图片可以提高学生的学习兴趣,学生可以通过图片对科学家有大致的印象,结合文字将图片与科学家及其研究的内容关联起来,加深对知识的记忆。受传统教育价值观念的影响,大部分的科学家形象被塑造为不苟言笑的老学究形象,枯燥乏味。科学家中不乏年轻有为、清逸俊朗者,如刻意回避,力求塑造威严不可触碰的科学气氛,反而失了加入图片的初衷。除了肖像图片,适当增加科学家工作时的照片甚至生活照,都能起到激发学生兴趣的效果。

第五,贡献及历史地位评述。对于一些有重大贡献的科学家,有必要引导学生客观评价其历史地位。既要予以一定的赞扬,承认科学家对科学事业的贡献和历史意义,同时也不可盲目,要理性客观地看待其在科学上出现的错误见解。

(2)多角度凸显科学家品质和素养

要从科学家的性格、爱好以及品质等角度全面地刻画科学家的形象。科学家求真务实的态度,追求真理的执着性格,勤奋、敢于质疑、勇于创新的品质和科学素养都可以对学生产生潜移默化的影响。描述科学家的性格爱好、奇闻趣事可以多方位地展现科学家的生活。科学家的生活虽然充满了外人看来日复一日的枯燥研究,但对科学的兴趣和对真理的追求使工作不再无聊。历史上的一些成功虽然存在偶然因素,而更应该看到偶然背后的必然。不是每个被苹果砸到的人都能发现力学定律,在道尔顿之前的色盲患者也没能发现色盲症的存在。这些必然因素体现在科学家的性格爱好和生活工作琐事中。通过介绍科学家的性格爱好和趣闻轶事,使科学家的形象变得立体起来,其价值不单单体现在提高学生的兴趣上,科学家的幽默、宽容、睿智、勇敢、认真等性格特征,对于教师来说是一个可以挖掘教育素材的庞大宝库,使得抽象单调的科学知识成为人性化、生活化、社会化的课程内容。

学生通过阅读科学家的性格及经历的描写,能感受到科学家身上的高尚品质,对学生性格的形成有着潜移默化的影响。

(3)家庭、教育背景

教育,无论是家庭教育、学校教育还是社会教育,都影响着个人事业的发展。一些科学家受到父母从事的工作或喜好的影响,从小就对某一领域有很多接触或者热爱,以致从事某一领域的专门研究。科学家毕业于何等学府或是自学成才,抑或是在某种工作中积累经验知识,可以让学生体会到知识和能力不会凭空而得。

2. 强调科学家的合作精神

历史上很多科学发现、科学技术的更新都凝聚着众多科学家劳动心血。团队之间的分工合作大大减轻了个人的工作量,使庞大的科研工程得以加速完成;不同思维方式碰撞往往产生新的思路和方法;相互交流可以帮助科学家走出思维和方法的误区。很多科研课题的完成不仅需要单一领域的多位科学家,更需要多个领域的科学家运用不同学科的知识、方法、技术手段、思维模式,通力合作。DNA双螺旋结构的发现就是跨领域合作的最好例证。虽然其为分子生物的课题,但其完成涉及生物学家、物理学家、化学家的共同努力。

青少年学生与社会接触较少,加之一些家长过分宠溺,成长过程中容易产生以自我为中心、团队意识薄弱的现象。科学家之间合作成功的案例可以让学生认识到团队协作的重要性,避免产生过度的个人英雄主义,有助于学生融入集体和社会。

3. 巧妙利用科学家的失败经历和科学争论

无论是科学还是历史，都是在矛盾中前进的。生物学上很多重要概念的形成和理论的建立都经历了长期的演变，在曲折中发展。善用科学家失败的经历和争论案例可以促进学生科学本质观的形成。此时，应注意避免两个误区：一是极端崇拜，将科学家奉为真理的代言人，将科学探究理解为一帆风顺的伟大历程，忽略科学家也有失败的经历。例如，摩尔根质疑孟德尔豌豆杂交实验结论的普遍适用性，他经过不断地研究最终证实了遗传定律。细胞呼吸方式和产物的真相是在李比希、巴斯德等多位科学家不断的争论中一点点揭开的。二是因为科学家的研究失败或错误结论而对科学家个人或其成果全盘否认。科学史资料的编制要引导学生发现其正面价值。除了个人因素，科学研究会受到科学家所处时代的实验技术、科学方法、学术氛围和观点等条件的直接影响和限制，结果难免出现不足，甚至科学性错误。不应该只看到结论而忽略过程和影响，要引导学生站在历史的高度，以发展的观念正确看待科学家的工作对当时科学、社会、生活以及人们思维方式造成的影响。另外，可以选择个别科学家失败的案例，与学生一起从方法、技术、背景等角度探究造成失败的原因。在此过程中，学生体会到科学探究的艰辛与曲折，可以得到一定的启迪。

参考刘一兵等关于化学科学史争论的编写建议，生命科学史争论的编写可以在下几个方面展开：新的生物学学说与传统观点间的争论，小人物与生物学学术权威之间的争论，对事物本质规律的片面认识引起的争论，不同的哲学观点、世界观和方法论引起的争论，不同人对同一事物的不同观点的争论，等等。[①]

4. 整合内史与外史

内史学家认为科学是理性而抽象的智力活动，包括人物、科学事件、科学概念的发展，仪器、实验、方法、科学理论等等，注重科学自身独立发展，忽略社会、政治、经济、环境对科学发展的影响。外史则把科学家的探究活动放在一个更为广大的文化范畴的社会集团中考虑，认为诸多环境因素如社会、文化、政治、经济、军事、风

---

① 刘一兵,范增民.高中化学教科书中化学史的内容分析与编写建议[J].化学教育,2008(11):17-19,37.

俗、宗教等都影响着科学发展的方向和速度,强调外部环境及该科学在历史上的社会功能和文化性质。

科学的发展是在内史与外史的共同影响下曲折向前的。在编制科学史资料时,不仅要重视理论概念的发展、介绍实验设备和技术水平的制约和促进,同时应介绍科学家所处的时代背景对科学发展的影响。科学家的思想,免不了受到当时政治、经济、文化、宗教、道德背景的影响。科学家是否能打破世俗观念,是否敢于挑战权威,是否能另辟蹊径开创新的研究方法,都会决定是否成功。例如,现代分类学的创始人林奈,一生中几乎认为物种自从上帝创造出来以后就是静止不变的。直到达尔文的进化论提出后,自然分类系统的建立才成为真正可能的事情。

5. 还原科学家的探究过程

第一,选择经典实验或探究历程。生命科学的知识涵盖广泛,每个科学结论都倾注了一代甚至几代科学家的工作。将所有的探究过程灌输给学生是不现实的,也是无意义的。所以,探究案例要选择有代表性的经典实验,避免用大量的史实罗列知识。

第二,突出过程和方法。科学方法是人类在认识世界的实践过程中积累和总结的思维方法和操作方式,是人类认识自然的有效手段和工具,在科学研究中被认为是知识的"知识"。过程与方法密不可分,分析、综合、归纳、演绎、类比、逻辑、假说、模型方法等无不蕴含在科学探究过程中,这些过程与方法构成了知识的框架与核心。科学家创造的科学方法对科学推动和对后世的影响是不可忽视的。

6. 注意爱国主义情感的培养

第一,增加中国科学家的数量,重视国内科学家的科研工作及贡献,提升学生的民族自豪感和自信心。我国现代生物学的起步较晚,在科学界有显著成就的科学家数量不多。所以,笔者认为更不应该刻意忽略中国科学家的贡献,必须抓住这种提升学生民族自尊心和自豪感的机会。例如,中国的神经生理学家张香桐在1951年发现了大脑皮质神经元树突电位,第一个论述了树突上突触连结对高级神经活动的重要性。1960年,中国胚胎学和细胞学家朱洗培养出了通过无性繁殖产生的没有"外祖父"的蟾蜍。世界上首次人工合成蛋白质，是在中国生化学家王应睐和有机化学家汪猷的指导下，由中国科学院上海生物化学研究所的钮经义、邹承鲁、龚岳亭、杜雨苍等和中国科学院上海有机化学研究所的徐杰诚等，以及北京大学化学系季爱雪、邢其毅等完成的牛胰岛素的人工合成。适当加入我国科学家的爱国小故事，有利于培养学生的爱国主义情感。

第二，介绍外国科学家热爱祖国的事例。介绍外国科学家的爱国小故事同样可以激发学生对自己祖国的热爱之情。例如，克里克攻读硕士学位时，正值"二战"期间。有次他在实验室做实验，一颗炸弹穿透屋顶，在他的实验仪器上爆炸。躲过一劫的克里克并没有就此退缩，而是放弃了重要的学业，加入英国海军，从事鱼雷的研究，为国家贡献自己的力量，直到"二战"结束。

7. 挖掘更多科学史课程资源

第一，增加科学家的数量。随着课程改革的开展，我国高中生物新教材中科学家的数量明显增加。但是调查显示，现行教材中科学家数量仍然不能满足教师以及学生需求。教师在开发生命科学史课程资源时，可以适当加入为重大的科学发现做出重要贡献的科学家，弥补教材因篇幅和功能限制造成的科学史内容匮乏现象。

第二，建立科学家资料数据库。生命科学史对于高中生物教学而言是极其宝贵的课程资源，其教育价值在此不再赘述。建立科学家资料数据库可以为高中生物一线教学提供系统的科学史课程资源，弥补教材中不能详细叙述生命科学史的遗憾，帮助教师解决开展科学史教学的实际困难。然而，资料的搜集、整理和数据库开发工作，不但要求工作人员掌握大量丰富的科学史知识、善于运用现代化检索工具查找文献，还要求一定的辨别、选取和整合的能力。除此之外，充足的时间和精力也是课程资源开发的一个重要条件。

第三节 激发学生的责任感

对学生进行爱国主义教育的基本原则是面对现实、实事求是。通过教学，学生应了解到：虽然我国研究生物学的历史悠久，取得了很多举世瞩目的成果，但是目前的科技总体实力还相对较弱，全民素质与发达国家相比还有一定差距；虽然我国地大物博，但人口众多，人均资源十分匮乏；虽然我国动植物资源丰富，但并不是取之不尽、用之不竭的，生物多样性已经遭到严重破坏；尽管我国风景优美，江山多娇，但这并不是永恒不变的，尤其是在当前，由于人们不合理的开发和利用，我国的生态环境已经遭到了严重破坏。因此，热爱祖国就必须有生于忧患的危机感和责无旁贷的责任感，把热爱祖国落实到爱护祖国的环境与资源中，并为之发奋学习。所以，对学生进行热爱祖国、保护环境方面的教育，增强其责任意识，是爱国主义思想教育中不可缺少的内容。

一、高中生物社会责任感的界定

(一)责任感

责任感是一个心理学概念，属于社会道德心理学的范畴。要弄清楚责任感的定义，首先应该明确什么是责任，责任与责任感有什么区别。责任，从人出生就有，并伴随着人的一生。《现代汉语词典》对"责任"的定义是：①分内应做的事，尽责；②没有做好分内应做的事，因而应当承担的过失，追究责任。释义①可以理解为自己应尽的职责和义务。释义②可以理解为对自己的过失应负的责任，也就是承担应当承担的责任，完成应当完成的使命。《现代汉语词典》将"责任感"定义为：自觉把分内事做好的心情，也可说成责任心。《百科辞典》中对"责任感"的定义是：责任感是一个人对自己、自然界和人类社会，包括社会、集体、家庭和他人，主动施以积极有益作用的精神。《心理学大词典》中是这样对责任感定义的：人在道德活动中，对自己完成道德任务的情况持积极主动、认真负责的态度而产生的情绪体验。由此可见，责任和责任感有着本质的区别。责任是人分内应做之事，还需要一定的组织、制度或者机制促使人尽力做好，故责任有被动的属性。而责任感是一种自觉主动地做好分内分外事情的精神状态，它带有主动性、自觉性。责任感相对于责任，更加强调个体产生的自觉的、强烈的情感体验和认识态度。

结合以上的分析，笔者对责任感做出以下定义：责任感是指个体能自觉地承担相应的责任，并自觉承担自己的过失责任的情感状态，是一种自觉性的认识和情感体验。

(二)社会责任感

人之所以被称之为社会人，是因为每个人生来就处在人与人组成的复杂关系的社会中，人也就是在这种复杂的社会关系中成长和发展的。换言之，人是社会关系的产物，人的本质就是社会性。著名学者梁启超曾说过："人生于天地间，各有责任。"每个人在社会中都承担着各自的角色，因此就要承担相应的责任。人的社会性要求人在社会活动中不仅要对自己的行为后果承担责任，也要对他人、对家庭、对集体、对社会以及对大自然承担一定的责任。

因此，笔者对社会责任感的界定如下：社会责任感是指个体在人类社会与自我发展中对自我、他人、家庭、集体、社会以及大自然承担责任、履行使命的主动态度和情感体验。

(三)高中生社会责任感

高中生社会责任感,是指高中生在人类社会与自我发展中对自己、他人、家庭、集体、社会以及大自然承担责任、履行使命的主动态度和情感体验。

二、高中生物教学中社会责任感培养的实践

课堂教学是生物教学的主阵地,也是进行社会责任感培养的主渠道。生物教材中蕴含着大量与社会责任感教育有关的内容。教师要尽可能挖掘教材的隐性资源,创造性地将自己的科学素养、学科精神融入教材中,使教材成为有特色的资源,并选用合理的途径和方法对学生进行润物细无声的潜移默化。下面笔者以人教版高中生物新教材必修三为例,寻找和挖掘其中与社会责任感教育有关的内容。

第一章人体的内环境与稳定,第一节细胞生活的环境:对自己的责任、对他人的责任;第二节内环境稳态的重要性:对自己的责任、对家庭的责任、对集体的责任。这一章的学习中,要引导学生了解自己的身体,关注内环境稳态与健康的关系,保护生命,学会对自己负责。第二章动物和人体生命活动的调节,第一节通过神经系统的调节:对自己的责任、对家庭的责任;第二节通过激素的调节:对自己的责任、对集体的责任;第三节神经调节与体液调节的关系;第四节免疫调节:对自己的责任、对他人的责任、对集体的责任。这一章要更多地引导学生关注自己和他人的身体健康,如预防艾滋病、拒绝毒品、关注家畜饲养中的激素使用情况、了解糖尿病的预防与治疗等,在维护生命安全的同时学会对自己和他人的健康负责。第三章植物的激素调节,第一节植物生长素的发现:对大自然的责任;第二节生长素的生理作用:对大自然的责任;第三节其他植物激素:对他人的责任、对社会的责任、对大自然的责任。本章要引导学生注意植物激素应用可能带来的负面影响,在保护植物的同时要关注食品安全问题,对社会负责。第四章种群和群落,第一节种群的特征:对社会的责任、对大自然的责任;第二节种群数量的变化:对社会的责任;第三节群落的结构:对社会的责任、对大自然的责任;第四节群落的演替:对社会的责任、对大自然的责任。第五章生态系统及其稳定性,第一节生态系统的结构:对他人的责

任、对大自然的责任;第二节生态系统的能量流动:对大自然的责任;第三节生态系统的物质循环:对他人的责任、对社会的责任、对大自然的责任;第四节生态系统的信息传递:对大自然的责任;第五节生态系统的稳定性:对集体的责任、对社会的责任、对大自然的责任。在第四章、第五章的学习中,学生要树立生物与环境是一个有机的统一体的观念。人类在发展进步的同时,也要善待自然界中的其他生物,善待它们、保护它们就是在保护我们人类自己。第六章生态环境的保护,第一节人口增长对生态环境的影响:对他人的责任、对集体的责任、对社会的责任、对大自然的责任;第二节保护我们共同的家园:对自己的责任、对他人的责任、对家庭的责任、对集体的责任、对社会的责任、对大自然的责任。这一章要让学生明确,我们要保护好人类生存的环境,要与自然和谐相处,最终实现整个生物圈的可持续发展。

(一)高中生物教学中社会责任感培养的目标与原则

1. 培养目标

对学生进行社会责任感的培养首先要制定明确的目标,把握培养的正确方向,将学生社会责任感的培养落到实处。

第一,使学生树立自主思考、自主管理的观念,要有远大的理想和抱负,能够为自己的行为负责。第二,使学生具有尊敬长辈、孝顺父母的意识,养成良好的家庭美德。第三,使学生树立人人为我、我为人人的观念,尊重他人,关爱他人,与他人能进行良好的交往和合作。第四,使学生能够正确处理个人与集体的关系,积极参与集体的各项活动,爱护集体,有集体荣誉感。第五,使学生树立自我价值与社会价值相统一的观念,遵守社会公德,有强烈的民族自尊心,具有为祖国的繁荣昌盛奉献一切的精神。第六,使学生树立起生态责任感,就是正确处理人与自然的关系,珍惜自然资源,保护生态环境,能够平等对待自然界的其他生命体,积极自觉地践行节约环保理念,形成人与自然和谐相处的意识。

2. 培养原则

责任感是在社会上生存所必备的优秀心理品质。依据现有的理论和学校实践经验,在高中生社会责任感培养的过程中应注重以下四个原则。

(1)主体性原则

对学生进行社会责任感培养的一个重要前提就是遵循学生主体性原则。主体性原则指的是在高中生社会责任感培养的工作中,必须充分尊重、承认高中生的主体地位,挖掘他们的积极主动性,从而更好地实现社会责任感的培养目标。高中生只有通过主动地参与教育活动,在活动中提高认识并转化为自身的需要,积极承担任务,勇于实践、敢于负责,才能让社会责任感在高中阶段的成长过程中发挥重要作用。要想使高中生社会责任感的培养取得良好的成效,关键在于主动性的培养。

(2)渗透性原则

渗透性原则是指在高中生社会责任感培养过程中,把社会责任感的内容融入学生的日常生活,结合实际情况进行的行为准则。高中生社会责任感的形成和发展与其日常学习和生活密不可分。因此,高中生社会责任感培养必须贴近实际、贴近生活。同时,高中生的社会责任感教育不应该只存在于学生的日常学习中,还要渗透到各个学科中、学校的各项工作中、各个系统中,使社会责任感的教育走出课堂,落到实践。

(3)实践性原则

社会责任感教育不是空洞的、简单的说教,而是更注重社会实践。学生只有在活动中真正地经历和体验,才能将责任意识转化为责任行为。高中生只有体验到现实状况,深刻理解相互尊重、相互协调的必要性,才可能萌生责任动机,履行自己的责任。因此,社会责任感的培养应立足于学生的学习实践、生活实践和社会实践过程,与学生的实际紧密联系。只有这样,才能使学生成为知行统一、言行一致的人。

(4)循序渐进原则

高中生社会责任感的形成受其道德认知能力、理解能力和心理发展特点的影响,因此,对高中生进行社会责任感的培养也要遵循高中生的身心发展规律,做到循序渐进。教育者要从最基础的社会责任感培养做起,从良好的社会责任行为习惯抓起,依据最近发展区原理,引导高中生从低级的、具体的社会责任感,循序渐进地向较高水平的阶段发展。

(二)高中生物教学中社会责任感培养的方法与途径

1. 培养的方法

(1)情境创设法

在课堂教学中,教师可以通过创设情境对学生进行潜移默化的培养。教师要充分挖掘教材中与社会责任感有关的情感因素,通过实物演示、语言描述、角色扮演、音乐渲染、生活展现等多种方式,借用多媒体教育教学手段,创设生动形象、声情并茂的教育教学情境,激发学生的想象和联想,引导学生在感知、感受、感动的过程中产生情感共鸣,领悟社会责任感在自我发展中的价值作用和重要意义,感知具有一颗责任心所带来的成功和喜悦,从而形成责任感的良性循环。

例如,在"保护我们共同的家园"这一课的教学设计中,可以采用语言创设问题情境。

教学中运用一个有趣的比喻,把地球比喻成一条由于生态环境破坏存在很多问题的"小船",大家都不得不坐在这样一条危险的"小船"上,引起学生对生态环境问题的主动关注。通过问题创设情境,让学生带着一种使命感去关注全球的生态环境问题,加深对环境问题的认识,并形成保护环境要从我做起的环保意识。

(2)榜样示范法

榜样示范法是教育者以他人的高尚思想、模范行为和卓越成就影响学生,促使其形成优良品德的方法。高中生正处于心理过渡期,是非观念还不很明确,往往容易产生近朱者赤、近墨者黑的情形。因此,教师要重视运用榜样的激励作用,帮助学生提高社会责任感。在班级教育中,可以着重发挥五种榜样的示范作用:一是古今中外的伟人和先进典型人物,二是学校或班级中的先进积极分子,三是学生家长的示范作用,四是教师的以身作则,五是学生喜爱的为社会积极做贡献的明星。他们的先进思想和行动为学生树立起形象、生动的榜样,使学生从中受到启发、鼓舞,激发社会责任感。

(3)任务分配法

为了使社会责任感的培养更加细化,学生需要从身边的小事做起,明确自己应承担的责任。在班级里,要让每个学生有事可做,有责可负,体会承担责任的酸甜苦辣,在平素细小的班级工作中培养学生的社会责任感。

笔者在实践研究中,开展了"走进敬老院"的活动。在这个活动中,根据班里每个学生的实际情况分配不同的任务。在活动准备阶段,班里的同学分为6组,每个组有组长1名,组员5名。第1组同学负责查找脑梗死的病因和症状,第2组同学负责查找脑梗死的预防和治疗方法,第3组同学负责查找高血压的病因和症状,第4组同学负责查找高血压的预防和治疗方法,第5组同学负责查找心脏病的病因和症状,第6组同学负责查找心脏病的预防和治疗方法。在每个小组中,每个人也有不同的责任。组长负责分配任务,指挥、监督和汇报组员的情况。每个组员被分配了不同的任务,有查找资料的、整理资料的、筛选写稿的、修改核对的、总结汇报的。大家都发挥自己的所长,尽心尽力地完成自己的任务。活动中,每个学生各司其职,有负责给老人捶背的,有负责陪老人聊天的,有给老人表演节目的,还有部分学生帮老人打扫公寓卫生。由于有了任务的分配,大家更加明确自己的责任,全班学生都毫不懈怠,积极配合,用自己的智慧和能力去帮助老人,用实际行动去献爱心,社会责任感增强。

(4)班团活动法

班团活动法可以发挥班集体优势,培养学生的良好品质。班干部、团员是班团工作管理的核心,他们往往具有较强的社会责任感。为了培养班级每个学生的社会责任感,可以积极发挥班干部和团员的作用,教给学生自我管理的方法,让每个学生都有机会管理班级。学生在班级管理和活动中,通过解决集体利益与个人利益的冲突,体验完成任务与执行任务的矛盾,逐步形成责任意识。

笔者在教育实践中,多次组织学生开展班会及班级活动。在班级管理中,班里所有学生轮流担任值日班长,争取让每个学生都参与到班级管理中。班级采用小组制的管理方法,学生自己评选小组长,对于表现优秀的小组给予奖励和表扬,表现较差的小组给予鼓励和帮助。通过这些活动,学生对班级的事情更加上心,更愿意为班级付出,责任意识和责任行为明显增强。

2. 培养途径

本节主要从学科教学的角度培养学生的社会责任感,除了在课堂上进行有机渗透,传授科学的知识和方法,还利用课内课外相结合的方式开展多样的活动,更坚持以实践体验为主,开展丰富多彩的社会实践活动。

(1)课堂教学是社会责任感培养的主要渠道

课堂是进行社会责任感教育的主渠道,教师要通过生物课提升学生的责任意识和担当意识,发挥生物学科在教学上无可比拟的作用。由本书第四章第一节内容可知,生物教材中蕴含着许多隐性资源,教师如果能够利用合理这些资源,制定适宜的教案,选择恰当的教学方法,定能使学生的社会责任感得到不断提升。

(2)课外活动是社会责任感培养的有效途径

丰富多彩的生物课外活动不但可以弥补课堂教学的不足,而且还能加强社会责任感的教育。教师要充分利用主题班会、课外兴趣小组、校本课程、节日、学生社团活动等多种载体,开展社会责任感教育活动,让学生在活动中思考和感悟。

(3)社会实践活动是社会责任感培养的关键环节

社会实践活动除了可以拓宽学生的视野,还有助于增强高中生对责任意识的认识,提高他们履行责任行为的自觉性,是社会责任感培养的关键环节。因而,教师要选择合适的途径,采取多层次、多渠道、多路径的社会责任活动方式,广泛开展社会实践活动,让学生在社会实践活动中把外在的要求转化为个体内心的自觉要求,形成社会责任感。

(三)高中生物教学中社会责任感培养的实践案例

1. 课堂教学实践案例

生物学科核心素养中已经明确提出,要培养学生的社会责任感,要通过生物课增强学生对自己、对家庭、对他人、对集体、对社会和对自然的责任感,促进学生形成正确的世界观和价值观。笔者在所授教材生物必修三中发现,生命活动的调节、生态系统的稳定与生态环境等章节都是对学生进行社会责任感教育的良好素材。案例展示如下。

案例:"保护我们共同的家园"教学设计

【教学目标】

1. 知识与技能。

概述全球性生态环境问题;概述保护生物多样性的意义和措施。

2. 过程与方法。

进行资料搜集,了解我国利用生物技术保护生物多样性的进展。

3. 情感态度和价值观。

通过关注全球性生态环境恶化带来的危害,了解保护生物多样性的意义,形成环境保护需要从我做起的意识。

【教学重点和难点】

概述保护生物多样性的意义和措施;形成环境保护需要从我做起的意识。

【教学方法】

探究法、活动法、讲述法。

【课时安排】

2课时。

【教学过程】

1. 布置学生分头查找以下方面的资料:温室效应与全球变暖、臭氧层破坏、海洋污染、土地荒漠化、水资源短缺、酸雨。

学生查找资料,分析生态环境问题产生的原因。

2. 小品分工和辅导。

学生准备小品。

(教学意图:为课堂教学开发资源。)

一、导入新课

1. 提出假设问题让学生选择：如果我们班所有人坐上一艘小船去体验大海之旅，年久失修的小船突然漏水，就要沉没，大海茫茫，没有可以停靠的港湾，危险万分。你会怎么做？

　　A. 坐视不理，任由小船沉没；　　　　B. 共同努力，挽救小船。

学生倾听问题并做出选择。

2. 展示茫茫宇宙中的地球图片，并提出问题：由于生态环境遭到破坏，地球就像是一条"年久失修的小船"。地球这条"年久失修的小船"究竟出了什么生态问题？我们应该如何去保护它呢？

学生听导言，引起对生态环境存在问题的重视，主动了解全球性生态环境问题。

（教学意图：通过问题创设情境，使学生带着一种使命感去关注全球性生态环境问题。）

二、关注全球性生态环境问题

组织学生阅读教材有关内容，列举全球性生态环境问题。

展示全球性生态环境问题的资料和图片，提出下列问题请学生回答，并请部分学生分享找到的资料作为补充（注意：控制好时间，尤其是分享资料，可以将学生查找到的资料进行预选，并将资料以合适媒体进行展示）。

1. 造成气候变化的原因有哪些？有哪些例子可以证明气候发生了变化？如何防止气候继续变化？

2. 造成水资源短缺的原因是什么？应采取什么措施？

3. 臭氧层破坏的原因是什么？有什么危害？应怎样保护臭氧层？

4. 形成酸雨的原因是什么？酸雨会造成什么危害？该怎样治理？

5. 土地荒漠化形成的原因是什么？如何防治？

6. 海洋污染的污染源是什么？海洋污染造成什么危害？

学生阅读教材第123～124页有关内容并分析教材第124页图6-6，列举全球性生态环境问题:气候变化、水资源短缺、臭氧层破坏、酸雨、土地荒漠化、海洋污染和生物多样性破坏。部分同学发言,分享查找的资料;师生共同解决有关问题。

(教学意图:通过阅读资料、教师介绍、资料分享,让学生了解全球存在的主要生态环境问题。)

三、组织学生表演小品

部分同学表演小品,其他同学欣赏并思考其中的寓意。

小品一:一个游牧的老牧民看到原来肥美的草原一点一点被风沙吞食,他的牲畜无草可吃,面临着饿死的危险。这时,走过来一个以采发菜为生的人……

小品二:他是一名皮肤病专科医生。来求医的人越来越多,他根本忙不过来。今天,他又多了一位病人……

小品三:他是一位缺水地区的水源探测工作者,在最近的探测和挖井中都没有找到水源。缺水使他有这份工作,缺水又可能使他失去这份工作……

小品四:他过去靠海水养殖赚了很多钱,但最近海水污染造成的赤潮使他损失极大,濒临破产……

小品五:一位偷猎者和一位偷伐者在互相诉说他们的"不幸":原本他们的家乡山美水美,森林茂密,物种丰富,现在却荒山秃岭,水土流失,连年干旱,他们只能流浪他乡……

小品六:一个勤劳护林者和一个曾专靠偷伐树木为生者面对树林一片片死亡,都很无奈。看来他们都要"下岗"了……

(教学意图:通过设计贴近现实生活的角色扮演活动,把环境问题与学生的利益和日常行为密切结合起来,使学生深刻认识到保护环境需从自身做起。)

四、结论

思考和讨论教材第128页基础题2,认识到全球合作保护环境的重要性。

教师总结:地球孕育了所有的生灵,也孕育了人类这样高智能的动物。然而也正是由于人口的增长和人类只知索取不知保护,地球伤痕累累,自然环境越来越恶劣,自然灾害越来越多。人类如果再不保护地球环境,最终将吃下自己酿造的苦果,受伤害的将是人类自己。我们只有一个地球,保护环境需要从我做起。

(教学意图:使学生具备全球意识,产生保护环境的使命感。)

本教案运用了一个有趣的比喻,把地球比喻成一条由于生态环境破坏而产生很多问题的"小船"。教学中精心设计一系列生动的、贴近现实的小品表演等活动,使学生意识到生态环境问题与自身密切相关,加深学生对环境问题的认识,并自觉形成保护环境要从我做起的环保意识,从而有效培养学生对大自然的责任感。

2. 课外活动实践案例

(1)生物兴趣小组

笔者在授课班级成立了生物兴趣小组。作为课外活动小组,它不仅丰富了学生的知识,而且能增强学生学习生物的兴趣。更重要的是,课外活动能培养学生的动手能力、合作交流能力等,使学生在活动中践行社会责任。

在教师节来临之际,生物兴趣小组的学生上网查阅相关资料,动手制作了水培绿萝。在教师节当天,学生把自己用爱心培育的绿萝送到教师的办公室,告诉教师常观绿色对眼睛有好处,可以减轻视觉的疲劳感,并且还能增加办公室的湿度,对身体也有益处。

(2)校本课程

期中考试后,笔者带领学生走出课堂,在室外上了一节活动课。依据本校的校本课程内容,主要让学生认识校园里的植物。学生热情高涨,积极参与,取得了良好的教学效果。教案展示如下。

案例:"认识校园植物"教学设计

【教学目标】

1. 知识目标。

识别校园常见植物,描述其外部形态、功能以及它们的生活环境,并学会给植物分类。

2.能力目标。

培养学生的学习能力、探究能力、观察能力、语言表达能力等。

3.情感性目标。

体验探索自然奥秘,养成实事求是的科学态度;形成热爱校园、热爱植物、保护大自然的意识;养成分工合作、与人交流的习惯,形成集体主义观念。

【课时安排】

2课时。

【课前准备】

教师准备:预先进行周密考察,对学校内植物的种类、数量、生活环境和用途等进行清楚的了解。

学生准备:

1.提前预习课本内容,组成小组,每组5人,实施组长负责制,组员分工(记录员2名、观察员2名、汇报员1名)。

2.纸、笔、放大镜等。

3.学生上课前在操场集合。

【第一课时】

一、布置学习任务(10分钟)

1.介绍教学课题、教学目标、教学重点。

2.说明本课题学习2课时。

3.介绍探究内容。

4.请学生观察8种植物的图片,为实际观察奠定基础。8种植物分别是女贞、雪松、玉兰、海桐、冬青、月季、紫荆、银杏。

5.组员分工。

小组长(1名):合理分配任务、组织观察讨论、检查任务完成情况。

发言人(1~2名):代表小组在全班交流。声音要洪亮,表达要清晰、有条理。

记录员(1名):将小组成员讨论的结果准确记录下来。

资料员(若干名):家里有电脑的学生,负责查阅相关资料。

6.教师提出问题。

要想圆满完成观察植物的任务,每一组应该怎样去做呢?在同学们讨论的基础上教师总结如下:

(1)组长要认真负责地组织好本组的观察活动。

(2)组员要听从组长指挥,遵守纪律,不要大声喧哗。

(3)记录员要带笔和笔记本,观察记录要认真细致,组员之间要积极交流。

(4)上网查找植物的应用价值。

(5)观察时,各组要交叉进行观察,不要扎堆,以免挤在一起,影响观察效果。

7.根据导学案的成绩和各组的汇报情况,评出优胜组和优秀组员。

二、分组探究活动(20分钟)

学生分组在校园内观察8种植物的果实,除了思考教师提出的问题外,还可记录观察中自己产生的疑问(表5-1)。教师全程跟随学生的观察活动,并解答疑问。

表5-1 8种植物的特征表格

植物	数量	主要特征	生活习性	应用价值	得分
女贞					
雪松					
玉兰					
银杏					
海桐					
冬青					
紫荆					
月季					

三、动手活动

1.用彩笔绘制8种植物(每组自选一种植物)。

【第二课时】

一、汇报交流(28分钟,学生汇报25分钟,教师总结3分钟)

1. 汇报内容。

(1)8种植物的发现地点。

(2)8种植物的形态特征、生态习性、应用价值。

(3)在观察活动中,你们组提出了哪些问题,发现了哪些现象?

(4)展示各组的绘画作品。

2. 汇报要求。

(1)每组抽签决定回答问题的顺序。在回答问题之前,小组成员对问题进行共同讨论,达成共识,并推荐一名发言人。

(2)每组发言人按问题的顺序汇报本组观察、调查、讨论的结果,并展示绘画作品(哪个组有作品哪个组加分,一幅作品加1分)。

3. 教师根据学生的汇报情况进行全面总结。

二、猜植物谜语(3分钟)

1. 金格橱,银格橱,格格橱里放珍珠(石榴)。

2. 一个婆婆园中站,身上挂满小鸡蛋;又有红来又有绿,既好吃来又好看(棕榈树)。

3. 皮肉粗糙手拿针,悬崖绝壁扎下根;一年四季永长青,昂首挺立斗风云(松树)。

三、推选校花校树(4分钟)

1. 你推选什么植物的花作为校花?请说明理由。

2. 你推选什么树作为校树?请说明理由。

3. 以班为单位,由各班课代表负责投票选举,然后进行整个年级票数的统计,票数最多的花和树分别作为校花和校树。

四、教学评价(5分钟)

各组在组长的组织下进行自我评价和组员评价,并将评价结果填写在导学案中。上交导学案，教师批改后根据综合评价选出优胜组和优秀个人。

3. 社会实践活动案例

为了将社会责任感培养落到实处，笔者结合学生问卷以及教师问卷的结果，发现社会实践活动是学生喜欢的教育方式，教师认为这是一种切实可行的方法。因此，笔者在重阳节当天组织学生开展"走进敬老院"的社会实践活动，让学生为老人办实事，向老人献爱心。在前期的准备过程中，大家都兴趣浓厚，热情高涨。学生通过上网、访问等途径了解了老年人群体中几种常见疾病的病因、症状、预防与治疗方法，并将结果汇总撰写成稿，准备为老人举办爱心知识宣讲。在这期间，生物兴趣小组的学生还利用国庆假期的空闲时间上网查询资料，制作了树叶标本，准备送给老人留作纪念。

在重阳节当天去敬老院看望老人的时候，学生先是进行了爱心知识宣讲，然后帮老人打扫卫生，最后给老人送礼物。爱心知识宣讲得到了老人的一致喜欢，他们说只有了解了这些疾病，平时的生活中才能更好地进行预防和治疗。打扫卫生的时候，学生分为两组，一组帮老人扫地、拖地、擦窗户、整理房间，另外一组留下来陪老人聊天，给老人捶背，为老人表演节目。送礼物的时候，他们主动把自己亲手制作的树叶标本送给了老人，看到老人开心的笑容，学生也很激动。学生的举动让笔者和在场的班主任都感动不已，小小的礼物传递的是孩子们满满的爱。

"赠人玫瑰，手留余香。"在温暖他人的时候，学生也收获到了快乐，看到了这个世界善良、美好的一面，责任感已经在学生的心底植根发芽。此活动方案如下。

案例：重阳节"走进敬老院"活动方案

老吾老及人之老。关注今天的老人，也是关爱明天的自己。老年是我们每个人都会经历的阶段。然而这个曾为社会和家庭做出巨大付出的群体，经常被我们所遗忘。每个人都会老，每个老人都应该得到温暖、受到关爱。

【活动背景】

敬老院有几十位孤寡老人。这里吃住布局合理,管理科学规范,是老人安度晚年的家园。尊老敬老是中华民族的传统美德,也是我们中华儿女的责任。由此,笔者组织学生走进敬老院,开展为老人办实事、向老人献爱心的社会实践活动,让孩子们用自己的智慧和能力去帮助老人,用实际行动去体验爱心、感受亲情,用真情将爱传递。

【活动目的】

1. 弘扬中华民族孝敬老人的传统美德,增强学生尊老、爱老、敬老、助老的意识,增强对家庭和社会的责任感;让学生明白关爱他人、尊敬老人是我们每一个人的责任和义务。

2. 培养学生爱思考、爱探究的兴趣和习惯,学会因人而异,恰到好处地帮助别人。

3. 培养学生动手实践的能力和与人合作的能力,亲身体验自己设计制作和动手操作的乐趣。

4. 培养学生的交际能力,学会设计谈话内容,学会与人沟通交流。

【活动时间】

1. 准备阶段

2016年9月28日~2016年10月7日。

2. 活动时间

2016年10月9日。

【活动地点】

敬老院。

【活动人员】

高二年级三班全体志愿者(分为6组,每组1名组长,5名组员)。

【活动准备】

1. 与敬老院取得联系,了解具体情况(人数、房间数、爱好)。

2. 器材(照相机、摄像机)。

3. 向学生讲述活动的安排以及注意事项。

4. 分配任务,收集几种常见疾病的资料。

5. 生物兴趣小组的学生制作树叶标本。

6. 安排劳动工具的携带。

7. 准备与老人互动的内容(游戏、谈话等)。

【活动过程】

1. 爱心知识讲座(分3组进行)。

2. 所有学生分成2组,一组打扫卫生,一组负责照顾老人。

3. 会朗读的学生专门负责给老人读报或聊天,会下棋的同学负责陪老人下棋。

4. 给各自负责的老人洗水果、剥香蕉。

5. 为老人端茶倒水。

6. 陪老人时表演即兴小节目,如讲笑话、跳舞、唱歌等。

7. 为老人(尤其是行动不便的老人)做一些小事,如帮老人按摩、梳头、剪指甲等,在点滴细节上关怀老人,给老人带去温暖。

8. 给老人送礼物。

9. 全部活动结束后,集体拍照合影留念,与老人告别,返回。

【活动程序】

时间:2016年10月9日中午。

1. 12:30～12:40 教学楼门口集合。

2. 12:40～12:50 到达敬老院。

3. 12:50～13:00 组织安排老人就坐。

4. 13:00～13:30 爱心知识讲座。

5. 13:30～13:50 分组活动,交叉进行。

6. 13:50～14:10 送礼物,合影留念。

7. 14:10～14:20 学生返校。

高中生的社会责任感培养要遵循学生的心理发展特点和认知规律，最好根据学生的认知程度设定不同的目标，进行阶段式、递进式的培养。另外，教师也可根据教材内容对学生进行递进式的培养，让学生的社会责任感得到慢慢积累，使其内心的责任意识被激发，外化为责任行为。因此，在实际教学中，应该以课堂渗透为主，课外活动和社会实践活动为辅，交互穿插着进行。

9月份有许多重要的节日，如教师节、世界清洁地球日、国际臭氧层保护日、全国爱牙日、国际和平日、世界心脏日。针对这些节日，教师可以根据实际条件设定主题活动，如教师节可以对学生进行尊师教育；全国爱牙日可以利用学校宣传橱窗张贴口腔健康教育宣传图或者手抄报，对学生进行正确刷牙以及养成良好饮食习惯的教育，还可以利用广播站向全校播放爱牙知识，鼓励学生向家人朋友宣传口腔健康知识等；在世界心脏日，学生可以查阅有关资料，或在学校进行宣讲活动，或走上街头为大家科普心脏健康知识，等等。

总之，教师要将课堂情感渗透与课外活动、社会实践活动相结合，培养学生对自己、对他人、对集体、对社会、对大自然的责任。

第四节 乡土教育

时代的发展赋予了爱国主义更加深刻的内涵。教师除了利用教材中的知识对学生进行爱国主义教育,还要联系本地实际和时代发展对学生进行乡土教育,激发学生热爱家乡的感情。

在新一轮基础教育课程改革和新的高考体制的双向驱动下,教师应重视对教材以外的课程资源的开发利用,并将其合理地纳入生物教学研究中。当下,乡土生物课程资源在初中教育阶段的生物教学中受到重视,也逐渐被开发利用,但在高中生物教学中却相对较少。在本节中,笔者立足皖南农村地区实际,谈一谈如何开发生物课程资源,借此对学生进行乡土教育。

一、课程资源及其基本理论

(一)课程资源

"资源"一词在《现代汉语词典》中表述为"生产资料和生活资料的自然来源"。其现在的内涵已拓展到很多领域,出现了许多与资源有关的术语,如人力资源、社会资源、教育资源、技术资源。课程资源属于教育资源,教育资源是指占用、使用以及在教育教学过程中消耗的人力、物力、财力等的总和。国内外教育专家提出了较多的关于课程资源的定义,大体可分为广义和狭义两种。广义的课程资源指有助于达成课程目标的各种要素,狭义的课程资源仅指形成课程的直接因素来源。国内专家范兆雄指出:"课程资源是指供给课程活动、满足活动需要的一切。它主要包括构成课程目标、课程内容和课程活动进行的设备和材料。"钟启泉等认为:"教材不是唯一的课程资源,教师是最重要的课程资源。课程资源的开发利用必须纳入课程改革计划中,并且课程政策必须给予相应的保证和支持。"

(二)高中生物课程资源

1.高中生物课程资源的内涵

高中生物课程资源是有利于实现高中生物课程目标的所有因素,除各学科通用的课程资源——生物教科书、生物教师等以外,还包括生物实验室及相应仪器设备、生物教学软件、生物类图书及报刊、生物学教学挂图、投影片、音像资料等。此外,校园网上的有关信息以及校园中的生物也是学校的课程资源。

对高中生物课程资源的错误认识不但直接制约了开发、利用的程度和质量,而且也直接影响着高中生物课程的正常教学。实际上,只有进入高中生物课程、能为高中生物课程服务的资源,才是现实的高中生物课程资源。本书中的高中生物教学课程资源,是指课程设计、实施和评价等整个高中生物教学过程中可以利用的人力、物力及自然资源的总和,包括教材、教师、学生、家长以及学校、家庭和社区中所有利于实现高中生物课程目标的各种资源。对生物学科而言,课程资源十分丰富。

2.高中生物课程资源的类型

为了更好地开发和应用农村地区的高中生物教学课程资源,需要认识并且了解高中生物教学课程资源,我国的专家学者按照不同的标准将其划分为不同的类型。

(1)显性课程资源和隐性课程资源

根据存在方式,高中生物课程资源可以分为显性课程资源和隐性课程资源。其中,显性课程资源是以实体形式存在的、能直接用于教学的课程资源,如教科书、网络;隐性课程资源是潜移默化对高中生物教学产生影响的因素,如学风、师生关系。

(2)天然课程资源和人为课程资源

根据产生和来源,高中生物课程资源可以分为天然课程资源和人为课程资源。天然课程资源是指在自然界存在的课程资源,如自然环境、动物、植物;人为课程资源是指人类创造的课程资源,如实验室、教学用品、养殖场、农田。

(3)素材性课程资源和条件性课程资源

根据功能特点,高中生物课程资源可以分为素材性课程资源和条件性课程资源。素材性资源作用于课程,并且能够成为课程的素材或来源,是学生需要学习、关注的对象,是课程的要素,如知识、技能、经验、活动方式与方法、情感态度和价值观以及培养目标等方面的因素。条件性课程资源作用于课程却并不形成课程本身的直接来源,但它在很大程度上决定着课程的实施范围和水平,是保障课程实施的必要的物质经济条件,如直接决定课程实施范围和水平的人力、物力、财力、时间、场地、媒介、设备、设施和环境,以及对于课程的认识状况等因素。把课程资源划分为素材性资源和条件性资源是为了说明问题的方便,两者并没有截然的界线。现实中的许多课程资源往往既包含着课程的素材,也包含着课程的条件,如图书馆、博物馆、实验室、互联网、人力和环境等资源。

(4)校内课程资源和校外课程资源

根据空间分布,高中生物课程资源可以分为校内课程资源和校外课程资源。校内课程资源是学校范围内的课程资源。凡是学校范围之内的课程资源,都是校内课程资源,如高中生物教材、高中生物教师、学生、教学设备、校园绿化等各种软硬件环境。由于这类课程资源在存在的空间上接近学生的学习环境,所以这类课程资源开发利用程度较高。校外课程资源是存在于学校外部的课程资源,如家庭资源、社会资源、自然资源。校外课程资源往往因为与学生学习环境较远等原因,开发利用程度较低,特别是以前学生被局限于教科书,造成丰富多彩的校外课程资源闲置和极度浪费,这是大有潜力开发与应用的课程资源。

(三)乡土生物课程资源

1. 乡土生物课程资源的内涵

"乡"取自于古字"飨",原意是用酒食款待人。现"乡"是指以行政区域来划分的人们居住的乡镇、县市区等区域的统称,有人长期居住的处所或地方之意。"土"在汉语字典中偏重为地的意思,是人们生活的根据地。"乡土"一词最早取于先秦文献《列子·天瑞》:"有人离乡土,去六亲。"这里的"乡土"指故乡和家乡。北京大学的王恩涌从生命诞生的角度来理解乡土,他在《人文地理概论》中提到:"乡土应该是一个动态变化的领域,一个人肉眼能看到的乡土为最小的区域。"吴清明曾这样概括:"乡土是以自我为圆心,以情感为半径,画一片有家有生活的土地。生活中有人有事,土地上有景有物,交织成绵延不绝的历史和文化。"本节生物课程资源中的乡土,是指学生生长、居住、与自己发生强烈情感和内化认同的地方,涵盖该区域内所有的自然、社会、人文文化背景,对学生有着高度影响的思想意识、使命感。

2. 乡土生物课程资源的特点

乡土生物课程资源具有显著的地域差异。不同的区域有着不同的地理环境、气候条件,环境影响植物的分布进而影响区域内的物种多样性。纵然是同一大环境下,农村和城市的动植物分布仍然具有差异。

(四)农村高中生物课程资源的结构体系的特点

以往农村高中生物唯一的课程资源就是教材,结构极为单一。新型的农村高中生物课程资源应该是具有农村特色的教育思想资源、教育知识资源、教育人力资源、教育物力资源的资源体系。

1. 教育思想资源的特点

从理论上分析,笔者认为,第一,邓小平的教育思想是马克思主义教育思想在中国的具体化,对于目前的课程改革与农村教育有着重要的指导意义,在具体操作上要特别注意用改革的思维处理农村教育发展中的问题。第二,伟大的人民教育家陶行知一辈子进行教育的实践活动与理论研究,积累了丰富的经验,形成了较为先进的教育思想。他的教育思想对于目前的农村高中生物资源的开发仍然具有重要的现实意义和实践指导意义。总而言之,在邓小平教育思想和陶行知教育思想指导下,教师要进行详细的调查研究,搞清楚本地农村自然资源的特点和高中生物学教学的基本要求,敞开校门,让学生接触、了解、适应自然和社会,培养学生多方面的技能,切实体现农村教育的特色,多层次、多渠道、多形式地开发和利用课程资源。

2. 教育知识资源的特点

知识资源是人类社会各类知识的总称,其是开发人力资源、自然资源和社会其他资源的智力源泉。知识资源是有关教育的文化、信息、学科与专业等普遍意义上的资源,作为一个整体作用于教育发展的未来。其中,文化、信息等知识是一种特殊的精神文化资源,不会随着频繁使用而损耗消减,越是开发利用,越是繁荣昌盛、永不枯竭。农村中存在着广泛的生物教育知识资源,这是千百年来积淀的生产、种植、养殖经验,急需开发,提升其潜在的价值。教育知识资源的特点是来自自然资源,是人类社会千百年来智慧和经验的结晶。它没有稳定的物质形态,需要借助不同的媒介才得以展现,所以要深入挖掘其深厚的内涵。当然,这需要进行人力、物力和智力投资,与社会经济文化的发展状况有密切关系。

3. 教育人力资源的特点

课程实施中的教育人力资源是指从事课程活动的具有脑力劳动与体力劳动能力的各类人员的总和。教育人力资源是课程资源中最基本的资源,它关系到课程资源开发的方向、层次、质量和效果等根本性问题。农村高中生物课程实施中的教育人力资源包括校内人力资源,主要包括校长、高中生物教师、学生等。校长是农村学校文化的引领者,课堂教学的研究者、指导者,资源开发的组织者、协调者,是教育人力资源中举足轻重的关键人物。作为一校之长,校长应该心系农村、情系农村,全力引领教师、学生、家长等改变当地的教育局面。农村高中生物教师是资源的转化者,学生学习的引导者、促进者,课程资源的开发者、设计者。作为一线人员,教师应该积极配合校长,积极参与新一轮基础教育课程改革,发挥自己的特长。学生是自主的学习者、建构者,课程资源的生成者,家庭与学校的中介者。农村学生几乎都有改变自己家乡的愿望,只有在校长和老师的教育和教导下,通过自身的努力,发掘和利用好各种教育资源,才能让梦想变成现实。校外人力资源主要包括高中学生家长、各级教研员、课程专家和学科专家等。家长是隐性的助学者、课程改革的支援者、学校与社会的联络员。教研员是课程与教学理论的研究者、教师专业自主化发展的促进者、个性化课程的催生者。课程专家和学科专家是理论的先导者、认识的界定者、实践的提升者、系统的培训者。

4. 教育物力资源的特点

教育物力资源是指以实物形态存在的教育资源,主要由财力资源转化积累而来,是教育活动及自身发展的物质基础。它可以是自然形成的,也可以是人为投资的物化产品。农村教育物力资源有着丰富性、实在性和潜在行等特点。农村中教育物力资源有池塘、果园、畜牧养殖基地、蔬菜生产基地以及丰富的森林资源和矿产资源等。例如,皖南农村地区的水源比较多,发展渔业是一项带动经济发展的好办法,蕴藏着丰富的教育物力资源。当地农民的耕作技术、养殖技术、嫁接技术、种植技术等也是丰富的生物课程资源,需要高中生物教师带领学生积极探讨其基本原理。当然,农村教育物力资源在现代化方面还有所欠缺。政府应该适时加大教育投入,切实改善农村办学条件,尤其是实验室、图书馆等硬件设备,确保农村的教育物力资源能够跟上教育现代化建设的步伐,早日在农村完美地实现新课程改革。

(五)皖南农村地区高中生物课程资源的特点

生物学是一门研究生命活动及其规律的自然科学,研究的对象是自然界中的生物。同其他课程资源相比,生物课程资源有着自身的特点,农村高中生物课程资源更显独特。

1. 地方性

我国的地域广阔,东南西北所拥有的动植物资源不尽相同,因而高中生物资源各地差异很大。广大的皖南农村地区有许多国家级和省级自然保护区。目前,多数自然保护区被开发成为旅游景点,交通、道路设施比较完善,有利于开发高中生物课程资源。例如,安徽省铜陵市淡水豚国家级自然保护区已被评定为"国家级旅游区""铜陵市青少年科普教育基地""安徽省青少年环境教育基地",是高中学生接受生物学知识、教育的最佳去处。安徽省的石台县牯牛降国家级自然保护区、东至的升金湖国家级自然保护区和宣城市的扬子鳄国家级自然保护区，森林、湿地生态环境保存得较好且资源丰富，是生物物种及遗传多样性的宝库。这些野生动植物栖息地有利于学生了解自然与生态环境保护的有关知识。

以上这些地区周围的农村高中生物教师应该充分利用地方性的自然瑰宝，不仅让学生感受到大自然的美，而且让学生从中学习生物知识，增强对人类与自然和谐相处的理解。高中生物教师应从实际出发，积极考察当地的生物资源和自然资源，尽可能就地取材，紧密围绕普通高中生物课程改革标准，认真做好地方性高中生物资源的开发工作，努力开发出符合当地实际情况的、充满生机的高中生物资源。

2. 丰富性

我国农村的自然环境大不相同，各地动植物的种类、数量都不相同。农村学校在这方面更具优势，田间地头、树林、灌丛、草地、池塘、河流等都为学生学习生物学提供了丰富的自然资源。农村地区的课程资源具有丰富性的特点。例如，安徽省石台牯牛降国家级自然保护区是安徽第一个以森林生态类型为主的国家级综合性自然保护区，区内蕴藏着极其丰富的动植物资源，其中有鹅掌楸、银杏、樟树、黄山松等国家重点保护的野生植物，云豹、金钱豹、梅花鹿、黑鹿、黄山短尾猴、鸳鸯、穿山甲等国家重点保护野生动物。景区内森林覆盖率达到97%以上，被科学家誉为"华东物种基因库""天然的森林浴场"。由于植被保持良好，水资源丰富，峡谷溪流长年不断，景区有"皖南九寨沟"之称。其周围的中学应该积极开发保护区丰富的自然资源，为高中生物学教学服务。

3. 潜在性

各地农村学校的性质、规模、位置、传统特色以及教师素质和办学水平不同，可供开发的高中生物课程资源就不同。教师只有慧眼识珠，才能挖掘课程资源的多种利用价值。选择哪些资源作为课程设计的基础和依据本身，也反映了设计者一定的价值倾向。例如，鹅掌楸又叫马褂木，是国家级重点保护野生植物，是极佳的园林绿化树种,同时也是制浆造纸、胶合板和其他工业用材的优良树种,树苗供不应求,也就是说,其潜在的生物学价值很大。而鹅掌楸在皖南农村地区分布比较广泛,当地的高中生物教师应该在教学中带领学生开发其扦插、种子实生苗培育等探究,积极充分挖掘和利用鹅掌楸的潜在生物学价值,让学生深刻地理解和保护鹅掌楸的重要意义。另外,"活化石"银杏、"摇钱树"山核桃等的潜在价值也很高,值得高中生物教师去发掘。当然,只有高素质的教师才能独具慧眼,使高中生物课程资源的价值得以充分发挥、显现,以利于学生进行实践活动。高中生物教师要善于挖掘生态环境资源,发挥课程资源潜力,积极组织学生参与学习、讨论、调查和探究活动,提高其各方面的能力。

二、皖南农村地区高中生物课程资源开发的实践

(一)皖南农村地区高中生物课程资源开发分析

1. 皖南农村地区的位置特点

皖南地区是指除安徽省长江以南的城市,包括芜湖、宣城、马鞍山、铜陵、池州、黄山六市。皖南地区有黄山山脉,有白际山脉,有齐云山丹霞地貌,有祁门的五龙山脉,有地势高耸的"宣徽之脊"等。

2. 皖南农村地区野生动植物资源特点

皖南农村地区野生生物资源很丰富,有珍稀野生动物30多种,其中列为国家一级重点保护野生动物的有扬子鳄、梅花鹿、金钱豹、云豹、黑麂、白鹤、丹顶鹤、白鹳等。境内有牯牛降、升金湖、清凉峰等自然保护区。金钱松、香果树等属国家重点保护野生植物。

3. 皖南农村地区人工动植物资源特点

皖南农村地区的人工养殖的动物和人工栽培的植物也很丰富。已被列入《国家级畜禽遗传资源保护名录》的中华蜜蜂在皖南山区形成了地方品种——皖南中蜂。青阳县皖南土鸡的品种资源,也被保护和开发利用。茶叶、毛竹、板栗、蜜枣、山核桃等广泛栽培,中药材种类繁多,有丹皮、宣木瓜、吴茱萸、宁前胡、宁贝母等。

由上可知，物华天宝的皖南农村地区有着得天独厚的自然资源，除了丰富的山、水、林及生物等资源外，农村地区还潜藏着丰富的生物课程资源，有池塘、果园、养鸡场、蔬菜地、水库等。农民的种植技术、养殖技术等也是丰富的生物课程资源。高中生物教师应当成为这些资源的开发者和利用者，充分挖掘现有的资源，引导并帮助学生走出教科书，学会学习和探索，努力积累生物知识，为将来打下坚实的基础。

(二)农村高中生物课程资源的开发原则

皖南农村地区高中生物课程资源的开发与利用不能随意而行，需要按照一定的原则来规范进行。根据课程资源的特点和类型，笔者认为，课程资源的开发与利用应遵循如下四条原则。

1.因地制宜、以人为本的原则

所有课程资源的开发都要把人力资源的开发放在首位。人力资源是课程实施中最基本的资源，是其他资源得以发挥作用的媒介和载体。要充分调动广大生物教师、学生、实验员及其他有关工作人员的主动性和积极性，充分挖掘人力资源的潜力，在开发中要始终以满足学生的发展需要为中心。

教师本身是一种重要的课程资源，作为内生性资源的主体，从根本上决定了课程资源的识别范围、开发和利用的程度及效益水平。教师能够创造出比自身价值更大的课程资源，担当着不可替代的角色。新一轮基础教育课程改革要求教师积极参与课程资源的开发与利用，成为课程研究者、课程工作者、资源人，而不是一个简单的教书匠。这就需要教师在一定的范围和要求内加工教材、改变教材，将身边的高中生物资源充分利用，以辅助教学。高中生物教师应加强理论学习，进一步提高对课程资源的认识和了解，灵活自如地结合调查研究、案例分析、专题研讨、实践探索等多种开发高中生物资源的方式，认真总结前人的宝贵经验和找出规律，摸索快捷、高效的开发利用模式与方法，多角度、多功能、多层次、多方位地开发。这就使得高中生物教师慢慢具备鉴别、选择、应用、改造和开发各种类型课程资源的能力，使课程资源的开发与利用成为一种可能。教师是课程资源的开发与利用的主体之一，不再仅仅是课程资源的消费者和被动的实施者,在某种程度上已经成为课程资源的生产者和主动的设计者,是课程资源的创造者和主体。在这一过程中,教师应该围绕学生的学习,帮助和指导学生走出教科书,走出课堂和学校,充分利用校外各种宝贵资源,掌握科学的学习方法。

学生是教育的对象,如果失去了学生这个对象,教育也就失去了根本。因此,学生不仅仅是教育的对象,更是教育最重要的资源,没有学生也就没有教育。在现代信息技术高度发展的今天,学生既是课程资源,又是课程资源的开发者。学生的经验是不可或缺的课程资源开发的关键主体,是进行教学的起点。教师应调动学生的学习积极性,发挥其主体能动性,从学生的学习、生活实际出发,利用与之相适应的资源,使学生得到最大限度的个性发展。开发课程资源的过程就是学生学习与发展的过程,而且这种学习过程还可以影响到其他学生的学习过程。

综上所述,课程资源的开发和利用对于转变课程功能和学习方式具有重要意义。它既可以超越狭隘片面的教育内容,让师生的生活和经验进入教学过程,让教学"活"起来,又可以改变学生在教学中的地位,让学生由被动的知识接受者转变成为知识的共同建构者,从而激发学生的学习积极性和主动性。同时,课程资源的开发和利用还可以开阔教师的教育视野,转变教师的教育观念,更好地激发教师的创造性思维和智慧,巧妙灵活地把当地丰富的课程资源融入高中生物学教学。当然,课程实施中的人力资源还有很多,主要是指从事课程活动的具有脑力劳动与体力劳动能力的各类人员的总和,这里不再详叙。

2. 围绕教材、合理开发的原则

过去所使用的教材是单一版本的,而且教材的内容在十几年的时间里一直没有发生太大的变化。新一轮基础教育课程改革之后,生物教材从编写体例到内容都发生了很大的变化,非常重视学生的探究性学习能力的培养。而且全国各地编写了多种多样的生物教材。这些教材是教育、教学专家及一线教师,进行了多番、充分的论证之后编写的,严格遵循我国普通高中生物新课程标准,能有效帮助学生提高生物学知识水平及应用水平。

高中生物教材是高中生物教学的主要依据。提倡开发利用课程资源并不意味着可以将高中生物教材束之高阁,它仍然是最重要的课程资源。现行高中生物新教材大量增加了科学技术与社会、生物与文学、科学家的故事等方面的内容,突出了生物教材的丰富性和趣味性。教学内容更加贴近学生、社会和生物科技发展,图文并茂,增加了可读性和生动性。新教材面向全体学生,提高学生生物学素养,倡导探究性学习的理念,为学生提供了许多亲身体验、动手实践、思考探究的活动,突出培养学生的动脑和动手能力,为高中生物教师活用教科书提供了基础。

所以,高中生物教师应分析和领会教材,吃透教材,适应教材。本地教师要按照教材中的内容进行探究活动,开展教育教学,熟悉教材编排体系。虽然会花费很多心思和时间,但这正是本地新课程资源开发和利用的起点。在紧密围绕教材的前提下,如果在教学过程中发现问题,为了能够更好、更快实现普通高中生物新课程标准规定的教学任务,教师可以和应该对有关内容进行合理调整和合理开发,例如改进或替换实验材料、改进或创新探究活动的方案、补足教材所需要的资料等。创造性地使用教材不仅可以高质量完成教学任务,还可以使教师的教学手段和技巧更加丰富,有利于新一轮基础教育课程改革的发展。

3. 结合实际、经济可行的原则

在开发高中生物课程资源前,教师一定要深刻了解自己及合作者、学生等的开发能力,量力而行,结合本地的实际情况加以开发,以免半途而废,留下遗憾。同时,还要考虑到开发出来的课程资源的可行性,以免造成资源开发上的浪费。

另外,在开发高中生物课程资源时还要考虑到经济可行原则。一指经费开支要节约,以最少的开支开发最大的资源,不能不计成本,避免得不偿失;二指教师和学生的精力不能过分投入,疲惫不堪,严重影响师生的正常教学、学习和生活秩序;三指尽可能结合本地实际,就地取材,不能舍近求远,如校内有的就不求诸于校外,本地有的就不求诸于外地,尽可能开发与利用对当前教育教学有现实意义的课程资源。

4. 实验资源优先针对的原则

生物学是一门以实验为基础的学科,许多结论的得出建立在实验的基础上,对实验过程的理解和掌握也是考试的一大考点,因此生物实验资源对生物教学起着至关重要的作用。生物实验资源也是生物课程资源的重要组成部分,积极开发生物实验资源是落实普通高中生物新课程标准的重要保证。正因为如此,教师应该有针对性地开发与利用与之相应的课程资源,在开发与利用实验资源中抓住时机,因势利导,创设实验问题情景,激发学生的参与意识,使学生有所发现、有所创造,培养学生的创新意识和创新精神。教师也能开发和积累更多、更新、更有效的生物实验教学资源,进一步保证开发与利用的优先针对性。

此外,在开发高中生物课程资源时,还应该注意开放性原则和个性原则,即以开放的心态对待人类创造的一切文明成果,尽可能开发与利用有益于教育教学活动的一切可能的课程资源。虽然课程资源多种多样,但是相对于不同的地域、学校和教师,可开发与利用的课程资源具有极大的差异性。因而不必强求一律,要一切从实际出发,发挥地域优势,扬长避短,取长补短,突出个性,让高中生物课程资源的开发与利用成为一项极具创造性、挑战性的实践活动。

(三)农村高中生物课程资源的开发的基本策略

课程资源开发与利用的策略,是指在一定课程思想指导下,为达成一定的课程目标而建立的一套关于如何开发和利用课程资源的理想意图和实施方案。根据《普通高中生物课程标准(实验)》的基本要求和皖南农村地区的生物课程资源的实际,笔者考虑到目前高中生物教师的教学负担重及课程资源开发利用的时间比较少,主要针对地区的特点、学校的特色、教师的特点、学生的现状等,来叙述皖南农村地区高中生物课程资源开发的基本策略。

1. 根据地区的特点开发课程资源

俗话讲,一方水土养一方人。皖南农村地区的地域特点、自然动植物资源、种养殖技术等,不论对学生还是教师来说都是很亲切和熟悉的。皖南农村地区的高中生物教师可以发动学生结合具体教学内容,走出教室,走向生物课程资源丰富的大自然。例如,虎耳草是皖南农村地区常见的草本植物,生命力强、分布范围广、具有一定的园艺观赏价值和医学价值,与高中生物教学及实验的联系非常紧密,所以笔者选择虎耳草作为探究的对象进行了一系列的探究:采集虎耳草,并比较野蛮拔取和带土移栽两种不同采集方式对虎耳草恢复生长的影响;观察虎耳草的形态特征,用无性繁殖方式培育虎耳草;观察并探究光线对虎耳草生长的影响;观察虎耳草的失水与吸水现象;观察虎耳草的下表皮叶肉细胞的质壁分离和复原现象;探究虎耳草在土壤浸出液、清水和蒸馏水中的生长状况;以及这些实验的进一步探究实验。开发本地区的高中生物资源会让学生受到熏陶并获得极大的收益,激发其热爱皖南农村地区、保护和建设好皖南农村地区的责任感和主人翁意识,从而为皖南农村地区的进一步发展努力奋斗。另外,教师还可以请有关农业专家、茶叶专家等来校做讲座等,这也是利用皖南农村地区的课程资源的重要方式。

2. 根据学校的特色开发课程资源

(1)皖南农村地区学校的特色

高中生物课程标准指出要充分利用学校的课程资源,它是首位的课程资源。除各学科通用的课程资源外,学校还应当设置足够的生物学实验室及相应仪器设备,配备生物学图书、报刊、教学挂图、投影片、音像资料和教学软件等。同时,学校的课程资源并不只是为教师准备的,其中不少资源应当用于学生的自主学习和主动探究。教师应当鼓励学生利用课余时间搜集资料,做探究性实验。有条件的学校可以建设生物园。生物园是学生探究和实践的最重要的资源之一,学生应当成为生物园的主人,参与生物园的建设和管理。皖南农村地区优越的气候条件与丰富的自然资源为广大高中生物教师创造性地开发利用自然资源提供了保证。皖南农村地区的校园资源可以开发成为有本地区特色的生态校园,校园环境开发为课程资源的优势有:提供实践和探究活动所需要的原材料;提供实践和探究活动的必需场所和条件等;为学生提供一个自然的学习环境,激发学生的学习兴趣;是对学生进行环境教育的重要场所。另外,在校园生物课程资源的开发中,应该遵循以下开发理念;兼顾学校美化和生物教学的需求因地制宜,充分利用空间合理规划,避免重复,符合教学实践的需要。

(2)结合学校的特色,积极主动地开发

皖南农村地区的校园如何开发成有本地区特色的生态校园呢?众所周知,学校是教师教学的场所,是学生学习和生活的主要场所,一般以教学楼、办公楼为主体,还留有大面积的体育活动场地。校园的绿化区域除了校门、道路和标志性建筑周围外,多是楼前、楼后或者边边角角的零散绿化地带。如果条件允许的话,可以在校园建设之初进行规划时,就要求生物教师参与设计,结合本校的自然环境、建筑特点和地方特色,设计成拥有乔木、灌木、池塘等具有生态系统多样性的校园环境。另外,还要注意阳生植物与阴生植物的搭配。池塘生态系统因为安全原因,应该以浅水为主,可放养小型鱼、蛙,还可适当种些水生高等植物,如莲、睡莲等,尽可能多地设计一些生态环境,给予学生更多的生物学环境和研究场所。因为要考虑建筑物里的采光,建筑物周围的绿化可以选择高大的落叶树种,如有本地地域特色的枫树、三角枫、鹅掌楸,沿墙壁种植攀缘植物如爬山虎;也可以栽落叶小乔木,以免冬天教室里过于阴暗。按照对阳光的需求,植物可以分为阴生植物与阳生植物。在建筑物南面应该以种植阳生植物为主,如枫树、三角枫、鹅掌楸、水杉、柳杉,北面应该以种植阴生植物为主,如桂花、樟树、棕树。在池塘边水分比较多,应该以柳树、水杨梅、枫杨、柳杉、水杉等耐潮湿的树种为主,干燥的地方以杨树、石楠等为主。这样的校园,会成为一个能为生物教学提供教学资源、用好生物学课改新教材的很好的场所。学习过程中以校园植物等作为例子来讲解,学生更能留下深刻的印象。例如,在讲"生态系统的垂直结构"时,只要以校园里的高大的乔木、低矮的灌木、贴地生长的花草为例进行说明,学生一听即领可会。

3. 根据教师特点开发课程资源

(1)皖南农村地区高中生物教师的特点

高中生物教师是一种特殊的课程资源,能创造出比自身价值更大的课程资源,能鉴别、开发和使用其他资源，使得其他课程资源的广泛开发与利用成为可能。目前，皖南农村地区的许多高中生物教师是正规的大学本科、专科毕业生，有着很深厚的知识底蕴和知识修养。教师在大学里经过专业培养和训练，经历过千辛万苦的野外实习，在实际工作岗位上呕心沥血了多年以后，本身就已经积累了丰富的高中生物课程资源。在提高对课程资源理论认识的基础上，教师可以成为高中生物资源的开发者和设计者。参照三级课程的实施政策，课程资源开发不再是学科专家和课程专家的"专利"，现在已经形成专家与学校、教师共同开发模式，教师也成为课程开发的主体之一。因此，皖南农村地区高中生物教师不仅仅是课程资源的消费者和被动的实施者，在某种程度上已成为课程资源的生产者和主动的设计者，是课程资源的创造者和主体。

(2)结合教师的特点，灵活巧妙地开发资源

积累了丰富经验的皖南农村地区高中生物教师，只要对资源进行一定的整合，加以灵活运用，就能够开发出比较现实、有意义和富于深厚内涵的生物课程资源。例如，在给观察洋葱鳞片叶的叶肉细胞质壁分离和复原现象实验时，如果教师能提前备好课，另外提供虎耳草，实验又可以成为观察虎耳草的下表皮叶肉细胞的质壁分离和复原现象。与前者进行对比，后者迅速扩大了学生的知识视野。还可以将此实验改造成探究实验，配制具有一定浓度的蔗糖溶液，来测定虎耳草叶肉细胞的细胞液浓度。一线教师如果具备这些能力，就能迅速将生物课程资源融入课堂，并转化为课程要素，从而快速提高生物学教学水平。新一轮基础教育课程改革下的高中生物课程资源的开发，更加致力于全面培养学生的生物学科学素养，强调教学过程是教师引导的探索过程。教师应该围绕学生的学习，引导、帮助学生走出教科书，充分利用各种生物资源，在较短的时间内学会学习和探索，形成良好的学习习惯，掌握科学的学习策略。

另外，教师可以收集学生反馈的教学信息。学生的困惑、落后、不足是教师下一步的挑战所在，学生的进步、荣誉、奖项是教师愉悦情感的来源。总之，新一轮基础教育课程改革理念下的高中生物教师是非常丰富的课程资源。如何快速整合、充分

挖掘、积极利用自身资源,是新一轮基础教育课程改革理念下全体农村高中生物教师需要共同努力的课题。只有这样,教师的职业魅力才会持久,教育才能和谐健康地发展。

4. 根据学生的现状开发课程资源

(1)皖南农村地区学生的现状

高中生物课程标准指出:"让学生积累许多感性知识,从而利用课程资源挖掘出无形的课程资源。无形的课程资源主要是学生的生活经验及所了解的生物科学信息,如农村学生的种植、养殖经验等。"不同的学生来自不同的家庭,不同的家庭有不同的资源,不同的学生有着各自不同的生活经验。皖南农村地区的学生生活在农村,耳濡目染,会积累不少感性知识,是不可多得的课程资源。皖南农村地区有较为丰富的与生物课程有关的课程资源。耕作方式的变革、新品种的引进和推广、病虫害的防治、先进农业技术的应用等,为皖南农村地区的学生学习生物课程提供了丰富的资源。

(2)结合学生的现状,合理有效地开发资源

皖南农村地区的高中生物教师如果能巧妙结合学生的现状,就可以调动他们参与课程的积极性。例如,利用学校组织的春游或秋游,让学生一边欣赏大自然美景,一边调查记录环境中的植物种类和动物种类,使学生在娱乐中得到学习,培养学生的观察能力和实践能力,同时促使学生产生热爱自然、保护环境的情感。利用农村生物课程资源,可以培养学生的创新精神和实践能力,发动学生走出教室、走向自然、走向社会,进行广泛而深入的调查研究。只有充分利用农村资源,才能使生物教学摆脱"以教材为中心"的束缚,全面提高学生的生物科学素养。

那么,如何根据皖南农村地区学生的现状开发课程资源呢?第一,要了解什么是课程资源。学生具备的课程资源主要是隐性资源,即非物化的课程资源,主要是生活经历和经验以及所了解的生物科学信息。例如,学生在生活中都会不自觉地观察过一些植物或动物,这就是生物课程资源。学生通过农业频道了解到的农业知识

也是生物课程资源。第二,挖掘学生头脑中的生物课程资源。教师可以通过座谈、问卷、写报告等形式,了解学生的生活经验,从中寻找课堂教学的切入点。例如,有学生见过一种寄生植物——槲寄生,可以请他描述并且采集标本,让其他学生了解这种植物的生活习性,探讨其营养方式。这些与实际生活密切相关的知识会让农村学生学习起来非常感兴趣,而且学得非常轻松。第三,要求学生栽花种草、饲养小动物。这有利于将抽象的知识直观化、生动化、形象化,有利于学生通过参与活动获取知识,能培养农村学生动手操作能力、观察能力、探究能力,同时陶冶学生的情操,培养学生热爱自然、善待生命、关爱他人的道德品质。这样一来,农村学生能从中了解生命活动规律,体验最真实的知识,也提高了对生物学科的兴趣,为将来学习的成功打下基础。

(四)皖南农村地区高中生物课程资源开发的价值

生物课程资源具有丰富性、开放性和针对性强的特点,对学生的发展具有独特的价值。

1. 有利于激发学生学习生物的兴趣

兴趣是最好的老师。学习兴趣是学生非智力因素中最重要的因素,生物教学能否成功常常与能不能激发学生的学习兴趣有很大关系。如何激发学生学习生物的兴趣呢?应改掉生物课程资源极其单调乏味的大弊端,让生物课贴近自然、贴近生活。高中生物教师要充分挖掘校内外的自然资源,尽量让学生观察、探究,极大地丰富学生的实际体验,调动学生兴趣。笔者发现参加过生物小实验、小活动的学生学习生物的兴趣都非常高,这是因为探究过程的开放性给予了学生充分的自主发现、自主表现和自主发展的空间。

2. 有利于引导学生积极参与教学活动

传统的生物教学实验往往是黑板上做实验,口头上讲实验,录像中看实验,试卷中考实验,学生参与教学活动的空间非常有限。然而,生物是一门以实验为基础的自然学科,实验应当是课堂教学的重要组成部分。因此,高中教师要注重生物实验课程资源的开发,尽可能地以实验组织教学,使学生体会到生物学实验的独特魅力。例如，在学习"细胞"时，用学生自己养的虎耳草做材料，制成装片，让学生观察虎耳草的下表皮细胞；在学习"植物特有的细胞器"时，选用合适的材料，如菠菜、紫色洋葱的表皮、红辣椒的果皮，让学生观察叶绿体、液泡、有色体。这些都有利于学生更好地参与课堂教学。

3. 有利于培养学生乐于探究的学习方式

高中生物课程标准在课程具体目标中指出："要让学生初步学会生物科学探究的一般方法，发展学生提出问题、做出假设、制定计划、得出结论、表达和交流的科学探究能力；在科学探究中发展合作能力、实践能力和创新能力；乐于探索生命的奥秘，具有实事求是的科学态度、一定的探索精神和创新意识。"为达到这一目标，教师应把培养学生的探究式学习与课程资源的开发与利用结合，给学生提供足够的问题解决、课题研究和社会调查的机会。

例如，在验证生物组织中还原糖的实验中，除了书本安排的验证性实验，学生还可以用自带的生物材料，如各种蔬菜、豆类等进行自主设计并独立完成实验。学生直接参与和经历了全过程，会受到他人强烈求知欲的影响和感染，兴趣油然而生。

4. 有利于实现学生能力的全面发展

美国教育心理学家霍华德·加德纳的多元智能理论认为，每个人都在不同程度上拥有言语(语言)智力、逻辑数理智力、视觉空间关系智力、音乐节奏智力、身体运动智力、人际交往智力、自我反省智力、自然观察智力和存在智力。这九种智力的不同组合代表了人的不同潜能，这些潜能只有在适当的情境中才能发挥出来。学生积极参与开发过程会锻炼其语言智力、逻辑智力、自我反思智力，发展其人际交往智力等。普通高中生物新课程标准要求面向全体学生，着眼于学生全面发展和终生发展的需要。因此，实施自主和合作探究有利于学生的全面发展，更有利于学生终生学习能力的形成，让学生成长为符合社会需要的高素质人才。

三、皖南农村地区高中生物课程资源的初步应用

虎耳草的采集、培养、无土栽培等系列活动

【探究背景】

1. 虎耳草的分布与生活习性

虎耳草,别名石荷叶、金线吊芙蓉、金丝荷叶、耳朵草、老虎耳,属虎耳草科虎耳草属多年生草本植物,广泛分布于我国华东、中南、西南,皖南农村地区常见。叶从根出成束,叶面绿色,叶背和叶柄酱红色;圆锥花序;花小,白色。多生于溪旁树荫下或背阳的岩石缝内、土坎下,喜半阴、凉爽、空气湿度高、排水良好的环境,不耐高温干燥。炎热季节休眠,入秋后恢复生长。当植株生长至一定大小时,母株发出的葡匐茎的末端常会长出小植株。可随时剪取茎顶已生根的小苗移植,每盆植数株,上盖玻璃保湿,成长后再分盆定植。

2. 虎耳草的价值

虎耳草是该属唯一作为窗台和吊篮植物而广泛栽种的观赏植物。盆栽一棵苗,悬挂于窗前檐下,任其下垂,经常喷水可以提高周围环境湿度。虎耳草是我国传统中草药,全草可鲜用或晒干药用。虎耳草生命力强,具有一定的园艺观赏价值和医学价值,且有利于高中生物教学,因而选择其作为探究的对象。

活动一:采集虎耳草,比较野蛮拔取和带土移栽两种不同采集方式对虎耳草恢复生长的影响。

1. 活动目的

让学生观察和了解虎耳草的生活环境,为今后的栽培提供必要的知识储备。比较野蛮拔取和带土移栽两种不同采集方式对虎耳草恢复生长的影响,让学生理解和掌握带土移栽的生物学原理(根尖是植物吸水的主要部位),进而深入理解根尖的结构及植物根的渗透吸水作用。

2. 提出假设

(1)根据不同的生活经验,学生会提出许多假设:虎耳草生活在阳光强烈、潮湿

的地方,虎耳草生活在阳光强烈、干旱的地方,虎耳草生活在阴暗、潮湿的地方,虎耳草生活在阴暗、干燥的地方,虎耳草生活在灌木丛下潮湿的地方,等等。

(2)绝大多数学生会提出假设:带土移栽采集方式比野蛮拔取采集方式对虎耳草恢复生长的影响要小。也有部分同学提出假设:野蛮拔取和带土移栽两种不同采集方式对虎耳草恢复生长影响不大。

3.活动程序

(1)活动准备

①挑选采集小组成员。参与采集的同学要进行选择,因为在野外采集既需要体力,又需要注意安全,千万不能马虎,要进行必要的安全教育。小组成员不宜过多,注意挑选"精兵强将"。学生拟订计划,了解天气变化,选择好天气进行活动,安排好出发的具体时间,准备食物、饮用水,准备采集工具、栽培工具、记录用的纸笔和必要的药物等。教师一定要检查到位,以防万一。

②挑选"比较两种不同采集方式对虎耳草恢复生长的影响"的小组成员时,注意挑选有过栽培经验,很细心、有耐心和恒心的学生担任小组长。各组在小组长的带领下分别准备与此课题有关的其他用品,如培养用的花盆、矿泉水瓶、栽培用土等等,并设计好记录表格。

(2)活动实施

在野外采集时,学生先仔细观察虎耳草的生活环境,然后进行记录;再使用野蛮拔取和带土移栽两种不同的采集方式进行采集,并在相同的土壤等条件下进行培养。

(3)活动结果

①虎耳草多生于溪旁树荫下或背阳的岩石缝内、土坎下,喜半阴、凉爽、空气湿度高、排水良好的环境。它的习性是不耐高温干燥,因而要避免阳光直晒。

②带土移栽采集方式比野蛮拔取采集方式对虎耳草恢复生长的影响要小,实验验证了多数同学的假说。

(4)得出结论

①虎耳草属于阴生植物,对光的要求相对较低;其根系不发达,喜欢潮湿而不耐水;

②为什么带土移栽采集方式比野蛮拔取采集方式对虎耳草恢复生长的影响要小?大家经过讨论,发现利用已经学过的知识就可以解释:野蛮拔取采集方式严重破坏了虎耳草的根尖,造成根尖的吸水能力和吸收矿质元素能力严重减弱,恢复就慢了。

4.评价,进一步探究

小组成员之间自评、互评,教师评价。特别注意的是,教师应该积极拓展课题,进行进一步探究:移栽植物时,除了尽可能多带土外,还应该注意什么?

活动二:观察虎耳草形态特征,应用无性繁殖方式培育虎耳草

1.活动目的

了解和观察虎耳草的形态特征;应用无性繁殖方式培育虎耳草。

2.活动程序

(1)活动准备

①准备好记录用的纸笔;对虎耳草全株进行仔细观察,描述并且记录其生物学特征。

②管理并利用活动一栽培的虎耳草,准备栽培用的大小花盆。

(2)活动实施

①小组成员合理安排分工,负责每周观察一次,对虎耳草全株进行仔细观察,描述并且记录其生物学特征。

②等到虎耳草茎末端的幼小植株长得稍大后,将其剪下。幼株可以集中栽植于大花盆中,也可将剪下的幼株直接栽植在小花盆中。用富含腐殖质、疏松肥沃、排水良好的砂质壤土。用塑料薄膜盖好,保持较高的湿度,待根系长好后再移栽;放于阴湿处培育2~3周后,正常养殖和护理即可。

(3)活动结果

①虎耳草全株的生物学特征:株高 10~20 cm,根须状,植株基节部可垂吊细长的匍匐茎,顶端生有小植株,全株矮小,密生短茸毛;叶通常基生,圆形至肾形,质厚,边缘浅裂,有粗锯齿但不是很明显,表面暗绿色,有明显的灰白色网状脉纹,背面紫红色,密生斑点,叶长 4~9 cm,宽 3~7 cm;圆锥状花序,春夏季开白色小花,花瓣下面两片最大,花型美观。(部分为查阅资料后用的生物学术语。)

②一般在仲春至秋季剪取匍匐茎末端的小植株繁殖。因为整个繁殖过程没有生殖细胞参与,故为无性繁殖方式。

3. 联系实际,进一步探究

无性繁殖方式还可以应用于哪些植物?无性繁殖方式还有哪些?无性繁殖方式有哪些优点?怎样人工模拟自然生态环境培育好虎耳草?

活动三:观察并探究光线对虎耳草生长的影响

在人工模拟自然生态环境中培育虎耳草时,如果将其长期置于阳光下,光照太强容易灼伤叶片;如果长期置于室内,光线太弱则导致匍匐茎和叶柄伸长,时间一长,虎耳草明显偏向光生长,甚至造成徒长及叶色不鲜艳,形态不美。如何在人工模拟自然生态环境中培育虎耳草呢?

1. 活动目的

让学生回忆或查阅采集记录中的虎耳草的生长环境;尝试观察和探究光线对虎耳草生长的影响。

2. 活动程序

(1)活动准备

在不同人工环境下栽培虎耳草的花盆、记录用品等。

(2)活动实施

在不同人工环境下栽培虎耳草,如长期置于阳光下、长期置于室内栽培。

(3)活动结果

①通过对虎耳草采集生态环境的回忆和记录,发现虎耳草较喜半阴环境;②长

期置于阳光下,由于光照太强,虎耳草叶片被灼伤;长期置于室内,光线太弱则导致匍匐茎和叶柄伸长,虎耳草明显偏向光生长,徒长及叶色不鲜艳,形态不美。

(4)找到对策,进一步探究

在室内盆栽虎耳草宜置于较强散射光处。在室外盆栽虎耳草,夏、秋季一般要求遮阴度50%～60%。把它们放在房屋的北边,冬、春季给予较明亮的散射光,或者放在房屋的南边,成功解决难题,盆栽虎耳草生长得非常理想。经过思考,学生发现虎耳草是典型的阴生植物,生长过程中不需要太强的光线,还可以进一步探究阴生植物对遮光环境的适应机制。

活动四:观察虎耳草的失水与吸水现象

1. 活动目的

观察虎耳草的失水与吸水现象并分析其原因。

2. 活动程序

(1)活动准备

①将活动中培养的虎耳草从花盆中挖出(不能伤根),漂洗根部土壤,置于清水中备用;②准备高浓度的食盐溶液或蔗糖溶液,备用。

(2)活动实施与结果

①将清水中的虎耳草置于高浓度的食盐溶液或蔗糖溶液中,虎耳草很快发生萎蔫现象;②将萎蔫的虎耳草再放回清水中,结果虎耳草很快又硬挺起来。

(3)探讨原因

虎耳草植株发生了渗透作用,在高浓度的食盐溶液或蔗糖溶液中会失去水分,植株发生萎蔫现象;萎蔫的虎耳草植株在短时间内被放回到清水中会吸水,植株硬挺起来。

3. 评价,进一步探究

进行自评、互评、师评后,进一步探究:可不可以利用虎耳草的细胞进行观察,直接观察到叶肉细胞的质壁分离和复原现象?经过尝试,答案是肯定的,于是进一步研究虎耳草的下表皮叶肉细胞的质壁分离和复原现象。

活动五:观察虎耳草的下表皮叶肉细胞的质壁分离和复原现象

1. 活动目的

(1)学会观察植物细胞的质壁分离和复原的方法;(2)了解植物细胞发生渗透作用的原理。

2. 活动程序

(1)活动准备

材料:虎耳草叶、试剂、蔗糖、水。仪器:显微镜、载玻片、盖玻片、吸水纸、滴管、镊子等。

(2)活动实施与结果

①制作虎耳草叶的临时装片;②观察虎耳草的下表皮叶肉细胞的质壁分离与复原现象:低倍显微镜观察,可以看到虎耳草的下表皮叶肉细胞中紫色的中央液泡。从盖玻片的一侧滴入蔗糖溶液,在盖玻片的另一侧用吸水纸吸引。重复几次,盖玻片下面的虎耳草的下表皮叶肉细胞就浸润在蔗糖溶液中。用高倍显微镜观察,可以看到细胞中的中央液泡逐渐变小,原生质层逐渐与细胞壁分离开来。观察虎耳草的下表皮叶肉细胞的质壁分离复原:从盖玻片的一侧滴入清水,在盖玻片的另一侧用吸水纸吸引。重复几次,盖玻片下面的虎耳草的下表皮叶肉细胞就浸润在清水中。用高倍显微镜观察,可以看到细胞中的中央液泡逐渐胀大,原生质层又逐渐贴着细胞壁。

3. 评价,进一步探究

进行自评、互评、师评后,进一步探究:虎耳草的下表皮叶肉细胞在什么条件下会发生质壁分离?在什么条件下会发生质壁分离复原?其原理是什么?在实验过程中,用显微镜观察到液泡的颜色发生了哪些变化?液泡的体积发生了怎样的变化?如果农民不慎一次追肥过多,造成了"烧苗"现象,请根据本实验的原理加以解释。如果及时发现,应该如何补救?

活动六:探究虎耳草在土壤浸出液、清水和蒸馏水中的生长

学生从电视等媒体中获得信息,发现无土栽培是未来农业的发展方向,决定尝试用无土栽培方法来栽培虎耳草。设计课题探究虎耳草在土壤浸出液、清水和蒸馏

水中的生长状况。

1. 活动目的

(1)观察虎耳草在土壤浸出液、清水和蒸馏水(可以用铁锅盖上的蒸汽水代替)中的生长状况;(2)了解无土栽培的原理。

2. 活动程序

(1)活动准备

材料:若干株用清水洗净的、无泥土、无损伤的虎耳草。溶液:土壤浸出液、清水和蒸馏水。器具:若干用清水洗净的、无泥土的矿泉水瓶(从三分之一处截断,瓶口部分倒插入截口中)等。

(2)活动实施

每个小组成员栽培一组。将洁净的虎耳草种植于处理好的矿泉水瓶中,分别加入三种溶液:土壤浸出液、清水和蒸馏水;及时添加相应的溶液,常规管理。

(3)活动结果

一个星期后,土壤浸出液中培养的虎耳草生长比较正常,不仅长出了新叶,老叶也几乎没有变黄,叶的基部还抽出了生长非常茁壮的匍匐茎;清水中的虎耳草生长状况一般,基部老叶少部分变黄,也抽出了部分生长一般的匍匐茎;蒸馏水中的生长状况最差,基部老叶大部分变黄,抽出了少数生长非常一般的匍匐茎。

(4)结果分析

土壤浸出液中培养的虎耳草之所以长得比较正常,是因为土壤浸出液能为虎耳草提供比较多而全面的营养,即矿质元素;清水中的矿质元素含量少得多,所以长得一般;而蒸馏水中没有矿质元素,所以虎耳草根本不能长好。

3. 评价,进一步探究

进行自评、互评、师评后,进一步探究:能不能用这种方法来确定植物生长所必需的矿质元素?应该怎样做才能确保实验准确无误呢?这个问题实际上与教学内容有关,应鼓励学生继续探究。

另外,一段时间后土壤浸出液中培养的虎耳草的生长也出现问题:几乎都发生了烂根现象。小组成员很焦急,通过共同努力,终于发现问题所在。原来是温度上升后,土壤浸出液中的微生物生命活动增强,造成土壤浸出液中培养的虎耳草的根严重缺氧,进而出现了烂根现象。他们提出增加氧气的多种办法,最终选用了一种极为简单的方法:剪去所有枯根、烂根,剪短过长的根,降低土壤浸出液的高度,让虎耳草的根大部分露出液面或少量接触液面,完全解决了这个难题。

【案例分析】

本案例通过对虎耳草这种皖南农村地区常见植物的开发、应用与研究,体现了皖南农村地区开发生物学教学资源的可行性。开发过程始终按照农村高中生物课程资源的地方性、丰富性、潜在性等特点,发挥皖南农村地区自然资源的优势。活动中积极灵活应用科学探究的基本模式提出问题、构想假说、实验设计、分析数据、得出结论、评价和进一步探究。

活动一通过野蛮拔取和带土移栽两种不同的采集方式采集虎耳草,比较对虎耳草恢复生长的影响,巧妙地让学生意识到植物根尖的吸水性和吸收矿质元素的能力。活动二让学生观察虎耳草的形态特征,应用无性繁殖方式培育虎耳草,了解虎耳草巧妙的"分身术",千万年来就有的自体"克隆"本领。活动三让学生观察并探究光线对虎耳草生长的影响,从而使学生对阳生植物与阴生植物有了感性认识,对光合作用的学习有很大帮助。活动四使学生了解和观察虎耳草的失水萎蔫现象与吸水复原现象。活动五让学生利用显微镜观察虎耳草的下表皮叶肉细胞的质壁分离和复原现象,这两个实验对学生理解渗透作用有帮助。活动六安排学生积极探究虎耳草在土壤浸出液、清水和蒸馏水中的生长状况,体会无土栽培的乐趣和原理,帮助学生了解植物的生长离不开矿质元素。

所有这些活动都紧紧围绕着教材中的知识点,适度展开,合理开发,花费的时间较少,在开发中始终坚持教师指导,以学生为主体,以人为本的方针。虎耳草在皖南分布广泛,繁殖能力很强,生存能力也很强,只要有水、有沙土固定,就可以生存,因而所有活动的可行性不成问题,也不会破坏自然资源或耗费巨大的经济资源,所以笔者选择虎耳草指导学生进行无土栽培等系列活动。

生物学从来不乏理论知识，但枯燥的理论会让学生感到乏味。而本系列活动非常重视实验情境的设立，合理地设立情境，激发学生浓厚的学习兴趣。在这样的氛围中，学生俨然学习的小主人，他们积极思考、巧妙设计和创新实验思路，这无疑为实验的成功打下了牢固的基础。学生从活动中发现理论规律，对知识的理解就更加透彻，比单纯、空洞地学习理论知识效果要好得多。另外，赏心悦目的虎耳草在各种各样的容器中满怀生机、茁壮成长，无疑给沉浸于书山学海中进行理论学习的学子们一份动力，自然界还有许多未知的奥秘等待这些学子去努力探索。

第六章　高中生物课堂生态德育

农业生产的迅猛发展使得全球性的环境问题日益严重，广大发展中国家的环境问题尤为突出。这些问题给人类的生存和发展构成了严重的威胁。一些历史的原因，庞大的人口数量和不高的人口素质，特别是一些企业先污染后治理的粗放经营模式，使得我国的环境污染相当严重。所以，增强公民的生态意识，提高全民的环境道德水平已成为当务之急。高中生是祖国未来的建设者，他们的生态意识和环境道德水平高低直接影响到我国环境治理的成败。因此，对高中生进行环境和生态意识教育不仅有现实意义，更有深远意义。本章中就生物教学中对学生进行生态学观点的教育进行探讨，以期使学生在思想上确立正确的自然观和科学观。

第一节 生态德育

生态德育以"大一统"的视界将传统人际道德教育、环境道德教育融为一体,吸纳了生命哲学视野下的生命道德教育,并与可持续发展理念相融合,为人们勾画出了一幅美丽和谐的自然生态图景。

一、生态德育理念兴起的时代背景

生态德育是德育的视野辐射到人与自然的关系后所形成的德育观。在不同的社会历史时期,人与自然的关系有不同的表现。按照生态伦理学奠基人、美国生态学家奥尔多·利奥波德的观点,人的道德观念是按三步发展的:人-人关系的道德,人-社会关系的道德,人-自然关系的道德。生态德育观是人与自然的关系发展到一定阶段后的产物。

(一)人与自然关系的演变

在人类历史发展的过程中,人与自然的关系可以认为大致经历了以下四个阶段。

第一阶段,农业文明前期。这一阶段,人类完全臣服于自然,只能依靠生命之力从自然界中获取食物,人类还不能把自己和自然完全分离开来。正如马克思所说:

"自然界起初是作为一种完全异己的、有无限威力的和不可制服的力量。人们同它的关系完全像动物和它的关系一样,人们就像牲畜一样服从它的权力,因而这是对自然界的一种纯粹动物式的意识或自然宗教。"这一阶段人类的生产生活对自然的破坏性较小,环境问题并不明显。

第二阶段,农业文明时期。人类借助简单的工具或农业机械已经能够对自然界进行改造,从而获取生活和生产资料。随着生产力的发展,科学知识从生产中分离出来,人类开始审视自身,观察自然,但限于科学技术的水平,这种认识还只能通过"悟"的方式。我国的传统文化如儒家、道家文化就是"悟"出来的。这一阶段,人与自然的关系有了恶化的趋势。主要是因为农业文明的发展,人口剧增,而限于生产力的水平,人类只能通过扩大耕地面积来获得足够的粮食。大面积的毁林开荒、刀耕火种造成水土流失,我国的黄河流域是经历这种破坏的典型。

第三阶段,工业文明时期。随着科学技术的迅猛发展,人类改造自然的力量空前强大,人对自然的主动地位充分显现。这时,人类把自己和自然完全对立起来,"人类中心主义"的观念在科学与工业的保驾护航下深深地扎根于人类的意识领域。人类在征服自然的斗争中,创造了巨大的物质财富,取得了一个又一个胜利。但这种胜利是以大规模地消耗自然资源、破坏生态环境为代价的。人类与自然的矛盾对立起来,这种空前的矛盾导致了全球性的生态危机:环境污染、资源耗尽、人口爆炸、能源枯竭、粮食短缺、物种灭绝等。此时,严重的生态危机已经威胁到人类的生存和进一步发展。

第四阶段,现代文明时期。知识经济、信息化、全球化、市场化是现代文明的显著特征。贺超认为,所谓现代文明,乃是一种有利于保护民众的基本权利和改善民众生存状态(包括自然生态和社会生态)的文明。[1]现代文明在自然观上发生了转变,一个明显的标志就是在继物质文明、精神文明、政治文明之后,提出了建设生态文明的理念。生态文明是指人们在改造客观物质世界的同时,不断克服改造负面效

---

[1] 贺超.客家文化与现代文明[J].江西社会科学,2007(1):145-148.

应,积极改善和优化人与自然、人与人的关系,建设有序的生态运行机制和良好的生态环境所取得的物质、精神、制度方面成果的总和。它反映的是人类处理自身活动与自然界关系的进步程度,是人与社会进步的重要标志。生态文明倡导人与自然的平等观,力图实现人类社会的可持续发展。生态文明观的提出标志着人类开始以新的视角考察人与自然的关系。

(二)时代呼唤人与自然关系的重建

21世纪,随着新技术革命的突飞猛进、工业文明的空前繁荣,人类的生产实践活动对自然环境产生了巨大的冲击和破坏,大大超出了它所能承载的范围,生态问题日益严重。

以我国为例,我国环境污染问题主要表现在以下几个方面。一是水土流失日趋严重。全国水土流失面积约占国土陆地面积的38%。二是荒漠化土地面积不断扩大。全国荒漠化土地面积已达国土陆地面积的27%,且以每年2 460平方千米的速度扩展。三是大面积的森林被砍伐,天然植被遭到破坏,大大降低其防风固沙、蓄水保土、涵养水源、净化空气、保护生物多样性等生态功能。四是草地"三化"(退化、沙化和碱化)面积逐年增加。全国已有"三化"草地面积约占草地总面积的1/3,且以每年20 000平方千米的速度增加。五是生物多样性受到严重破坏,生物物种加速灭绝。我国已有15%~20%的动植物种类受到威胁,高于世界10%~15%的平均水平。六是水体污染加剧,淡水资源严重短缺,同时现有水资源利用不合理。七是大气污染严重。大气污染导致酸雨的影响面积逐渐扩大,南方多数城市出现酸雨,成为世界三大酸雨区之一。八是城市生活垃圾"白色污染"和固体废物污染问题日益突出,垃圾包围城市现象越来越明显。九是城市噪音扰民十分普遍。十是放射性污染与电磁辐射污染形势严峻,对人类健康存在潜在威胁。

事实表明,在人类与自然的斗争中,自然界并没有被征服,它仍然拥有无比强大的力量,对人类的盲目破坏予以还击、报复。在饱受自然的无情报复之后,人类开始认识到必须对自身行为的后果负责,对人与自然的关系重新进行审视。与大自然重修旧好、建立和谐的生态环境是时代的呼唤。

二、生态德育的理论基础

(一)有关概念的界定

与生态德育有关的概念主要包括人际德育、环境教育、德育生态观及可持续发展等。下文将对生态德育的有关概念、内容、目标等内容进行详细阐述。

1. 人际德育

人际德育过分关注人与人之间的关系,而忽视人与自然的道德关系。人际德育从人与人相互关心、人与自然相互对立的观点出发,通过教育活动,促使受教育者形成不合理的人生观和自然观。在人与人的关系上,人际德育以实现受教者形成人与人之间相互尊重、相互包容、与人为善的人生观为目标,强调人际关系的处理要遵循人际道德规范;在人与自然的关系上,人际德育企图为人类的错误行为辩护,认为自然界是人类的俘虏、奴隶,人类为自身利益而对自然界实施的一切行为都是符合道德规范的。人际德育过分强调经济、科技的发展,从而忽视了对自然环境的关爱和呵护。

2. 生态德育

生态德育是指教育者以人与自然协调发展为出发点,通过教育活动使受教育者养成爱护生态环境的思想觉悟和相应的生态道德行为习惯。它意在增长人们的生态知识,提高人们对生态问题的认知能力和判断力,培养人们的生态道德意识,改善人们对生态环境的态度和行为。

生态德育是整合人际德育后的一种新的教育范式,它继承并拓展人际德育的德行视界,由人际德育只关注人与人的关系扩展到关注人与人、人与自然的关系,以一种更宽广的视野去审视人类行为。在横向上,生态德育将视野围绕在"族与族""类与类"之间,同时考虑本族和他族的利益以及个人和整个民族的利益;在纵向上,生态德育将视野锁定在人类"代与代"之间,要求人类在追求当代人的利益的同时,也要保证下代人的发展权益。生态德育在德育观念上具有革新性,它以全新的视角看待道德和德育问题,更注重人与自然和平相处、可持续发展等德行取向。

3. 关于生态德育概念的误区

生态德育易与环境教育、可持续发展教育、德育生态观等概念相混淆,生态德育与后三者既有联系又有区别。下面笔者就对生态德育同环境教育、德育生态观、可持续发展教育等概念进行比较。

(1)生态德育和环境教育的比较

环境教育以实现环境保护为目标,希望通过教育活动使受教育者在环境意识、环保方法和能力、环境保护知识等方面得到提高,以解决环境问题。它的最高目标是使人们形成保护环境的行为习惯,在日常生活中能自觉做到保护环境。环境教育和生态德育两者既交叉又相互独立,主要体现在两者的侧重点不同。具体见表6-1。

表6-1 生态德育和环境教育的比较

区别		融合
环境教育	生态教育	
希望受教育者正确认识人类、社会和自然三者间的关系,提高学生环保知识、解决环境问题的方法和技能,使他们自觉选择有利于环境发展的文明行为;更注重受教育者行动的教育,希望学生养成良好的环境行为习惯	更注重培养学生的生态情感,帮助他们形成正确的生态行为,即提高学生对生态环境问题是非善恶的判别能力,以帮助学生正确选择个人生态道德行为;更强调价值观的教育,希望通过生态德育使学生形成科学的生态道德观	二者都以持续发展、生态伦理学为理论基础,都体现了环保理念。生态德育内容包含环境教育;生态德育是生态教育内容主题和道德教育目标的集合体,它将环境教育的内容主题与道德教育目标结合在一起,继承并超越了环境教育

就生态德育而言,理解生态知识与掌握方法是过程,最终目标是培养受教育者与自然友好、和谐相处的情感和行为。

(2)德育生态观和生态德育观的辨析

德育生态观和生态道德育观是两个不同的概念,二者既有区别又有联系。具体见表6-2。

表 6-2 生态德育观和德育生态观的比较

项目		生态德育观	德育生态观
区别	背景	是针对人际德育提出的	是针对学校德育实效缺失而提出的
	内涵	它是一种新的德育观,教育活动依照新的生态道德规范,以人与自然和谐共处为出发点,提升学生的生态知识,增强他们的生态意识,使学生形成正确的生态观、自然观和发展观,逐步养成爱护自然的文明行为习惯。"生态"一词主要是生态学上的传统意义,通过生态德育,使学生明确人与自然的关系,并形成正确鲜明的生态道德观	它从生态世界观的角度看待德育,把学校德育系统比作生态系统,希望学校德育尽可能地从课程教材、社会生活、周围环境中挖掘出一切德育资源,培养学生健全的人格和优秀的道德品质。它提出学校德育系统的各构成元素(教师、学生、教育资源)应互动交流,以维持学校德育系统的稳定和促进其发展。"生态"一词不仅是指人与自然的和谐关系,还包由各生态因子形成的生态德育系统和特定的德育活动
	内容	包括爱护环境、珍爱资源、维持生态平衡、维持良好的人际物际关系	包括社会生态、心理生态、自然生态、文化生态
相同之处		二者都与构建和谐社会的要求相适应,都体现了生态哲学的视野	

(3)生态德育和可持续发展的比较

生态德育与可持续发展都强调自然、人和社会三者的协调发展。仔细分析可以发现:可持续发展的目标依然是让自然能够永久地为人类提供物质、生存空间、生存条件等服务,让人类能够长久持续地利用大自然。而生态德育使人类认识到:人类不是自然的主人,而是自然界的有机组成部分,自然界并非人类的私有物;人类应当履行自己在自然界中的义务,合理调节自己的行为活动,实现人类与自然环境的协调发展。

4.生态德育的内容

在传统的德育中,人们过分强调人际关爱的教育,忽视了人与自然的道德教育,这是一个极大的弊端。如今,加强受教育者生态道德观的教育,以适应科学发展观的要求,已成为诸多国家教育研究者的共识。生态德育的德行视界相较于人际德育有了很大的拓展,呈现出更丰富的独特内涵。

(1)人际和物际关爱教育

人际和物际关爱教育从生态道德观的角度看待人际和物际关系，突显出性别间、种族与种族间、代与代间的共生关系。让受教育者摒弃男尊女卑、生女不如男、限制女性发展等错误观念，消除性别歧视，从而树立男女平等、相互尊重的价值观。组织受教育者参与实践，通过自身观察和体验，感知上一代对生态环境的破坏对下一代的生存和发展造成的不利影响，深刻认识到走可持续发展之路的重要性。引导受教育者观察自然界中的鸟、兽、虫、鱼、草木及人类等，认识到人类和其他生物共同生存在同一片蓝天下，同属生物圈中的一分子，属于伙伴的关系，应该和谐共处、共同发展。

(2)环境教育

环境是人类活动的场所，是人类生存和发展的基本条件，人类的各种活动都以环境为依托。如果人类所处的环境受到破坏，人类的生存和发展也将受到限制。因此，人类应该树立正确的环境价值观，肯定环境的存在价值，保护环境中其他物种的生存权利，自觉做到关爱环境。同时，认识到环境问题属于全球性问题，保护环境是全世界公民共有的责任和义务。环境教育的最高目标是使受教育者在参与有关环境的活动中将环境放在首要位置，选择环境保护行为。在环境教育中，通过引导学生观察大自然，关注国内外环境问题，让学生深刻体会到大自然的存在价值和意义，正确认识人类与自然环境相互依存、休戚相关的关系，帮助学生选择环保的行为方式。

(3)资源有限性和人口适度性教育

资源有限性教育让受教育者明白地球上的资源是有限的，非再生性资源一般均不能再生，处于严重的短缺状态，从而使受教育者树立"资源节约、资源高效利用"的观念，在日常生活中养成节约水等行为习惯。人口数量与资源有限密切相关，人口数量须与环境资源的承载能力、生态系统的自我修复能力相应。人口数量的增加和人均资源消耗量的增加加剧了资源消耗量。当人口数量超过资源所能承载的范围时，便会出现能源危机，生态系统失去平衡，影响人类的生存和发展。同时大量的人口加剧了环境污染,降低环境的修复能力,为环境治理增加难度,严重阻碍社会的发展。控制人口数量,走节约资源型发展道路是社会主义可持续发展的必然选择。

(4)生态意识教育

生态意识教育主要是让人们摒弃"人类中心主义"的思想,放弃对待自然的傲慢态度,认识到人类是生态系统中的一员,亦应该履行保护生态系统这个大家园的义务,热爱生态系统里的一草一木,努力和生态系统其他成员做好邻里、伙伴关系,共同维护生态系统的安定、和谐的氛围。对生态危机严重威胁人类生存和发展的大力宣传可以加深学生对生态环境的感性认识和理性认识,帮助学生树立人地和谐、因地制宜的科学理念。另外,生态意识教育提倡节制发展,反对盲目、不合理的发展,反对违背自然发展规律的破坏生态环境的行为。

(二)理论基础

生态德育这一概念伴随着人类社会的整个发展历史。

1. 中国传统文化为生态德育提供哲学基础

虽然中国传统伦理并没有提出过明确的"环境道德"或"生态伦理"等概念,但中国传统文化中尊重生命、关爱生命的生态意识和生态智慧源远流长。这种渊源不仅可以追溯到先秦诸子的思想,早在春秋之前,就已经体现出了明确的生态意识。《史记·殷本纪》记载着夏朝末年商汤"网开三面"的典故:"汤出,见野张网四面。祝曰:'自天下四方皆入吾网。'汤曰:'嘻,尽之矣!'乃去其三面,祝曰:'欲左,左。欲右,右。不用命,乃入吾网。'"从商汤的祷告中可以明显地感受到生态意识的存在,他"网开三面"的目的就是要避免对自然资源的过度开发,避免滥捕滥杀。

在先秦诸子的思想中有明确的天人观,蕴含着丰富的生态伦理思想,中国传统天人观的主流是天人合一。《孟子·尽心上》曰:"君子之于物也,爱之而弗仁;于民也,仁之而弗亲。亲亲而亲民,仁民而爱物。"仁民而爱物的思想是将适用于人类社会的伦理道德观念推及人与自然的关系,以仁爱的精神和情感关照自然万物。宋儒程颢则明确提出,仁者以天地万物为一体。仁作为人的道德本性,它要求视人如己,视物如我,以内合外,以天人的廓然大公为至境和理想,其思想是天人合一。天人合一的观念视天地人为一体,强调天道与人道统一,追求天地人的整体和谐,即人与自然的整体和谐。而人与自然和谐共生、协同进化正是今天生态伦理学的基本要义和根本目的。

需要明确的是,中国古代的天人观有天人合一和天人相分两种主张。作为儒家的继承人,荀子的思想学说以儒家为本,兼采道、法、名、墨诸家之长。在天人观上,他是持天人相分的观点的。在《荀子·天论》中,他写道:"大天而思之,孰与物畜而制之从天而颂之,孰与制天命而用之望时而待之,孰与应时而使之因物而多之,孰与骋能而化之思物而物之,孰与理物而勿失之愿与物之所生,孰与有物之所成。故错人而思天,则失万物之情。"荀子"制天命而用之"的思想表明他认为自然界中的一切资源都可以为人所用。这时,他把人与自然主客二分。但是其制天命的思想有一个前提,那就是"天有其时,地有其财,人有其治,夫是之谓能参"。这里的"参"有配合参验的意思,而这种"参"是要遵循自然界的内在规律的。"天不为人之恶寒也,辍冬地不为人之恶辽远也,辍广。""天行有常,不为尧存,不为桀亡。"这些就体现了荀子对自然规律的认识。

天人合一与天人相分的思想是对立统一的,天人合一是保护自然生态环境的理念,是理想之境。但保护生态环境又必须发挥人的主观能动性,改造自然以更好地保护自然,这就要求天人相分的方法论观点。因此,中国传统文化中的天人观,包括天人合一与天人相分,可以作为当代生态伦理学以及生态德育的哲学基础。

2. 当代生态伦理思想为生态德育提供理论支撑

生态伦理学作为一门新学科,其现代科学思想是由西方学者首先提出来的。20世纪40年代,美国生态学家奥尔多·利奥波德生前所著的《大地伦理学》正式出版。在这本著作中,他正式提出了环境伦理(或生态伦理)学说,标志着生态伦理学的诞生。其主要思想包括人与大地是一个共同体,人的伦理道德观念从人与人、人与社会的关系扩大到人与土地的关系,大地伦理的基本规范和对大地美的审视与伦理审视的统一。

20世纪70年代以后,生态伦理学作为一门新的学科被确立,但是在其发展过程中出现了不同的理论流派,主要有现代人类中心主义、动物福利论、生物生命中心论、生态中心论等。这些流派争论的核心问题在于价值观以及存在物获得道德关怀的根据上。

现代人类中心主义遵循传统的价值理论,认为价值是主体与客体之间的一种需要与满足关系。而人类是自然界的主体,因此自然界只有在相对于人类而言时,才有讨论价值问题的意义,自然界只有相对于人类而存在的工具价值(属于外在价值),就自然界本身而言,是不具备内在价值(也有学者认为是固有价值)的。其理论依据是只有人类才具有理性与意识,人类之外的其他自然存在物没有主观需要,只有本能,因此也就不具备道德主体的地位,不应当受到人类在道德上的关怀。

动物福利论、生物(生命)中心论以及生态中心论则一致认为,自然界是有其内在价值的,这种内在价值不以人的外在评价为依据,是独立于人类而存在的。其中,动物福利论的代表人物之一彼得·辛格以人类与动物都具有感觉能力为依据。在他看来,所谓使人类的利益受益或受损,并不是因为人类具有理性、语言能力等,而是因为人类具有感受快乐与痛苦的能力,能体验到自身苦乐利益的得失,然而其他动物也同样具有这种感觉能力。动物福利论的另一位代表人物雷根则认为这个标准应当是生命的主体,动物作为生命的主体理应具有天赋价值,因此也就决定了动物不应当被视为人类实现目的的工具,而应当受到人类的尊重和道德关怀。奠基于史怀泽,发展于保罗·泰勒的生物(生命)中心论则将价值的视野扩展到了动物以外的所有生命,并要求对所有的生命予以道德上的关怀,因为所有生命都是平等的,都具有同等的内在价值。生态中心论发端于奥尔多·利奥波德的大地伦理思想,他将价值的范畴进一步扩大到整个生态系统,扩展到动植物以及无生命的自然界。利奥波德的大地伦理思想经罗尔斯顿等人的发展形成了今天的生态中心论。深生态学将生物圈所有生物及实体都作为与整体有关的部分,认为它们都具有平等的内在价值。罗尔斯顿则进一步提出了生态系统作为一个整体具有内在价值的理论依据,这就是创造性,他认为凡有创造性的地方,就存在着价值。所谓自然本身拥有价值,就是自然本身具有创造性。自然万物通过对环境的适应而生存和发展,并在相互依赖和竞争中使自然本身得到进化,自然的复杂性和创造性从而得到增强。

动物福利论、生命中心论、生态中心论都承认人类之外的其他生命个体(或者非生命存在物)具有内在价值,反对将人类视为自然界中唯一的道德主体,因此人们将他们统称为非人类中心主义。现代人类中心主义与非人类中心主义的根本分歧在于自然界中非人类存在物是否具有内在价值,这种争论到今天仍然非常激烈,但是他们都反对完全以人类的利益为中心对自然界无限度地开发和索取,都赞同环境保护和可持续发展的理念,这是他们的统一之处。其中,现代人类中心主义认为人类保护环境的出发点和归宿都在于满足人类的利益,不管这种利益是眼前的还是长远的。因此,可以把现代人类中心主义的思想视为环境教育的底线。非人类中心主义则为人们实施生态德育、从道德上关照自然提供了坚实的理论支撑。

随着生态伦理学(环境伦理学)的不断发展与完善,生态德育理念的内涵也更加丰富。现在已经出现了环境伦理学和可持续发展理念相融合的趋势,有学者提出了可持续发展环境伦理学的命题,随着社会的发展和人类认识的不断提高,人们的道德伦理观也会不断进步。

当生态环境的保护上升到道德层面后,就能撇开功利主义的思想,避免短视行为,提高环保的实效性。以非人类中心主义的理念为基础的生态道德教育,是对环境教育和可持续发展教育的超越。

3. 人本的教育思想

教师和学生都是人,因此生态德育的理论基础应该围绕人本来展开论述。关于人本的提法有很多,比如中国古代的人文主义、近代西方人本主义教育理论。

中国传统人文主义是一种朴素的人文主义,它以人伦道德为本位,全面地探讨了人在宇宙中的地位。例如,儒家学派把天、地、人并列为"三才",道家在"故天大、地大,人亦大"思想中认为人应该了解自然规律,自觉遵循自然的规律,按自然规律办事。中国的人文主义肯定人的价值,重视人、关注人,是一种内在的人文主义。中国传统人文主义不但注重人与人、人与社会的关系,而且强调人与自然保持友善、平等的关系。这些思想对生态德育有着积极的引导作用,可以借鉴。

西方的人本主义有很多值得借鉴的成分,例如尊重学生自己的兴趣爱好,注意激发学生潜能,鼓励学生自主学习,注重学生创造力和探究能力的培养……这些对改变传统教学中学生单向被动接受知识、缺乏学习主动性、缺少创造性等学习现状具有重要意义。作为西方人本主义的代表人物,罗杰斯认为,教育目标应该是促进人的整体发展,培养学生独特而完整的人格,使之能够充分发挥作用。他坚决反对学校单纯重视智育而忽略学生个人其他方面的发展,反对教育将认知和情感分裂开,反对学生被训练成学习的机器。

4. 生态后现代主义教育观

生态后现代主义是一种新的、积极向上的生态世界观,它倡导生态的后物质观,主张重新建立人与人、人与社会和人与自然的关系。生态后现代主义反对人与人、人与自然相互分离的二元对立关系,提倡多元化的价值观念,主张以联系、整体的观点审视人与人、人与自然的关系。在生态后现代主义的视角下,我们应该反思和重新理解学校教育观。

(1)尊重大自然和其他生命体的存在权利

普罗泰戈拉推崇人类中心主义,他提出:"人是万物的存在尺度。"该理念把人类凌驾于万物之上,认为人类是自然的主人,这为生态危机埋下了伏笔。生态后现代主义强调以多元共生性的思维方式看待人与自然、自我与他人的关系,特别突出了人与自然的内在性,主张人与自然平等和谐的关系。基于此,教育活动中各项活动都要遵循生态性原则,使教育参与者在具有良好环境的活动中激发和完善生态道德情感,切实形成生态价值观,养成保护生态的行为习惯。

(2)提倡整体有机观

整体有机观可以从两方面来理解。

第一,学生是整体性的人。《学会生存》中强调个人在伦理、智力、体力等方面平衡发展,成为一个人格完善的人。但是,我国传统教育注重学生对知识的死记硬背,忽视了对学生创新能力、思维能力等方面的培养,从而使学生成为应试教育机制下的考试机器。生态德育力求完善学生人格,让学生在汲取知识的同时,发展其他方面的能力,激发其生态情感,形成生态责任。

第二,知者与被知者的整体有机。知识的获得是动态的,需要学生主动地构建知识的框架和内在结构,而不应该被动地接受。因此,在生态德育过程中,教师不是一味地将知识灌输到学生脑中,而是因材施教,适当启发学生的思维,培养学生的创新思维能力,让课本知识与学生生活经验、生活世界有机联系起来。

(3)可持续发展观

可持续发展是20世纪80年代提出的概念,其内容主要包括社会可持续发展、生态可持续发展、经济可持续发展。可持续发展的目的是人口、经济、资源和环境协调发展,既要使经济得到发展,又要保护好人类赖以生存的土地、大气、森林、水等自然资源和环境,使子孙后代能够安居乐业并得到长远发展。可持续发展的战略就是要促进人与人、人与自然的和谐发展,在人类获得物质满足的同时,也要考虑资源的长久利用和生态系统的稳定性,要确保子孙后代永续发展。它要求人类对自然资源的开采不能超越资源和环境的承载能力;要求代际公平性,后代人和当代人有同样的发展机会,不能将个人的发展建立在损害他人利益的基础上;要求人与自然协调共生,人类必须建立新的道德观念和价值标准,学会尊重自然、保护自然,并与自然和谐相处。

可持续发展不仅要求人们认识到各种生产活动给生态环境带来了灾难,而且要求人们具备高度的道德水平,明白当代人不能为了自己的利益而砸了后代人的饭碗。

(三)高中生态德育目标

刘惊铎是第一个提出生态德育目标的人,他认为生态德育的理论目标主要包含与生态有关的意识、能力和智慧。对高中生而言,学校进行生态德育就是要提高高中生生态道德品质。生态道德品质的组成要素主要有生态道德认知、生态道德意志、生态道德情感、生态道德行为、生态道德信念。几个组成要素在相互制约、相互促进中共同发展,最后形成稳定的生态道德品质。

1. 提高高中生生态道德认知水平

认知对行为具有指导作用,只有足够的科学生态道德认识,才能引导人们主动选择生态道德行为。这里的生态道德认知包括感性阶段的认识和理性阶段的认识。感性阶段的认识指生活中反映人们生态活动经验的道德常识,是对环境状况、环境学知识和环境保护工作的了解和认识,这是关于环境的浅层次教育。理性阶段的认识是指将个人对环境的态度上升为个人对他人、社会关系的认知和对调节这些关系的规范、伦理原则的掌握,这是关于生态的深层次教育。一个人生态道德品质的形成,就是要使个人的生态道德认知从感性认识上升为理性认识。

2. 加强高中生生态道德意志

生态道德意志是人们在生态问题上为履行生态道德义务而进行的支配行为的心理过程。生态道德意志的强弱表现在人们面对生态问题时是否能坚持选择生态道德行为,只有意志坚强的学生才能排除各种阻力和干扰,坚持遵守生态道德规范,将生态道德行为进行下去。高中生在环境问题上已经具有一定的辨析和评价能力,但他们的生态道德意志还处在较薄弱水平,当遇到来自外界引诱和压力等因素的影响时,往往难以战胜个人不合理的欲望,在行动上做出有害于生态环境的行为。所以,要提高高中生的环境意识,强化高中生的生态行为是非观念,促使高中生在面对生态道德冲突时能够自觉选择生态道德行为。

3. 树立高中生生态道德信念

生态道德信念指人们在选择生态行为时所具有的使命感和坚定的信心。生态道德信念对行使生态道德行为具有强大的推动力,有助于道德认识转化为道德行为,并使道德行为具有坚定性。生态道德信念是最强大的生态道德动机,它能够将生态道德情感、生态道德认识物质化为生态道德行动。因此,生态道德信念的建立为生态道德行为提供了重要保障。当前的高中生一味地追求享乐主义、消费主义等,生态道德信念发生偏离且持久力不够,行动上忽视生态道德规范。鉴于此,学校应该充分利用"保护臭氧层日""爱鸟周""世界粮食日""防治荒漠日""野生动物保护宣传月"等节日,带领学生参与其中,让他们在实践活动中树立坚定的生态道德信念。

4. 培养高中生生态道德情感

生态道德情感,是指人们对生态环境事件喜恶的态度。在生态活动中,只有具有判别生态美和丑、善和恶等鲜明的爱憎情感,才能养成良好的道德行为和习惯。没有对自然产生尊重、热爱、敬畏之情的人,是很难对自然产生道德情怀的,更不会形成关爱自然的道德行为。生态道德情感的形成,除了要具备一定的生态道德观念和认识,还要在生态道德活动中不断自我体验,再将这些自我体验积累起来,由感性认识上升到理性认识。因此,高中生物教学中,教师应主动创造道德情感体验的机会,通过正反面情感的鲜明对比,让学生在亲身实践中感受生态的善与恶、美与丑,激发学生的生态道德情感,让学生拥有关心、感恩、热爱自然的情怀,认识到生态保护的重要性。

5. 培养高中生生态道德行为

生态道德行为是在生态道德规范的调节下,人们面对生态问题做出的反应行动。形成生态道德品质须将有关生态道德的信念、意志、情感等精神层次的东西客观化,即将它们转化为生态道德行为并持续下去,形成生态道德行为习惯。只有这样,生态德育才具有实际意义。对高中生来说,无论他的生态道德信念何等坚定,生态道德意志何等顽强,生态道德情感何等鲜明,都只能通过生态道德行为体现生态德育的作用和效果。基于此,学校应该组织学生参与以"保护生态环境"为主题的公益活动,增强学生的环保责任感和使命感,引导学生做一个理性生态人。

上述五种生态道德品质元素相互作用、互相促进。生态道德认知在一定程度上支配生态道德意志、情感和行为。没有正确的道德认知,顽强的生态道德信念就难以形成,也就失去了德育的意义。同样,只有认识而没有行动的人,不具备生态道德品质。人们只有怀有热爱自然的情感、保护自然的信念、保护生态环境的意志,才能养成生态道德行为。

第二节 高中生物对生态德育的呼唤

当前,人类赖以生存的地球面临着严重的生态危机,有关生态破坏的报道和关于人和自然关系的研究也越来越多。鉴于此,世界各国纷纷提出,要加强生态德育,培养社会公民生态意识,努力建设生态文明社会。生物学科与生态德育有着天然的渊源,其学科知识结构、学科特点和特殊功能决定了生物是实施生态德育的核心科目,它在培养具有生态文明素质的世纪人才中具有不可替代的作用。

一、高中生物教学中实施生态德育的必要性分析

人与自然的关系是"和谐—失衡—新的和谐"的演变过程,自然界供给的有限性与人类需求的无限性形成的矛盾贯穿该过程。该矛盾体现为科技、发展以及消费与生态平衡之间的冲突上。因此,发挥生态德育的作用,合理调节这些矛盾,促进科技、发展以及消费与生态环境共生共荣,是世纪可持续发展战略的重要目标。

(一)生物教育对培养21世纪人才具有积极意义

当前,生态环境问题已经成为一个重要的民生问题,人们逐渐认识到社会的持续发展须以人和自然协调发展为前提。地球为人类提供了生存空间和条件。人类有权利利用自然,但同时亦有义务遵循自然发展规律,维护生态系统的稳定性。21世

纪是环保世纪,其对新世纪人才的标准做出了新的定义,兼具生态道德和生态文明素养成为构建和谐社会对世纪人才的新要求。学生是21世纪生态环境的建设者。加强生态道德观的教育,提高学生个人生态道德意识、能力,对他们在新时期的生存和发展具有积极意义。

环境保护,教育为本。这说明学校生态德育在提升学生生态道德素养上具有重要作用。但传统教育忽视了学生与自然环境和社会环境的互动,忽视了学生精神层面的培养,导致学生生态环保知识和生态文明素养严重缺失。因此,加快实行以学生的生态发展为目标的素质教育、对高中生实施生态德育已刻不容缓。

(二)生态德育是实现21世纪生物教育的目标要求

21世纪是知识不断更新、技术不断发展的时代,学校教育所培养的人才应当适应社会的需要。因此,教育不应该单纯注重知识的传递,而更应该努力使学生掌握如何通过自身学习去获取新的知识。鉴于此,21世纪的生物教育目标主要包括科学素质目标、社会和环境目标、个人需要目标等。从科学素质目标上分析,生物教育要求学生掌握基础生物学知识和基本技能,提高思想素质和身体素质,了解人与人、人与社会及人和自然的相互关系,对全球人口、生物技术、生态、资源和环境、人体健康、能源等持有正确的认识,提高获取新知识、收集处理信息与分析和解决问题的能力以及科学创新精神和探究创造能力。从社会和环境目标上看,生物教育目标要同社会发展相适应,要培养具有生态道德素养的祖国未来接班人,培养青少年的社会责任心和使命感,使其勇敢承担起推动经济发展和环境可持续发展的重任。从个人需要目标上看,生物教育应遵循学生身心发展规律,在教学内容目标的设计上体现出弹性和选择性,充分考虑各知识水平层次的学生的需求。为了培养学生健全的人格,现代生物教育将生殖与健康、遗传与健康、环境与健康、免疫与健康、医药、环境保护等与个人需要密切相关的内容纳入中学生物教学中,这对学生的终身学习、个人需要和发展具有较高的价值。

(三)高中生生态德育顺应普通高中生物课程目标的要求

新课程理念下,生物课程目标各要素被提高到新的层面。普通高中生物课程标准课程目标要求学生了解生命体的结构组成和物质组成,形成正确的自然观;理解生命的繁殖和延续,认识自然界及各种生物,形成科学的生物进化观和生态学观;了解生物与环境的关系,形成生态意识和环保意识;提高对我国生物资源状况的关注度,了解生物科学在农业、工业、健康及环境保护等方面的作用;珍惜资源,减少污染,热爱祖国,树立可持续发展的观念;关注社会、关注生活、关注身边的科学和技术,增强科技意识,激发探索生命的奥秘和热爱生物科学的情感;选择健康环保的生活方式。因此,在生物教学中实施生态德育势在必行。

(四)当前高中生物生态道德现状决定生态德育具有迫切性

为了了解当代高中生生态道德现状,笔者于2017年12月选取某中学高一、高二文理四个班为调查对象,采用问卷的方式进行调查。调查问卷采取不记名方式,当堂发放,当堂回收。本次调查问卷共发放300份,回收295份,有效问卷295份,有效率约98%。

本问卷从高中生生态知识的认知、生态意识生态问题的关心程度、环境问题的立场等方面进行了设计。

1. 当前高中生生态知识的认知程度

为了解高中生生态知识的认知水平,笔者分别从学生对人与自然的关系、生态发展、生态规律等方面的认知展开调查。

(1)对人与自然关系的认识

在对人与自然的关系的认识上,笔者设计了三个问题,调查结果如下(表6-3)。

表6-3 对人与自然的关系的认识调查结果

问题	回答		
1. 自然界孕育万物,只有满足人类的需要才能体现它的价值,对此你的看法	认同(21%)	不认同(79%)	
2. 关于人与自然的相处方式中,你赞成的是	人类与自然是相互依存、休戚相关的关系,人类与自然应该和平相处(88%)	大自然为人类提供了生存的空间、物质和条件,人类应顺应自然(8%)	大自然是天然的资源,而人是自然的主宰,可以改造自然征服自然(4%)
3. 你对人与自然和谐共处含义的理解	了解,但略知一二,不知其确切含义(65%)	了解,且能较准确地把握其内涵(29%)	完全不了解(6%)

从上表显示的数据可以看出,对于第1题,有21%的学生认为自然界只有满足人类的需求才能体现其价值。对于人与自然的相处方式,大部分人选择了二者应和谐共处,但是还是有学生对人与自然的关系理解有偏差。第3题验证了第2题的结果,能够准确把握人和自然和谐共处的含义的学生才占29%,略知一二的学生占65%,还有6%的学生完全不了解人和自然和谐共处的含义。以上统计结果表明,虽然有大多数学生对人与自然关系的认识尚可,高中生对生态依存的认知水平是不理想的。相当一部分学生对人与自然的关系处于无知的状态,这也说明对高中生实施生态道德育具有重要的意义。

(2)对生态发展的认知

关于学生生态发展认知的调查,结果如下(表6-4)。

表6-4 对生态发展的认知调查结果

问题	回答		
4. 你对可持续发展观的含义理解程度	了解,但只是略知一二(73%)	了解,且能较准确地把握其内涵(14%)	完全不了解(13%)
5. 你认为经济发展和环境保护的关系应该是	经济发展应居第一位,以经济发展带动其他事情的发展(4%)	优先考虑经济发展,但也要保证子孙后代的发展利益(50%)	优先考虑环境保护,因为环境破坏会阻碍和制约经济的发展(46%)

对于可持续发展观,14%的学生能够把握其含义,大多数学生只是了解但不了

解其确切含义,还有13%完全不了解。绝大多数学生对可持续发展观有了或多或少的了解,但是依然有13%的学生对可持续发展一无所知。因此,学校教育应注重对可持续发展观的教育。对于第5题,4%的学生认为经济优先发展,50%的学生认为经济和环境同时发展,46%的学生认为环境优先发展。从以上数据可看出,广大高中生在环境和经济平衡发展论、环境优先论和经济优先论这几种观点上出现了明显分歧,学校应加强学生的生存发展理念教育,明确生态保护和经济共同发展的思想。

(3)对生态规律的认知

对生态规律的认知情况的调查统计结果如下(表6-5)。

表6-5 对生态规律的认知情况的调查结果

问题	回答		
6."老鼠威胁农作物及人体健康,如果将老鼠全部消灭了该多好呀!"你对此观点是否赞同	赞同(41%)	不赞同(59%)	
7.如果在自然保护区只种银杉,这是否符合自然规律	符合(4%)	不符合(86%)	不知道(10%)

看到上面的统计数据,笔者难掩惊讶之情,竟然有将近一半(41%)的学生赞同老鼠在地球上消失。对于这一观点,笔者认为可能是大多数学生觉得老鼠不仅外形长得丑陋,而且还危害农作物、家畜以及传播疾病等,希望老鼠在地球上消失。对于另一道题的回答,尽管选择不符合的学生占了86%,但还是有14%的学生选择符合或不知道。由此可知,很多学生对生态规律的认识是模糊的。高中生在初中生物中已学过关于生态规律方面的知识,却对生态规律的认知如此不尽如人意,这引起了笔者的深刻反思。

2.当前高中生生态意识

为了解高中生生态意识,笔者分别从对生态道德观念、生态意志、生态道德情感等方面进行调查。

(1)生态道德观念

对高中生生态道德观念的调查,笔者只设计了一个问题,统计结果如下(表6-6)。

表 6-6　对生态道德观念的调查结果

问题	回答	
8.地球本身就是个资源无限的仓库,人类可以随意开采利用,你对此观点的看法是	赞同(8%)	不赞同(92%)

从上表可以看出,对于问题 8,8%的学生选择赞同,而 92%的学生选择不赞同,说明大多数学生具有正确的生态道德观念。自然界所有的生物都有其生存的权利,人类不能为了满足个人需要,肆意破坏自然界,而应尊重自然的固有价值。在高中生物教学中,强化学生的生态道德观念对未来整个社会及个人的发展是非常有意义的。

(2)生态道德意志

对高中生生态道德意志的调查,笔者设计了两个问题,统计结果如下(表 6-7)。

表 6-7　对生态道德意志的调查结果

问题	回答		
9.对于食堂里提供的一次性饭盒,你会	坚决不用,避免白色污染(23%)	有时会用,因为方便(71%)	常常用(6%)
10.你是否有重复使用塑料袋或纸袋的习惯	经常使用(53%)	偶尔会(40%)	从不使用(7%)

对于食堂提供的一次性饭盒,23%的学生坚决不用,为避免污染,但是有 71%的学生为图方便,有时会使用,还有 6%的学生常常使用一次性饭盒。在"是否重复使用塑料袋和纸袋"问题上,53%的学生经常重复使用,40%的学生偶尔会重复使用,竟然有 7%的学生从不重复使用塑料袋或纸袋。由此可看出,高中生的生态道德意志是薄弱的。生态意志薄弱的人,在个人利益和生态道德发生冲突时,容易放弃生态道德操守,以达到个人目的。因此,学校应加强对学生生态道德的培养,强化学生的生态道德观。

(3)生态道德情感

关于高中生生态道德情感的调查,笔者设计了两个问题,统计结果如下(表 6-8)。

表 6-8　对生态道德情感的调查结果

问题	回答		
11. 生活中,看到有人随意丢弃旧电池,你的反应是	气愤,主动进行劝诫(26%)	有所触动,但不会主动劝阻(67%)	无所谓,反正跟自己无关(7%)
12. 在公园里,看到别人乱扔垃圾,你的做法是	自然地捡起来,放到回收箱里(31%)	虽然气愤,但是不好意思去捡(45%)	对乱扔垃圾的人进行说教(9%)	无所谓(15%)

从上表数据可以看出,当看到有人随意丢弃旧电池时,进行劝阻的学生只有26%,67%的学生尽管有所触动,但不会主动劝阻,更有7%的人认为与自己无关。在公园看到别人乱扔垃圾,只有9%的人对扔垃圾的人进行说教,31%的人会将垃圾捡回垃圾箱,而不好意思去捡和觉得无所谓的学生分别占45%和15%。由此可以看出,多数学生在生态问题上具有清晰的辨别能力,但在面对违反生态道德准则和规范的行为时,学生的生态道德意向缺乏主动性。因此,培养高中生的生态正义感,可以使其在面对一些破坏环境的行为时,能够勇敢站出来制止。

(4)高中生生态态度

在高中生生态态度上,笔者设计两个问题,统计结果如下(表6-9)。

表 6-9　对生态态度的调查结果

问题	回答		
13. 你认为环境保护	与自己无关(13%)	与自己有一点关系(18%)	与自己关系密切(69%)
14. 你认为个人在环境保护中的作用如何	非常大(49%)	一般(30%)	很小,几乎没作用(21%)

在自己与环境保护的相关程度上,有69%的学生认为环境保护与自己关系密切,但有18%的学生认为环境保护与自己有一点关系,甚至有13%的学生认为环境保护与自己无关。在"个人在环境保护中的作用"问题上,只有49%的学生认为个人在环境保护中的作用非常大,竟然有21%的学生认为个人在环境保护中几乎没有作用。以上数据说明学生生态意识淡薄,不了解个人在环境保护中的重要作用,缺乏生态责任感。因此,高中生物教学中应加强生态德育的渗透,端正学生的生态态

度,加强学生的生态责任感和使命感。

从以上的分析可以看出,高中生生态知识的认知水平不尽人意,生态意识薄弱,生态态度不合理。总体来说,高中生的生态道德水平低下,生态道德素养缺失。因此,在高中生物教学中实施生态德育具有现实意义。

二、高中生物教学中实施生态德育的可行性分析

生物学科与生态德育与人类生态文明素质的培养有着密切的联系。高中生物学藏有独特且丰富的德育素材——学科内容,以及独特的学习方法——科学探究,可以培养学生正确的自然观和价值观,促进学生形成人际关系友好、人与自然共同发展的观念。

(一)生物学科特点决定其在生态德育中具有重要作用

生物学主要是研究生物的功能、结构、物质组成、发育繁殖、进化以及生物与周围环境的关系等。高中生物的教育任务主要有知识与能力教育、健康教育、审美教育、生态教育、爱国主义教育等。高中生物课程主要围绕生物与环境、生物与生物、生物科技与发展三大主题,在对学生进行生物基础知识传授的同时,贯穿人际关系和生态环保思想的培养。

20世纪中叶,生物科学基础理论取得重大突破,DNA双螺旋结构的发现、基因转移载体的发现、工具酶的发明、DNA的合成等都说明生物科学在微观方面进入到分子水平,生物科学技术上升到新的台阶。在宏观方面,可持续发展战略的提出要求经济增长和社会利益须以保证生态利益为前提。鉴于此,旨在解决环境与经济发展协调问题的一门新学科——生态工程得到迅速发展。生态工程在缓解全球性生态环境危机上起着举足轻重的作用。目前,生态工程已广泛应用于生态治理和建设、环境保护、城市发展、资源管理等方面,并取得了相当不俗的成就。有效利用生物科学技术来解决资源匮乏和生态环境破坏问题,已成为世界各国政府的共识。

高中生处于即将步入大学继续深造,是学校生态德育的重要时期。所以,生物学科教学应该注意结合教材内容,提高学生的环境知识,提升学生环境素养,培养学生保护生态环境的责任感和相应的道德行为。

(二)高中生物教材中蕴藏着丰富的生态德育素材

高中生物作为提高中学生生态道德素养的重要科目,教材中蕴藏着丰富的可用于生态德育的教学资源。

1. 生物学科含有很多有关人口和资源方面的内容

高中生物教材中,有关人口的内容主要有人体的组成、结构、功能、生殖、发育、衰老、免疫、卫生保健、遗传变异等;有关资源方面的内容主要有土壤、森林、草原、湿地、大气、水流、矿物、动植物、微生物等。地球资源消耗速度的快慢跟全球人口数量成正比。人类持久发展需控制人口数量,提高资源利用率,实现人口数量与资源承载能力相适应。针对以上有关人口和资源的内容,生物教师可利用适当的教学方法将生态德育渗透其中。当讲到人口增长、优生优育等知识时,教师可向学生介绍我国人口现状和发展趋势,人口快速增长带来的资源快速消耗、环境污染严重等问题,使学生具有人口、资源忧患意识,明确提高人口素质对中国未来发展的重要意义,帮助学生形成正确的资源观、生育观。

2. 高中生物教材中环境保护方面的内容丰富

生物学教材涉及酸雨、温室效应、臭氧层破坏、水土流失、森林过度砍伐、乱捕滥猎、物种多样性减少等环境问题和现象,退耕还林、退牧还草、自然保护区、生态工程等环境保护措施。通过对这些内容的学习,学生可以认识到人与自然有着相互依存、相互制约的关系,若二者和谐共处,则能够实现互利共生。环境可为人类提供生存和发展的条件,但人类若不注重对生态环境的保护,环境反过来会对人类实施报复。例如,人类无节制地砍伐森林,植被被破坏,最终会带来土地沙漠化、沙尘暴、水土流失等问题。因此,人们只有与自然保持和谐共处,在和谐中谋求发展,才能实现自然、经济、社会的持久协调。

3. 高中生物教材中富含生态学的内容

生态学主要探讨人类与自然之间的关系,是生物学科的一个重要分支。高中生物教材内容中蕴含着诸多生态学方面的内容,如种群、群落、生态系统、生物圈、生产者、消费者、食物网、食物链、生态平衡、生态系统的稳定性、能量流动、物质循环等知识点。教师通过对这些内容的充分利用,可强化学生的生态意识,树立学生生态学观点。例如,在讲到"生态系统"时,通过对生态系统组成、结构、功能、各部分组成间的关系,食物网中各生物之间的关系以及它们之间的能量流动和物质循环等内容的学习,学生可以认识到多个营养级组成一条食物链,而多条食物链构成食物网,生物群落和无机环境构成一个完整的生态系统,生态系统中各种生物通过食物链不间断地进行着能量流动和物质循环,通过食物网直接或间接地联系在一起。因此,如果食物网中任何一种生物出现异样,都会或多或少影响到生态系统中物质的循环和能量的流动,可能会影响生态系统的稳定性。所以,人们应该遵循大自然的客观规律,自觉保护环境,维护生态系统的稳定发展,实现人与自然的和谐统一。

4.高中生物教材中含有有关环境保护、控制人口的法规和协议的内容

所谓无规矩不成方圆。良好的生态文明行为需要受到法律的指导和约束,生物学科亦涉及关于环境保护、控制人口的法律法规,例如《退耕还林条例》《森林法》《人口与计划生育法》《野生动物保护法》。学生通过对这部分内容的学习,加强法制观念,增强生态道德情感,明确生态环境的道德规范和行为准则,加强生态保护责任意识。

5.生物技术中体现出生态道德观

随着人类文明的进步,科学技术得到了快速发展,人类改造自然、创造物质的能力有了很大提高,但同时也带来了严重的危机和困扰。例如,汽车的发明为人们的出行带来了便利,但也加快了矿产资源的消耗和大气的污染,噪音污染、交通堵塞也随之而来。基因工程技术和细胞工程技术的发展使转基因植物大获成功,大批全新性状的农作物带来了经济效益,但也带来了困扰,如转基因植物的花粉传入杂草产生了超级杂草,除草剂难以去除,影响其他生物的生长,打破了该区域生态系统的平衡。生物学科教学能够教会学生如何正确对待科学技术和利用科学技术,形成正确的生态观、价值观和人生观,使人与自然、人与社会关系呈现一个和谐的局面。

(三)高中生物课程目标呈现出生态德育思想

作为21世纪学校德育的新课题,生态德育被纳入中小学德育工作中。高中生物课程标准把生态德育作为一项重要的教育内容。笔者就生态德育内容在《普通高中生物课程标准(实验)》中的课程目标做出了整理,明确了高中生物中生态德育的思想。整理的生物课程具体目标如下。

1. 知识目标

获得生物学基本概念、规律、事实等基础知识,了解生物科学各领域的最新成果和发展方向;了解如何运用生物科学技术来提高生活质量、生产力以及保护生态环境等;积极主动地参与生物科学知识的传播,让生物科学知识进入生活和生产活动中。

2. 情感态度和价值观目标

形成生物结构与功能相适应的观点、生态学观点和生物进化观点,逐渐形成正确的生态观和世界观;关注我国的生物资源和生态环境发展状况,珍惜资源,减少污染,热爱祖国,增强资源节约、环境保护的使命感;热爱自然、爱护环境,认识人与自然协调发展的意义,树立可持续发展的理念。

3. 能力目标

发展科学探究能力,初步学会从生物学及其相关自然科学的角度提出可以探究的问题。

第三节 高中生物教学中实施生态德育的探讨

一、高中生物课本中可用于生态德育的内容及分析

高中生物教材中蕴含着丰富的可用于实施生态德育的资源，人教版普通高中课程标准生物实验教科书分为三个必修模块和三个选修模块。笔者针对该版本教材可实施生态德育的内容进行整理（表6-10）。

表6-10 人教版普通高中课程标准生物实验教科书生态德育内容及分析

模块	课本章节		关于生态环境知识		涉及的培养目标
			实施生态德育的教材内容	生态环境知识的渗透、拓展	
必修一	第一章	细胞多样性和统一性	细胞多样性	植被破坏、水资源污染	生态道德情感
	第二章	细胞中的无机物	生命活动离不开水	水资源匮乏	生态道德认知、生态道德行为
	第三章	细胞膜	癌细胞细胞膜改变	环境污染引起癌症	生态道德认知
		细胞器	溶酶体缺少某种酶引起硅肺	沙尘暴污染	生态道德认知

续表

模块	课本章节	关于生态环境知识		涉及的培养目标
		实施生态德育的教材内容	生态环境知识的渗透、拓展	
必修一	第四章	植物细胞的吸水和失水	水对植物的作用	水资源受污染,植物枯死	生态道德认知、生态道德信念
	第五章	光与光合作用	光合作用的意义	植树、绿化环境	生态道德认知、生态道德信念
	第六章	细胞癌变	细胞癌变	致癌因子、环境污染	生态道德行为
必修二	第五章	基因突变	基因突变	环境污染	生态道德意志、生态道德行为
		人类遗传病	优生优育	人口快速增长	生态道德认知、生态道德行为
	第六章	基因工程	转基因农作物	危害人体健康	生态道德情感
	第七章	现代生物进化理论	适者生存	生态规律	生态道德认知
必修三	第一章	细胞生活的环境	水对人体的作用	淡水资源稀少	生态道德行为
		内环境稳定的重要性	空调病	使用空调产生的氟气污染大气	生态道德行为
		免疫调节	各类疾病	环境污染与人类疾病	生态道德行为
	第三章	生长素的生理作用	酸雨对植物生长的影响	酸雨与植物生长	生态道德信念
		其他植物激素	植物生长调节剂	植物调节剂的利与弊	生态道德情感
	第四章	出生率和死亡率	人口过度增长	人口增长与资源消耗	生态道德情感、生态道德行为
		种群数量的变化	种群数量和资源容纳量	人口增长与环境承受能力	生态道德情感、生态道德认知
		群落结构	种间关系	人类与其他生物的关系	生态道德意志、生态道德信念

续表

模块	课本章节	关于生态环境知识		涉及的培养目标
		实施生态德育的教材内容	生态环境知识的渗透、拓展	
必修三	第五章	生态系统的结构	生态系统的组成成分	各组成成分之间有必然联系,缺一不可	生态道德信念、生态道德行为
		生态系统的物质循环	二氧化碳增多出现"温室效应"	温室效应加快冰川融化,导致海平面升高	生态道德情感、生态道德信念
		生态系统的稳定性	生态系统的稳定性	乱砍滥伐、河流污染	生态道德情感、生态道德行为
	第六章	人口增长对生态环境的影响	人口快速增长	资源有限、环境污染	生态道德信念、生态道德意志
		保护我们共有的家园	生物多样性减少	生态平衡破坏、环境污染	生态道德信念、生态道德行为
选修二	第二章	植物病虫害的防治原理	农药的使用	生态环境的破坏和农产品的污染	生态道德信念、生态道德行为
		绿色产品的生产	绿色食品产地环境标准	空气、农田、水质、土壤等受污染	生态道德信念、生态道德行为
选修三	第四章	转基因生物的安全性	转基因生物的安全性	转基因生物的安全性危害人类和其他生物	生态道德认知
		禁止生物武器	生物武器的危害	人与人和谐相处	生态道德意志

二、高中生物教学中实施生态德育的原则

教师是生态德育的实施者,在教学双边活动中起着主导作用。生物教师有责任和义务向学生传授环境知识和人际关爱思想,使他们认识到保护生态环境、关心他人、关爱社会的重要性。为使生态德育能充分发挥效果,教师在教学中要注意把握生态德育的三项原则。

(一)渗透性原则

生物教材内容中含有可直接用于进行生态德育的素材,诸如"人口增长对生态

环境的影响""保护我们的家园"等内容可直接教育学生地球受到污染、破坏严重，人类面临着生态危机。但是该部分内容只占生物教材内容的一小部分，生物教材更多的是可用于进行生态德育渗透的教学素材。基于此，教师应该依据具体的教学内容，通过教学活动，将生物学科的教学内容与生态德育内容结合，促使学生在学习过程中不知不觉间受到生态德育的熏陶。

(二)潜移默化原则

生态德育是一个情感陶冶、潜移默化的过程，不能空谈理论，要渗透到课堂教学和课外活动中。在生物教学中，教师应尽量挖掘教材中有关生态保护的知识，在进行生物基本知识、技能教学时将生态道德教育寓于课堂教学中。例如，在讲解"生态环境的保护"时，学生可以认识到人口增长、人类各种生产活动都对生态环境造成巨大影响，应该自觉遵循国家计划生育政策，加大环境和资源的保护力度，树立经济与环境协调发展的理念。除了课堂教学外，教师还应该将生态德育渗透到课外活动中，可以组织学生去图书馆阅览室、机房阅读关于环境保护方面的书籍，让学生了解环境问题的起因和解决方法，利用所学到的知识解释生活中遇到的环境问题，并思考解决方案。例如，在讲授"关注全球性生态问题"时，让学生利用电视、网络、图书馆等途径寻找资料，了解全球性生态问题如水资源短缺、臭氧层破坏、酸雨、全球气候变化、海洋污染和生物多样性锐减等资料，分析出现这些现象的原因并寻求解决问题的策略。这使得学生明白，地球是人类的母亲，为人类提供生存的空间和条件，但人类不是整个生物圈的中心，更不是其他生物和自然界必须服从的"巨无霸"，使学生具有生态危机感，引导学生重视生态环境问题，并培养学生保护生态的社会责任。

(三)联系实际原则

在生物教学中，教师仅仅挖掘教材中与环境保护有关的内容作为教学素材是不够的，还要联系生活实际，适当补充教学素材。生活中可用于生态德育的素材很多，如利用太阳能、节约用水用电、酸雨、日本核泄漏引起的海水污染、非洲水资源短缺等都是对高中生实施生态德育的契机和活脱脱的素材。联系实际可让学生领悟到生态环境与生活密切相关,深刻体会到环保与个人关系密切。碧海蓝天的天涯海角、郁郁葱葱大兴安岭、世外桃源般的九寨沟能给人以美的享受,让人产生愉悦感,而面对微波炉烤宠物、硫酸伤熊等虐待动物事件,人们则充满憎恨的情感。教师联系实际进行教学,可培养学生生态善恶感,提高学生保护生态环境的意识和使命感。当讲到"细胞中的无机物"中"细胞中的水"这一知识点时,教师可联系实际补充如下资料:全球大概15亿人口生活用水紧张,其中约3亿人严重缺水。通过以上资料,学生深刻认识到水是人类生存的生命线,而全球遭遇水资源危机是不争的事实,让学生明白珍惜水资源的重要性,从而更加激发学生爱水、惜水和保护水资源的热情与信心。对学生而言,将自身的生活经验与课堂知识所展示的情境相融合,理解与感悟才更深刻。因此,在进行生态德育时,教师要注意联系实际,拓展和延伸教育素材。

三、高中生物教学中实施生态德育的途径

生物教材中体现生态德育的内容是比较丰富的,关键在于教师如何充分利用生态德育素材进行教学。学校生态德育的培养途径并非是单一的,教师在教学中采取何种途径进行生态德育对教学效果有重要影响。针对高中生生态德育,笔者认为生物教师可从以下几方面着手。

(一)课堂渗透

课堂教学是教育者向受教育者传授基础知识和基本技能的主阵地,也是进行生态德育的主战场。对于可用于渗透生态意识培养的知识点,教师应以相关知识为切入点,结合教学内容进行适当的生态德育渗透。杨振宁说过:"对于中国学生,我建议他们注意渗透性的学习。"因此,在教学过程中,生物教师要充分挖掘教材,把相应的生态环境内容渗透到教学当中,以此加强学生的生态德育。

课堂教学可以说是一种快速而有效地使学生树立正确自然观、生态观的德育途径。笔者根据课堂教学方式,将课堂教学分为两种类型:理论课和实验课。

1. 理论课

理论课是将生物概念、基本原理、方法、规律等知识灌输到学生大脑最直接的桥梁。相比实验课,理论课是学生的主课堂,学生只有在形成一定的基础知识和理论的基础上,才能进行相关的实验教学。因此,上好每一节理论课是传授知识的关键。在教学过程中,进行生态德育的渗透方式有多种:图片展示、资料展示、视频播放、问题设置等。教师在设计教学活动的过程中,要将教学目标突显出来。

(1)基于多媒体环境下的生物课堂教学

多媒体具有图、文、声并茂甚至有活动影像的特点,具有许多特别宝贵的特性与功能。多媒体具有直观性,能多角度地观察对象,有助于概念的理解和方法的掌握;图文声像并茂,多角度调动学生的情绪、注意力和兴趣;具有动态性,有利于反映概念及过程,能有效地突破教学难点。在教学过程中,生物教师可以充分利用多媒体的特性和功能,有效实施生态德育。下面以"人口增长对生态环境带来的影响"为例。

案例:人口增长对生态环境带来的影响

【教学过程】

教学过程见表 6-11。

表 6-11 "人口增长对生态环境带来的影响"教学过程设计

程序	教师活动	学生活动	设计意图
导入新课	通过多媒体播放影像,展示大都市的拥挤和拥堵的交通场面,造成学生的视觉冲击	边看、边思考造成人群拥挤的原因:人口增长快导致人口数量多	通过影像直观注入人口增长快信息,引出主题,同时唤醒学生人口危机意识
我国人口现状和前景	用课件展示我国人口增长情况图。提问:我国人口现状如何?发展前景怎样?近百年来我国人口为什么会明显增多?怎样协调人口与环境的关系?	分析资料图,结合课本,思考问题。了解我国人口增长率过高导致人口数量显著增多	以生态学的角度分析问题,认识我国人口现状和前景,增强资源有限的危机意识

续表

程序	教师活动	学生活动	设计意图
人口增长对生态环境的影响	多媒体展示人口增长和开垦土地的图片,分析、总结人口增长给土地资源带来的影响。进一步分析如下几个主题:人口增长对森林面积的影响,人口增长对其他动物种类的影响,人口增长与河流、湖泊污染的关系,人口增长对矿产资源需求量的影响	通过观看视频,采用头脑风暴法,讨论"人口增长"与"生态环境受影响"的因果联系	展示环境问题图片,引起学生的共鸣,学生发散思维,学习因果关联分析方法,认识人口快速增长给生态环境带来危害,加强学生的资源有限意识,树立环保意识,树立控制人口增长的观念
解决问题的策略与措施	通过对人口数量与环境问题的问题学习,多媒体展示解决问题的措施:实行计划生育,控制人口增长;降低氯氟、二氧化碳等温室效应气体的排放量;合理利用资源,植树造林,保护水源;依靠科学技术,促进经济、人口、环境和资源协调发展	学生通过讨论归纳出解决问题的措施,并与教师出示的答案进行对比,补充小组的回答	结合前面内容的学习和生活经验,归纳出解决问题的策略。同时树立人与自然协调发展的观念,养成良好的生态行为
课堂小结	解决人口增长带来的与资源、环境之间的矛盾问题,最有效的办法是控制人口数量,提高人口素质	关注生存环境意识的形成,形成生态道德情感	深刻认识人口增长与环境危机的关系,树立正确的人口观和可持续发展思想

【案例评析】

本案例将生态德育贯穿于教学的整个过程。首先,以视频播放的形式来创设情境,向学生展示都市人群拥挤和交通堵塞的场面,唤起学生人口危机意识。其次,提供世界面临的植被破坏、环境问题等资料,让学生明白世界面临着严重的生态危机,从而激发学生的环境危机感。再次,对光合作用实质和意义的学习,让学生认识到绿色植物的光合作用对整个自然界生物的生存和发展有着不可替代的作用,从而加强学生爱护花草树木的生态道德意识。最后,以问题讨论的形式让学生了解植物与人类的关系,认识到人与自然界应和谐相处。

（2）基于网络环境下的生物课堂教学

网络具有资源丰富与共享性的特点,网络课堂上,学生可通过网络搜索主动获得丰富的学习资源,并能与教师和同学进行互动,分享资源。网络课堂教学充分发挥学生的主体作用,在教师的引导下,积极参与教学活动,提高学生的能动性,使学生的学习效率得到极大提高。下面以"人类遗传病与优生"为例。

案例:人类遗传病与优生

【教学过程】

(一)创设情境,导入新课

教师活动:依据 https://image.baidu.com/search/index?tn=baiduimage&ct=201326592&lm=-1&cl=2&ie=gb18030&word=21%C8%FD%CC%E5%D7%DB%BA%CF%D5%F7&fr=ala&ala=1&alatpl=adress&pos=0&hs=2&xthttps=000000 展示的 21 三体综合征患儿的图片,陈述 21 三体综合征患儿的症状和特点。

过渡:每个人都会患有疾病,其中有些疾病是一出生就携有的,这是由遗传所致,简称遗传病。遗传病是什么? 现在就让我们来揭开它神秘的面纱。

(二)自主探究,构建新知结构

1.人类常见遗传病的类型。

师:什么是遗传病? 你能总结出常见遗传病的类型吗?

网络搜索遗传病（https://baike.baidu.com/item/%E9%81%97%E4%BC%A0%E7%97%85/2071456?fr=aladdin）、遗传疾病（https://baike.baidu.com/item/%E9%81%97%E4%BC%A0%E7%96%BE%E7%97%85/3290590?fr=aladdin）。

学生回答:(略)

师:这几种类型遗传病的定义分别是什么? 常见的遗传病病例有哪些?

网络搜索多基因遗传病(https://baike.baidu.com/item/%E5%A4%9A%E5%9F%BA%E5%9B%A0%E9%81%97%E4%BC%A0%E7%97%85/10187029?fr=aladdin)、单基因遗传病(https://baike.baidu.com/item/%E5%8D%95%E5%9F%BA%E5%9B%

A0%E9%81%97%E4%BC%A0%E7%97%85/10285722?fr=aladdin）。

生：单基因遗传病致病基因对数为一对，常见的病例有白化病、苯丙酮酸尿症等。而多基因遗传病致病基因对数为两对或两对以上，常见的病例有原发性高血压、哮喘病等。

教师分别点击网址 https://v.qq.com/x/cover/bilarlqor3x2qhe/z1401038dah.html 和 https://v.youku.com/v_show/id_XMjI2MTQ4NzY0.html 播放单基因和多基因遗传病视频，让学生通过视觉感受加深对知识的理解。

师：那么什么是染色体遗传病呢？病例有哪些？

网络搜索染色体遗传病 https://baike.baidu.com/item/%E9%81%97%E4%BC%A0%E7%97%85/2071456?fr=aladdin。

生：染色体遗传病的病因是染色体出现异常，包括猫叫综合征、21三体综合征、18三体综合征等。

师：人类的各种疾病除了由遗传因素引起外，还由哪些因素引起？

网络搜索引起疾病的原因（https://baike.baidu.com/item/%E7%96%BE%E7%97%85%E5%8E%9F%E5%9B%A0/2849167?fr=aladdin）。

生：社会因素、环境因素等。

师：如何理解社会因素和环境因素？

生：社会因素：农村的卫生工作仍然跟不上形势的发展，缺医少药情况仍很严重。环境因素："三废"（废气、废水、废渣）处理不善造成生态平衡破坏，导致大气、水和土壤污染，危害人类健康。

师：人口相对过剩，就业率低，能源紧张，卫生工作跟不上，故对疾病的控制较差，人们的健康水平也因而较低。计划生育控制人口增长，对于减少疾病发生、提高人民健康水平具有特别重要的意义。大气、水和土壤的污染是导致疾病发生的重要因素，因此我们应该保护环境，维持生态平衡。

2. 遗传病的检测和预防。

教师点击 http://www.doc88.com/p-5933526895498.html 讲述我国遗传病现状。

师：如何对遗传病进行检测和预防？

网络搜索遗传病的检测和预防（https://wenku.baidu.com/view/0914c950ba4cf7ec4afe04a1b0717fd5360cb2ed.html）。

生：通过遗传咨询、产前检测和禁止近亲结婚等方法，对遗传病进行检测和预防。

师：科学技术的发展已经能让我们检测出胎儿是否有遗传病，同样也可以检测出胎儿的性别。那么，你对胎儿性别的检测有何看法？

学生回答。

师：我国人口数量正快速增长，为此我国实行了计划生育政策，计划生育政策要求少生优育、生男生女一律平等对待。我们应该遵守计划生育政策，优生优育，树立正确的人口观。

【案例评析】

该案例将课堂教学与网络结合在一起。学生借助网络自行搜集有关资料，并对资料进行挑选和整理，达到本节课的知识目标和能力目标要求，还可补充大量课外知识；通过图片、视频、阅读材料等可加深学生的情感体验，让学生深刻认识到环境因素、社会因素对人类遗传的影响，同时亦让学生了解我国人口过多和资源有限的畸形现状，从而使学生形成环保意识，改变生女不如男的错误观念，树立正确的生育观和人口观。

2. 实验课

生物学实验是探索生命本质的一项复杂而艰巨的教育活动，是生物学教学的重要组成部分。一直以来，教师把生物学实验视为提高学生技能的重要途径，也经常通过实验加深学生对书本理论知识的理解和掌握，起到帮助记忆的作用。

实验课不仅可以培养学生的动手能力和操作技能，而且在生态德育上也发挥着重要作用。实验课的实验材料取自自然环境，材料的选取、采集部位、采集地都包含着生态德育的素材。在观察线粒体和叶绿体、叶绿体中色素的提取实验中，教师可通过选择植物种类的方式渗透生态德育。在实验中，教师可依据实际情况,引导学生进行实践体验来加强生态意识。例如可通过植物细胞的吸水和失水实验,让学生认识到水对植物的重要性,明确水对自然界的意义,注重对水的珍惜和保护。鉴于此,教师应该注意挖掘实验课生态德育的教材,将生态德育"盐溶于水,有味无痕"地渗透到实验课中,有意识地培养学生的生态道德观。

根据生物实验的性质,将生物实验教学方法分为演示型、探究型、设计型等。下面笔者就这几种类型实验进行案例分析。

(1)演示型实验

演示实验课堂上,教师通过展示教具、实物或进行示范性操作,学生通过观察获得实验知识技能或巩固实验知识技能的教学方法。在生物教学中,教师在传授知识和技能以及进行思想道德教育时,选择通过加强视觉效果的方式来提高教学效果。下面以"光合作用产生氧气"的实验为例。

案例:光合作用产生氧气

一、实验演示

【实验材料】

白色蜡烛、火柴、实验瓶、绿色植物、小白鼠。

【实验步骤】

第一组实验:

1.用火柴将白色蜡烛点亮,用一个实验瓶罩住点燃的蜡烛,一段时间后蜡烛熄灭。

2.点燃白色蜡烛,将该蜡烛置于实验瓶内,同时将一绿色植物置于实验瓶中,放在阳光下。一段时间后,白色蜡烛依然燃烧。

3.问题讨论。

(1)根据所学化学知识,说明蜡烛燃烧需要什么条件?

(2)为什么蜡烛与绿色叶植物置于同一实验瓶中时,蜡烛不会熄灭?

(3)蜡烛燃烧的产物是什么?在本实验中,绿色植物对蜡烛起了什么作用?

(4)该实验说明了什么?

【分析总结】

蜡烛燃烧的条件之一是必须要有充足的氧气。单独将蜡烛置于实验瓶中,蜡烛燃烧消耗完瓶中的氧气便自行熄灭。而燃烧的蜡烛和绿色植物共置于实验瓶中,由于绿色植物在阳光下进行光合作用,将蜡烛燃烧产生的二氧化碳通过光合作用转化为氧气,以供蜡烛燃烧。本实验说明了绿色植物可以参与光合作用,并将蜡烛燃烧产生的二氧化碳转化为供蜡烛燃烧的氧气。

第二组实验:

1. 用一个实验瓶将一只小白鼠罩住,一段时间后小白鼠死亡。

2. 将小白鼠置于实验瓶内,同时将一绿色植物置于实验瓶中,放在太阳光下。一段时间后,小白鼠依然存活。

3. 问题讨论

(1)根据前面所学生物知识,小白鼠活动所需能量的主要来源是哪里?

(2)本实验中,绿色植物对小白鼠起了什么作用?本实验说明了什么?

【分析总结】

小白鼠活动所需的能量主要来自有氧呼吸,动植物的生命活动需要氧气。小白鼠和绿色植物同置于实验瓶的情况下,小白鼠通过呼吸作用产生的二氧化碳被绿色植物利用产生氧气,该氧气又被小白鼠利用产生二氧化碳。如此循环,小白鼠得以存活。说明绿色植物对动物的生命活动具有重大的影响,人类的生存离不开植物的保护。

二、讨论,发表观后感

针对如下主题发表观后感:

1. 植物对自然界的作用。

2. 除了净化空气,植物还有哪些作用?

3. 你对当前植被破坏、伐林耕田的做法有何感想?

4. 作为一名高中生,你如何保护植物?

【案例评析】

演示实验属于直观教学,由教师进行实验演示,可以节省一定的时间,这在内容信息量大、时间不充裕的课堂里是非常重要的授课方法。该案例教师通过利用植物进行演示实验,学生通过听、看、想等学习方式基本掌握本节的内容,认识到植物在保持空气清新、净化空气等方面有非常重要的作用,并且理解人类只有遵循生态系统规律,才能使地球充满绿意,才能更好地发展。

演示实验能化抽象为具体,化被动为主动,提高学生的学习兴趣,使学生在获得生动的感性认识的基础上,加深对知识的理解。

(2)设计型实验

设计型实验是由教师出题、学生设计实验方案并完成实验过程的一种实验。设计型实验可促使学生获得组织实验的全面锻炼,最大限度地发挥学生学习的主动性。学生根据所学的知识,提出初步实验方案,教师可根据学生提出的方案,给予一定指导,适当地渗透生态保护知识,提高学生生态意识。下面以"设计小生态缸,观察生态系统的稳定性"为例。

案例:设计小生态缸,观察生态系统的稳定性

【教学过程】

一、情境导入

教师用多媒体展示一张池塘生态系统图,引导学生讨论池塘中的生物关系。

1. 生态系统包含哪些成分? 池塘中有哪些生物?

2. 池塘中的各种生物分别属于哪一成分? 它们之间有什么关系?

3. 池塘中无机环境对生物有什么作用?

4. 池塘里生物的能量是如何流动的? 生态系统的稳定性与什么有关?

教师依据学生的回答概括出:生态系统有生物群落和无机环境组成,包含非生物物质、生产者、消费者、分解者等成分。生态系统的生物和部分非生物部分互相作用、互相依存,形成一个密不可分的整体,能量以物质作为载体在个营养级之间进行单向流动,生态系统的稳定性与生态系统的抵抗力和恢复力有关。

过渡:为了进一步加深对生态系统稳定性的了解,我们可自制生态缸,观察其稳定性。

二、设计生态缸

教师通过多媒体介绍实验原理、材料器具、生态系统设计要求,引导学生提出自己的设计方案,并展示优秀设计方案。

1. 材料用具。

小乌龟、蜗牛、杂草、浮萍、水藻、蕨类植物、沙土、自来水、玻璃板、花土。

2. 方法步骤。

(1)放沙注水:在玻璃板内先加入沙土,再加入 5~10 mL 的沙土,再将自来水缓慢注入缸内。

(2)加入生物:将蕨类植物和杂草植入花土中,仙人掌植到沙土中,小乌龟、浮萍和水藻放到水中,蜗牛和蚯蚓放到花土上。

(3)作标记:将制作小组姓名、制作日期于标签上。

(4)封上生态缸盖:将制作好的小生态缸放在通风、光线好的地方。

3. 观察。

(1)每七天观察一次缸中动植物的数量和种类的变化,记录好观察结果。

(2)判定小动物和水草的生存状况。

(缸中水草颜色为绿色表示其生存状态良好,若变黄、发黑,同时伴有柔软下沉,说明已经死掉。动物若能自由活动,表示其生存状态良好;若浮起,表示已经死掉。)

三、实验结果分析

实验结束后,各小组对实验数据、现象进行整理,分析生态缸经过多久才能达到稳定、维持生态系统稳定性的原因、引起实验结果差异的原因。

四、小组间进行交流

各小组根据实验观察结果撰写实验报告,并将结果、经验、体会与其他小组进行分享交流,小组间进行讨论以促进共同进步。

五、讨论

1. 生态缸达到稳定状态需要多长时间?
2. 如何加强生态稳定性?加强生态稳定性有什么意义?
3. 生活中我们应该如何做到保护生态环境?

【案例评析】

本案例教师以一幅生态系统图进行导入,学生经过讨论明确:生态系统的生物和部分非生物部分互相作用、互相依存,形成一个密不可分的整体。通过对生态瓶的制作和观察,学生可以更深层次地认识到生态系统各成分的相互关系以及如何保持生态系统的稳定性,理解保持生态系统稳定的意义,从而加强生态环保的使命感和责任感。

(3) 探究型实验

探究性实验是新一轮课改下兴起的"以学生为主体,教师为主导"的新型教学模式。它不仅可以提高学生学习生物的兴趣,还可以培养学生的动手能力、创造能力以及团队协作精神,同时,对学生认识问题、分析问题以及思想的转变有重要作用,这为生态德育的有效实施提供了保障。下面以"探究二氧化碳对植物生长的影响"为例。

案例:探究二氧化硫对植物生长的影响

【实验目标】

1. 使学生认识到二氧化硫对植物生长的影响。
2. 使学生熟练使用各种实验仪器,掌握探究实验方案的设计过程。
3. 唤起学生的生态环保意识,加强学生的生态责任感。

【教学过程】

1. 教师利用引言,要求学生说出自己对二氧化硫的性质和作用的了解。

教师总结:随着科学技术的进步和生产力的提高,生态环境问题出现,酸雨已严重威胁到人类和其他动植物的生存。

2. 创设情境,引入新课。

播放有关影像,向学生展示酸雨的成因,对建筑物、土壤、农作物的危害,引起学生的忧患意识和社会责任感。

过渡:酸雨是由于二氧化硫、氮的氧化物等酸性气体形成的,它已成为当今三大环境问题之一。为了加深同学们对酸雨危害性的了解,我们来做一个实脸——探究二氧化硫对植物生长的影响。

3. 各小组内成员相互讨论,设计实验方案,教师针对学生的实验设计方案提出评价并给予适当补充,完善实验方案,并选出最佳的实验方案。最佳方案如下。

(1)材料器具:

主要器具:干燥器、托盘天平、两个花盆、烧杯。

实验材料:玉米种子、葱。

试剂:浓硫酸、无水硫酸钠。

(2)实验步骤:

①在实验前两周,提前将玉米种子和葱种于土壤中。

②从种植的玉米和葱中各选出一株生长趋势良好的,并将选出的玉米和葱种植于装有土壤的两个花盆中,给花盆浇水并移入干燥器中。

③称取 0.5 g 无水硫酸钠置于烧杯中,滴加几滴浓硫酸,然后马上把该烧杯转入一个干燥器中。

④将两个干燥器放到窗台接受阳光照射,几小时后开始观察叶片颜色的变化和各植株的生长状况,做好记录。

4. 分析结果,讨论交流。各小组根据实验数据记录分析随时间的变化植物叶片颜色出现何种变化,分享实验结果,探讨实验过程中遇到的问题,分析实验中发生的反应。讨论酸雨的组成成分是什么,造成大气污染的主要原因是什么,酸雨的危害有哪些,如何抑制酸雨的产生。

5. 加深学生对酸雨危害性的认识,并意识到保护环境的重要性。酸雨会损害森林、植被,对自然生态系统造成严重危害。它直接破坏植物的叶肉组织,使叶片失绿,严重危害植物的生长发育,浓度高时会使植物枯死。

6. 环境保护,从我做起。提醒学生谨慎处理实验中用过的浓硫酸、无水硫酸钠等试剂,展示一组人类的环保活动使环境得到改善的图片及废电池的污染数据,鼓励学生保护环境从小事做起。

【案例评析】

本案例通过引言部分,让学生说出他们对酸雨的了解,再通过酸雨相关影像的播放,使学生对酸雨有了一个基本印象,初步了解酸雨的危害。探究实验给学生带来直观的感性认识,让他们认识到酸雨对植物生长的危害,增强学生的环境忧患意识和环保意识。

(二)课外活动加强

课外活动是教育活动的另一种表现形式,是课堂教学的补充和延伸,在培养学生全面发展和优良的品德素质上有重要的作用。在课外活动中,学生可通过阅览室阅读、网上查找资料、观看视频等途径了解目前全球生态环境状况,通过社会调查、访谈、参观自然保护区、课题研究等形式,亲身体验、直接接触实际,了解生态破坏带来的不利影响,更能深刻体会生态保护的重要性,激发热爱家乡、热爱自然的情感,从而增强生态责任感,自觉为维护美好的生态环境做贡献。课外活动丰富多彩,主要类型包括专题讲座、主题班会、研究性学习、社会实践等。在生物课堂教学之余,教师应将学生置于课外活动中,通过丰富多彩的课外活动加强学生的生态德育。

1. 主题班会

主题班会是班级教育活动的形式之一,同时也是班主任向学生进行生态德育的有效形式。主题班会能让个人在集体活动中受到教育、得到熏陶,对学生思想观念的转变和综合素质的提高具有不可估量的作用。下面以"节能减排,我们行动"为例。

案例:节能减排,我们行动

【活动目的】

为响应节能减排行动,争当"环境小卫士",我们举行"节能减排,我们在行动"主题队会,通过歌伴舞《我们的生活真幸福》、观看视频、表演相声《节约用水》、废旧物品小制作展示等节目,激发学生保护环境、节能减排的情感,并倡议学生从我做起,爱护环境。

【活动准备】

教师制作多媒体课件,队员搜集、了解有关环保资料。

【活动过程】

一、开场队会仪式(略)

二、歌伴舞《我们的生活多幸福》

三、诗朗诵《珍惜现在,拥抱未来》

四、现场互动讨论

观看视频、图片。

主持人甲:看了这段视频,你想说点什么?(采访同学)

主持人甲:看来这段视频给大家的内心带来了很大的震撼,也带来了很多启发。水的确是宝贵的,我们应该好好珍惜它。不要等到地球上最后一滴水是你的眼泪的时候才后悔。

主持人乙:是啊,愿涛涛能够早日和我们一样过上幸福的生活,也希望我们每个同学都能行动起来,珍惜每一滴水。

主持人甲:其实不只是水资源需要我们节约,目前世界上的很多能源都向我们亮出了红灯,比如原油、煤炭、天然气,生态环境也在日益恶化。

主持人乙：那我们应该怎么样节约资源呢？

主持人甲：下面就请品尝我们为大家准备的"节能减排串串香"。

五、节能减排串串香(相声、快板)(略)

主持人丁：节能减排不能只是纸上谈兵，还是看看我们的实际行动吧。请欣赏"变废为宝时装秀"！

六、变废为宝时装秀

七、总结、倡议

主持人：同学们，让我们团结起来，一起节能减排，争当环境小卫士吧！

齐：在场的所有同学，让我们喊出我们的心声：

蓝天白云，悠悠我心；碧水青山，悠悠我情。

保护自然，生生不息；持续发展，循环规律。

幸福生活，来之不易；一滴一粒，当珍当惜。

节能意识，相伴相依；节能减排，从我做起！

【案例评析】

"节能减排，我们行动"的主题思想贯穿整个班会。视频播放、舞蹈表演、现场互动、相声表演、废物利用等环节加深学生对环境污染的认识，强化了学生节能环保的意识，使学生个人的思想得到转化，养成良好行为规范。

2. 社会实践

社会实践活动是课堂教学的延伸，要求学生从生活、社会现实中提出问题，并开展探究、体验、实践。通过参加社会实践活动，学生可将课堂上所学的生物知识应用到生活中，实现知识的迁移和运用，实现学有所用。中学阶段是对学生进行价值观教育和思想道德教育的关键阶段，在生物教学中开展社会实践活动，使教学方法更加多样化，不仅开拓了学生的视野，培养了学生的思维能力、问题分析能力和实践能力，而且培养了学生正确的思想道德意识。下面以"××市××镇周边地区河流水污染状况的调查"为例。

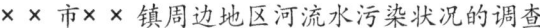

××市××镇周边地区河流水污染状况的调查

【活动背景】

水是生命组成必不可少的部分,但是比比皆是的污染水源状况令人触目惊心。基于以上背景,高一年级(3)班学生提出水污染状况调查的社会实践活动方案,旨在提高高中学生对水域的保护意识,让学生知道污染的危害和主要原因,保护环境,从我做起。

【活动目标】

1. 通过实地调查水污染状况,知道水污染的主要原因和危害,激发学生的环保意识和环保责任,呼唤民众的环保意识。

2. 通过调查研究,培养学生对自然环境进行实地考察和调查的能力。

3. 培养学生吃苦耐劳、团结协作、不畏困难的精神,提高学生的综合素质和能力。

【活动过程】

活动1:了解河流有关背景

在生活区选择较重要的河流,到图书馆或通过寻问当地老人,查询这条河流的历史变迁,包括历史上的水流情况,河中水生生物的情况。调查周围是否有工业区、商业区、居民区。如果有的话,这些人类活动区对河流有什么影响?河流污染后对当地人们的生活有什么影响?

走访河道管理部门,请工作人员介绍现在河道的管理情况并记录河流水质、河水利用、河道航运等有关情况,注意观察河流沿岸是否有工厂。有无工业污水排放?有无生活垃圾入河和生活污水排放入河?河流堤坝修葺情况如何?目前的污染状况如何?今后将采取哪些措施来治理污染?

活动2:河道实地考察

沿河道考察周围环境状况,记录下向河中排放污染物的单位和污染物的种类。在河流沿线选择观测点,记录有关废弃物的种类和数量,并注意观察河水的颜色、气味、混浊度等水质情况。

活动3：实地调查河中生物情况

调查了解河中生物如鱼类、水生植物的情况，想一想河水水质对它们有什么影响（并请专业教师给学生讲解产生影响的原因）。

活动4：采取行动

将参与活动的学生分成几个小组，设计一些力所能及的活动，参与到保护河流环境的行动中。例如，利用周末在社区做一些宣传工作，对向河道中抛弃垃圾的行为进行劝阻；积极参与社区的环境清洁工作，如捡拾河岸上的垃圾。

活动结束后，学生进行讨论，并结合环保宣传活动开展环保科技小论文、小制作等比赛，拓展环境教育科技活动的内涵。

【案例评析】

学生亲自参与活动方案的设计、活动的调查，参与了整个研究探索过程，目睹了河流受污染的情况，增强了生态善恶感。同时，学生参与考察和分析河流污水产生的原因和影响，小组讨论挽救河流生态环境的策略，积极参与到保护河流的行动中，培养了生态正义感和社会责任心。

3. 研究性学习

研究性学习是一种实践性较强的教学活动。在教师的指导下，学生通过研究性学习，亲历知识产生与形成过程，学会获取知识的方法。高中生已具备一定的自主学习和探究能力，他们可从课本或和生活中寻找研究课题，通过研究实践，使自己除了获得科学文化知识外，还在情感上慢慢建立起一种对生活的亲和力，热爱和珍惜生活，养成良好的行为习惯。下面以"节电节能"为例。

案例：节电节能

【问题提出】

2018年，浙江出现严重的拉闸限电现象。缺电、缺水、缺能源在制约经济发展的同时,严重影响了人民群众的日常生活和学习。把科学探讨各种节电、节能的方法作为中学生研究性学习的一个课题,具有深远的现实意义。

【研究方案设计】

研究方法:文献法、调查法、实验法。

【研究实施】

1. 实地调研。

在整个学习过程中,学生分工合作,部分学生对自己所在小区、街道的居民用电情况进行了问卷调查。调查共发放调查问卷200份,收回有效问卷192份。

2. 调查研究。

学生上网或到图书馆查阅有关报纸新闻,寻找节电、节能的方法。白炽灯换成节能灯是否真能省电?家用电器不拔插头处于待机状态是否真的耗电?学生带着这两个问题多次走访了当地的灯具市场,向专业人士请教。还有部分学生通过学校联系走访了供电公司,听取专家对节电、节能的指导意见。

3. 实验论证。

学生通过多方努力,在有力实验论证下得出使用节能电器确实可以大大地节电、节能。

【研究成果】

在课题实施过程中,为调动学生的积极性,笔者在班级中专门组织了"节能宣传周"活动,向全体学生征集节能"金点子",收集了许多生活中节电、节能的好点子。

(1)照明灯节电方法:用节能灯替换以往的白炽灯。

(2)电视机节电方法:屏幕不要太亮,不要经常开关机,关机时拔插头。

(3)冰箱节电方法:少开门,快关门,定时除霜。冰箱内食物不要太满,以防阻碍冷气流通。

(4)电饭锅节电方法:煮饭时用热水,用毕拔插头。

(5)空调节电方法:温度别太低,利用定时功能,首选变频空调。

【研究总结】

地球上的资源是有限的,我国人口众多,人均资源低于世界水平。因此,我们在日常生活中因该注意节水、节电、节能,珍爱资源,真正将每份资源用到实处。活动不仅培养了学生的创新意识和创新能力,还加强了学生的节电、节能意识,更拓展到节水、环境保护意识。

【案例评析】

该研究课题贴近学生的生活,能较好地激发学生的学习兴趣。研究性学习不仅提高了学生的创新能力和思考问题能力,还让学生了解生活中节电节能的方法,加强了学生环保意识,促使学生在生活中注意节约水电。

四、高中生物教学中实施生态德育的策略

加强生态德育,提高青少年生态道德素养已形成共识,但是对青少年进行生态德育并不是件易事。根据科学教育理论,笔者提出以下在生物教学中培养生态道德的基本策略。

(一)以人为本,充分体现学生的主体性

生态德育作为一项培养人的活动,其最终任务是帮助学生养成生态道德行为。如果学生没有主动积极地参与生态德育活动,没有投入任何情感,那么生态德育将难以取得实效。因此,德育活动中要注意突出学生的主体性,让学生在教育活动中充分进行自我教育。

第一,树立学生才是教学活动主体的正确观念。在教学活动中,教师要充分发挥学生的主体作用,懂得关心、理解、尊重学生。虽然处于客体地位,但教师要指导学生学习,帮助学生通过积极主动地参与教学活动,从而获得发展。影响学生的发展的因素可概括为外因和内因,外因主要是指教师,而内因是学生自己。外因作用受内因的影响。因此,生物教学应该重视学生自身的内因作用,相信学生具有思考和学习的能力,鼓励学生主动去获得知识,让学生自信,在活动中发挥积极性和能动性,实现自我学习,自我发展。

第二,师生关系平等和谐,生生、师生的互动。师生关系是通过教与学建立起来的教学活动中最基本的人际关系,直接影响着教学活动的进行和教学效果。传统教学中教师处于主体地位,学生是课堂的客体,教师唱主角,学生只有倾听和无条件服从。师生关系处在不和谐、不平等的位置上,课堂气氛难以融洽,师生都体会不到课堂活动中的乐趣。新一轮基础教育课程改革对师生关系进行了重新定义,教学中教师尊重、关爱学生,与学生进行平等对话,相信、鼓励学生勇于发表个人看法。为了体现学生的主体性,教师应充分调动学生的积极性,让学生积极主动地加入教学活动,打破教师"满堂灌输""独霸课堂"的局面。要实现这一目标,师生间进行教学互动是关键,教师还可以通过学生提问、合作学习、相互讨论等方式唤醒学生的主体意识。在实际教学中,教师应该尊重学生课堂发言权,尊重学生的见解,给予学生表现自我、锻炼自我的机会。

(二)生态化教学

生物学认为生态系统包括生物群落和无机环境两部分,其中各生态要素是密不可分的,它们之间存在着相互依存、相互制约的关系。学校教育可比拟为一个生态系统,其生态要素包括教材、教师、学生、课程设置等。因此,同生物圈这个大生态系统一样,学校教育具有和谐共生性、开放性、过程性等特点。

1. 和谐共生性

传统教学中,教师控制着整个课堂,学生只有听命被动地接受知识,师生地位存在较大差距。生态系统内部各构成因子之间相生相克,互为生长条件。师生同作为课堂教学生态系统中的生态要素,应该遵守生态系统和谐共生性原则,即师生地位应该平等。因此,教师作为课堂的指导者,应引导学生主动参与课堂活动,师生之间主动交流、讨论,互相学习,交流信息,各自补充信息,共同发展。

2. 开放性

生态系统的开放性表现在生态系统只有与外界进行能量、信息等方面的交换才能有活力。同理,生物教学应该摒弃传统的教学模式,由"封闭式"教学转变为开放式教学,才能在新时期培养出世纪复合型、开拓型和创新型人才。在课堂教学中,教师可针对教学内容、教学方法、教学评价进行开放式教学。

对于生物内容的选择,教师不能仅仅局限于书本。时代在进步,信息在不断更新,生物领域最新成果时时刻刻都在更换,而教材不能随时更新,教材内容在某种程度上具有一定的滞后性。因此,教学内容要与时俱进,教师要随时补充新鲜的"血液",以确保教学活动充满活力。同时,教师还应该结合实际,加强人类面临的诸如环境污染、能源匮乏等问题的教育,增强学生的责任感。在教学方式上,教师应该认识到:教学有法,但教无定法。教师的教学活动不仅仅局限于课堂,可以带领学生走入社会、自然。参观动植物园、调查城市河流污染、实习等活动都能使学生亲身体验整个学习过程,把自身丰富的感性认识逐渐升华为理性认识,达到求知、求发展的高度融合。

思维的开放性表现在发散思维能力、知识迁移能力以及勇于质疑、善于提出问题。学生在课堂上获得生物学基本概念、规律、原理、方法后,能够灵活运用所学的知识,举一反三,解释生物的各种生命现象。在实际中遇到问题时,学生能够以现有的知识水平为基础,综合实际经验,发散思维,扩大思维空间,分析问题,提出解决的方案。

3.针对性教学

不同的学生在知识起点、学习风格、智力、思维等方面不一样,学生个体之间存在着差异。在教学中,教师应以学生为主体,对学生进行分析,依据学生之间的不同认知表现和接受能力,确定教学的深度和广度,制定相应教学计划,以保证全体同学都获得发展。教师还要针对不同学生的实际发展需要,制定相应教学方案,发展每个学生的兴趣、特长,使知识起点低的学生获得相应的发展,知识起点高的学生获得更深层次的发展。此外,教师还应该依据学生个性差异、学习风格的不同采取多样化的教学模式,施行知、情、意、行教学,使全体学生各得其所,获得充分发展。

(三)言传身教

作为生态德育的实施者,教师的行为具有强烈的示范性。"不能正其身,如正人何？"教师只有以身作则,以自己的行动作为示范,才能维护自己的教师形象,确立自己在教学工作中的地位。"其身正,不令而行;其身不正,虽令不从。"教师要学生进行生态德育,其自身应该具有较高的生态道德水平,无论何时何地,都应该保持较高的生态道德水平,在环境保护行动中起带头和模范作用。教师的形象对学生的影响非常大,教师的威望越高,其对学生人格感化的作用就越大。生物教师除了传授课本上的生物知识外,还背负着生态德育的重任,所以教师怀着一颗玲珑剔透的心,以教师自身独特的人格魅力展现生物学科在生态德育上的作用,使学生在潜移默化中被熏陶、感染。

第七章　高中生物教师道德责任的重塑

《基础教育课程改革纲要(试行)》和《义务教育生物学课程标准》中明确提出:要将德育教育与生物课程结合,加强高中生的德育教育工作。生物教师作为中学教师群体中的一员,对于合理开展、推进生物德育教育具有不可推卸的责任。

第一节 师德修养是影响高中生生物德育教育的重要因素

在相关的教师因素中,影响高中生生物德育教育的最大教师因素是师德修养,其次是教师期望、教师知识储备和教学方法。教师年龄、性别和职称对高中生生物德育教育的影响较小。

一、教师方面的原因

对于教师,师德修养、教师期望、教师知识储备、教学方法是教育好学生的关键因素。教师能以自身的师德修养引导学生向着积极向上的方向发展,教师的期望能激励学生,而教师丰富的知识储备和灵活多变的教学方法则是帮助学生学会和理解各种知识的基础,因此这四者为影响高中生德育教育的主要因素。年龄、性别、职称虽然是次要因素,也不能忽略。年龄和职称关系到教师的成长,性别则关系到老师是更趋于感性还是理性,但是这些方面的不足能在一定范围内被师德修养、教师期望、教师知识储备、教学方法所弥补,因而处于次要地位。不同教师在看待师德修养对高中生德育教育的影响这一问题上存在差异,具体如下所示。

第一,不同性别的教师。虽然男教师和女教师都认为师德修养对高中生物德育教育的影响最大,但是更多的女教师认为师德修养对高中生生物德育教育的影响很大,更多的男教师则认为师德修养对高中生生物德育教育有影响。这主要由不同性别的教师所处的群体性格不同所致,男性更多偏向于意志型,女性更多偏向于情感型。师德修养是道德情感和道德意志的统一体,因而女教师较注重师德修养对学生的影响。

第二,不同年龄的教师。与其他年龄段的教师相比,大多数29岁以下的教师认为师德修养对高中生生物德育教育的影响很大,其他年龄段的教师则普遍认为师德修养对高中生生物德育教育有影响。年轻教师与学生的年龄更为接近,相对于年龄较大的教师,他们并不是很成熟,教学过程对他们来说也是一个学习的过程。因此,年轻教师在主观上认为师德修养会对高中生生物德育教育产生更重要的影响。

第三,不同学科教龄的教师。大部分学科教龄在5年以下和20年以上的教师认为师德修养对高中生生物德育教育的影响很大,大多数学科教龄在5～10年和10～20年的教师则认为师德修养对高中生生物德育教育有影响。不同学科教龄的教师由于教学经验不同,对师德修养认识也存在着一定差异。学科教龄较短的教师由于教学经验不足,会比较注意自身的师德修养对学生的影响。随着教龄的增长和阅历的进一步丰富,教师会更全面地考虑学生的身心发展,比较注重高中生的德育教育问题,认为自身的师德修养对高中生的德育教育会产生重要影响。

第四,不同职称的教师。与中教一级、中教二级和中教三级的教师相比,大部分高级教师则认为师德修养对高中生生物德育教育的影响很大。一般而言,教师职称级别与教师的年龄和学科教龄成正比,职称级别较高的教师,其阅历较丰富,考虑问题比较全面,对学生的关注范围也会比较大。因此,出现这种现象与教师自身的教学成长有着某种程度的联系。

第五,不同学历的教师。拥有硕士学历的大部分教师认为师德修养对高中生生物德育教育的影响很大,拥有专科学历的教师则认为师德修养对高中生生物德育教育有影响。教师学历越高就意味着有更多的时间和机会接触到新的教学理论,掌握的教育、教学理论就越多。新的教学理念更注重学生的德育教育,学历较高的教师受教育时间较长,他们的思想素质水平相对较高,比较注重自身的师德修养建设,因此,学历较高的教师认为师德修养对学生的德育教育的影响较大。

第六,不同教师的不同成长阶段。随着教师教学时间的增长,他们对自身师德修养的认识也在发生着变化,总体而言是一个从不注重师德修养到注重师德修养的过程,因而加速教师的成长也是有助于高中生德育教育的一种方法。

二、学生方面的原因

青春期的高中生生理、心理和社会性发展方面都有显著的变化,主要表现为身心发展迅速,但是生理和心理发展又不协调,是一个各种矛盾都比较集中的时期。在此期间,其心理活动的矛盾可以概括为四个方面:一是心理上的成人感与半成熟现状之间的矛盾。他们认为自己的思想和行为已经达到成人水平,并要求得到成人该有的社会地位,希望得到成人式的信任和尊重。事实上,他们的认知水平、思维方式和社会经验都处于半成熟状态。二是心理断乳与精神依托之间的矛盾。他们要求在精神生活方面摆脱成人,有独立自主的决定权,但是在面对许多复杂的矛盾和困惑时,依然希望在精神上得到成人的理解、支持和保护。三是心理闭锁性与开放性之间的矛盾。成人感和独立自主意识使他们将自己的内心世界封闭,这时的青少年认为成人不理解他们,从而对成人产生不满和不信任,又增加其闭锁性的程度。与此同时,青少年很希望与他人交流、沟通自己的诸多烦恼,并得到他人的理解。他们希望在一定程度上向自己认为可信赖的成人朋友吐露心声。四是成就感与挫折感的交替。青少年在获得成功或取得良好成绩时会感到超越一般的优越感与成就感,在遇到失利或失败时会产生自暴自弃的挫折感。这两种情绪体验常常交替出现,一时激情满怀,一时低沉沮丧。高中生的这些特征便是对其进行思想道德建设的心理学依据。

对学生而言,师德修养水平高、学科知识丰富、教学方法适当、经常关注自己的教师更为平易近人。教师有意识或者无意识的引导能对学生产生相当大的作用,因而师德修养、教师期望、教师知识储备、教学方法对高中生生物德育教育的影响较大些。年龄、性别、职称、学历和学科教龄等对学生也有一定的影响,但这些是客观因素,并不能决定教学效果的好坏。

在教师因素中,学生认为师德修养对于高中生生物德育教育的影响最大。这是因为教师对学生来说具有较高的权威,教师是学生的重要学习榜样,他们的言行举止也更易被学生接受和认可。而良好的师德师风不仅是教师自身的行为规范,也是作用于学生的教育因素,它会对学生的一生产生重要影响。就实际情况来说,教师的道德品质、行为举止、为人处事等方面的表现在教育过程中实际上是作为教育内容而存在的。当教师把抽象的德育教育具体化到实践中时,学生便会在无形中受到相应的启迪和教育。

另外,高中生的学习能力比较差,教学效果很大程度上取决于教师个人的教学水平和能力。影响课堂教学有效性的教师因素有教师的教学理念、教师的受教育水平及教师的教学能力。

在教师因素中,教师的期望对学生有着十分重要的影响。在课堂中,教师对不同的学生表现出不同的期望,相应地,学生产生的学习效果也不同。教师对学生的期望越高,学生取得的成就越大。相反,如果教师对某个学生的期望较低,在教学的过程中就很容易忽视他,学生取得成就也就会越小。

教师的人格魅力和良好的道德品质往往在无形之中感召学生,激发学生对教师所教学科的兴趣。教师认知活动的基础是教师知识。教师的知识越渊博,受到学生的喜爱越多。此类型的教师能更好地扩展学生的精神世界,从而激发学生的求知欲。此外,教师思维特点、个性特征、教学基本功、审美情趣等对学生的学习也有一定的影响。

综上所述,生物教师自身的道德修养对学生德育教育有着至关重要的影响。由此,要想提高德育水平,需要从教师的道德修养入手,帮助教师重塑道德责任,在责任的驱使下提升教师的道德素养。

第二节 重塑教师道德责任的紧迫性

教师是人类最高尚、最受人尊敬的职业之一。教育这一行业被认为是社会上最神圣的职业,人们把教师看作人类灵魂的工程师。然而,教师职业道德出现的种种问题和关于道德是非的争论,都与教师道德责任这一重要问题有关,引起广大教师和社会公众的高度关注。那么,教师作为一个职业人员,在教书育人、立德树人的过程中,究竟是否具有一种特定的职业道德责任?为什么当前重视和强调教师道德责任?这是需要人们首先要弄清楚的问题。

一、教师道德责任缺失的表现及案例分析

(一)价值观念失衡

1.利己主义

在2008年汶川大地震发生时,一名教师丢弃学生于不顾,自己率先逃到操场。之后在地震后的第十天,他在网上写下了一篇博文,叙述自己在震中及震后的经历。文中写道:"我是一个追求自由和公正的人,却不是先人后己、勇于牺牲自我的人!在这种生死抉择的瞬间,只有为了我的女儿我才可能考虑牺牲自我,其他人,哪怕是我的母亲,在这种情况下我也不会管的。"这些言论发表后掀起轩然大波,将他

推向道德舆论的焦点。许多人群起攻之,批评、斥责声不绝于耳。他认为作为一名教师,没有必须冒着生命危险去救学生这一义务。这些言论引发了部分网民对其教师道德素养的关注与讨论,著名的"逃跑门"事件由最初的集体谴责演变为一场对教师道德的辩论。

作为教师,面对这样的情况是救学生还是自救?作为一个普通的生命个体,面对突发性灾难时,都会表现出对他人生命的人性关怀,教师更应该有保护学生的意识与信念。然而,有些教师在处理个人和集体的关系时,把个人看得比集体更为重要,把个人利益置于集体利益之上。在研究项目或者课题设计时,需要不同学科进行团队合作,参与者相互尊重、取长补短,共同为研究成果贡献一分力量。但有些教师"文人相轻"思想严重,同行之间不合作,互相攻击,甚至互相诋毁。有些教师甚至利用职位之便排挤其他专家或教师,甚至与同事交恶,造成人际关系紧张。教师的道德自律要求教师在学生面前应该做好模范、榜样作用,教师的一言一行都会直接或间接影响到学生的行为举止,引导学生的道德行为选择。

2. 追逐个人利益

与看得见的物质利益相比,道德在个别教师面前显得微不足道。有些教师做事计较个人得失,选择比较轻松容易的事,对自己有利的事情表现积极,对自己无利的事情则推脱逃避。有些教师主要精力不放在课堂授课上,而用于搞校外副业、挣钱,造成时间和精力分散,影响教学、科研质量和水平的提高。他们认为,干活是为了攒钱,奉献是为了索取。这些想法都是有悖于教师伦理道德的。

3. 社会思想淡漠

在重视教育的今天,教师的特殊性更加要求教师学高为师、身正为范。教师为人师表的责任更加重大。然而,当前我国一些教师不信奉崇高而喜欢低俗,不崇尚艰苦奋斗而贪图享乐,甚至表现出社会意识和社会责任感淡漠,价值取向急功近利。在一些教师看来,学生的学习成绩、升学率或就业率才是重中之重。

(二)教育效果失真

为促进教师教学质量的提高,提高学校师资队伍的实力,学校会定期对教师的能力水平、教学成果进行检验,而这些都是由相关数据来说明的。教师的考评制度不是引导一些教师把重点放在教书育人这一使命上,而是引导教师比拼论文发表数量、课题申请的数量、活动经费的多少以及各种头衔称号,在教学教育之外大做文章。有些教师注重项目或课题研究,将自己当做研究性学者,认为优秀的教师是从事科研比教学更加重要,不关注学生知识的吸收,不关心教学质量的提高。他们认为,科研是收益,教学是支出。个别教师作为学校行政工作人员的同时更加看重行政职务,对日常的教学只是走过场,将一线教学当作任务应付了事。个别教师对于上课不够重视,有时因为私人原因不能定时给学生上课,有时课堂讲授的准备工作不充分,整节课侃侃而谈,讲些与课程无关的内容来应付学生和学校。现在的教师几乎都很重视学生的学习,但是大多数教师只是重视学生考试考多少分,重视学生在班级、学校排多少名,重视学生能考哪所重点学校,而不是关心学生到底学到了多少内容。这种带有功利性的教育是畸形的、扭曲的,需要得到教师的重视,并予以纠正。教师应该正确认识到,学问与文凭并不一定是成正比关系的。对于教书育人这一职责,有些教师只重视前者而忽视后者,只关心完成教学进度和教学任务,而对学生的思想道德教育和心理发展漠不关心;甚至有些片面认为教师的职责就是传授知识,认为关心学生的身心健康、人格培育、思想发展等都是班主任老师或辅导员的职责。在当今现实生活中,教师对学生教育不当,教育目标发生偏差,会使得社会不稳定因素上升乃至发生危机。

(三)职业行为失范

1.厌岗怠业

一些教师职业理想淡漠,职业怠倦,对自己的工作缺乏热情,不能从工作中获得存在感与满足感,缺乏崇高职业使命感和责任感,有时甚至充满疲劳和不满情绪。这些不良情绪会感染和影响学生,导致教师教学质量下降。另外,有些教师不愿意与人沟通交流,与同事和学生关系不融洽。有些教师抱有消极、否定的态度,在自我评价时低于预期设定的目标,产生过度的自卑感和强烈的离职倾向。

2. 对学生缺少关爱

有些教师只想完成自己教学任务,对学生缺乏沟通与了解、认可与尊重。更有甚者以漠视、厌烦的态度对待学生,对学生进行挖苦、讽刺,没有关怀之心。有些教师不能平等地对待学生,缺乏公正之心,偏爱好学生,厚此薄彼。有些教师对学生不能严格要求,考试前告知学生考试内容,划考试范围和重点,平时作业和考试睁一只眼闭一只眼。有些教师为了保证自己教学质量和考核成绩,随意给学生打高分。

3. 言行不一致

教师应该具备一定的道德观念并且身体力行。教师职业的特殊性强调教师要严于律己,以身作则。教师职业的特殊性在于他们既在说又在做,即他们必须通过言语和行为来履行道德教育的责任。教师在向学生讲解、宣传主流道德观念时,又将自己的所作所为同时展现在学生面前。在现实中,一些教师不能以严肃认真的态度对待教学,上课随意接打电话,仪容仪表不整洁,言行举止粗俗。个别教师言行举止不一,扮演着双面人的角色。有些教师面对学生时言之有理,做出的行为却背道而驰。

(四)背离学术道德

1. 学术腐败化

今天的学术在市场经济的主导下成为生产和消费体系下的附属品,学术成为谋得可以看见的物质利益和荣誉的工具和跳板。唯物主义和享乐主义将学术工具化、庸俗化,在学术界出现学术不端和学术腐败的道德失范现象。有些教师为了职称评定、申报科研项目等,做出损害学术纯洁性的非学术行为,如履历造假、伪造研究成果、篡改数据、抄袭剽窃论文、花钱发表文章等,缺乏对学术研究应该抱有的认真严谨、实事求是的态度。

2. 学问功利化

在市场经济的作用下,个人或团体都存在着追求利益的热切欲望,人们的积极性被利益充分地激发出来。有些教师出现了追名逐利、心浮气躁、急功近利的实用主义心理,使得学校不再是远离社会现实的象牙塔。有些教师在潜意识里产生"出售知识"和"商品交换"的心理,做效益高、利益最大化的牟利行为,认为长期从事学术研究是在做一项见效慢的无用功。康德指出,非功利性是一切终极价值的条件。教师不能以功利性的态度来从事教育事业和学术研究,这不仅玷污了学术的殿堂,也为社会带来了很大的负面影响。

二、教师道德责任缺失的原因

(一)形而上:内在价值观因素

价值观是指导人类实践的牵引力,它对人类实践行为具有选择性,同时人类在实践的过程中不断总结、形成自己的价值观。校长自身的领导价值观指引着领导实践的方式、态度和结果,同时校长的领导实践又补充已有价值观或形成新的领导价值观。教师的教育教学价值观牵引着教学实践的方式、态度和结果,同时教师的教学实践又补充已有价值观或形成新的教学价值观。因此,教师师德失范、校长领导师德建设的成效不佳,根本原因在于两者各自个体内在价值观偏差:教师的教学价值观偏差导致职业实践道德行为失准失范,校长的领导价值观偏差导致领导师德建设成效不佳。

1. 实践中价值观冲突

校长的领导实践和教师的教学实践都处于一个动态变化的过程。他们的价值观随着实践的动态变化而变化,也处于一个动态变化之中。马克思主义唯物辩证法认为,矛盾存在于一切事物的运动、变化、发展过程的始终。校长与教师只有在这一过程中不断地平衡矛盾,处理好价值观冲突,树立并坚持正确的核心价值观,才能使实践达到预期的目的。

(1)对于校长而言的价值观冲突

校长领导师德建设的价值观冲突是指校长作为领导主体,对师德建设客体的新旧目标、认识、需要出现了看法与观点的不一致,甚至产生了相互排斥或相互对立的情况。例如,教育改革要求校长转变传统以教师教学技能为主的教师管理价值观,大力推行师德建设,提高教师德行。但是,在学校间的考评中,对分数与升学率的考评往往比学校道德文化的考评所占大很多。

(2)对于教师而言的价值观冲突

教师自身的价值观冲突是指教师作为主体,对专业教学与道德客体的新旧认识、目标、信仰出现了看法与观点的不一致,甚至产生了相互排斥或相互对立的情况。随着社会主义市场经济的发展和社会文化多元化的发展趋势,教师的经济意识、主体意识、竞争意识增强,道德意识、集体意识合作意识减弱。外部环境的多重影响造成教师内在价值观不同内容和程度的紊乱,从而产生内心价值观冲突。

(3)对于校长与教师之间的价值观冲突

在素质教育还未全面推行、高考制度还未全面改革之际,中学的教育还是追随着高考的指挥棒,学生的考试成绩和升学率依然是教育行政部门、社会对学校教育质量评价的主要指标,绝大部分中学校长也是以"考试成绩和升学率"为价值取向来实施领导。校长对教师队伍的领导与管理偏向于硬抓教师教学技能,制定以物质和职称为主的激励措施,软抓教师道德认知与行为。而大多数教师因这种高要求、高强度的分数追求,不能满足个人对职业发展、自我价值和工作环境的需求,从而两者在价值目标、价值取向上出现了价值观的冲突。

2. 偏离核心价值观

人的核心价值观是存在于个人内在所有价值观念中精髓的价值观。如果人们的核心价值观确立,便会以"定势"和"倾向"的形式对人的思考和实践起主导作用,当遇到不同价值观时很难被改变。因此,校长与教师的核心价值观偏差是其内在价值观偏离、价值观冲突的根本原因。道德领导理论认为,教师的道德判断与行为动机来自"美好的东西使人去做"而不是"正在或将要获得的奖赏使人去做"。正确的核心价值观使教师的一切活动以学生为本,具有深刻的职业理想、信仰与信念。道德领导理论认为,校长的领导应该是以价值观、信仰为导向的领导,而不是强制的、以权力为导向领导。以价值观、信仰为导向的道德领导,是校长在其领导理念中树立起正确的核心价值观,并努力生成教师集体与之相同的正确的价值观,从而实现校长对教师队伍、师德建设的有效领导。因此,正确核心价值观的缺失,不仅使教师集体意识减弱,而且使校长和教师个体实践不符合社会、教育的客观发展规律,从而表现出师德失范、师德建设领导效能不高。

(二)形而下:外在师德建设因素

1. 学校师德建设领导体制与方式的局限

科层制下的大多数学校领导者领导师德建设时,执着于直接控制的领导方式,这是师德建设成效不高的主要原因。学校对师德建设的领导与管理手段都离不开制度、教育培训、文件精神教化等诸如此类的直接的、工具性的领导方式,更多地运用控制的领导行为策略。这种看起来目标性很强的领导策略,实质是学校领导者撇开本校教师结构和个人职业道德形成的规律,仅仅着眼于真理和科学的工具,机械地、按部就班地贯彻政策、制度、文件指示,把领导行为建立在政策与制度的框架中,把领导结果禁锢在表面化的行为结果而忽视深层的价值和精神,从而造成"训练出来的无能"这一结果。很多调研中的校长讲道,自己像个管家,学校的事务特别繁杂。而在美国教育管理学家萨乔万尼看来,"管家"不是忙的代名词,而是受管理对象信任、服务于被管理者的人。所以,校长过于依赖科层式的领导理念和方式。城市市区大多数中小学的规模不大,中学平均有两千名左右学生和一百多名教师,属于稳定且小规模的学校。如果管控多于领导,那么让学校走向更有成效的道路将是困难的。校长习惯于明确的、标准化的控制,根据制度和政策文件安排工作、监督工作、做出评价。虽然这种领导策略和方式是必要的,但是多元化的领导策略可以让师德建设的效果更快、效率更高。

教师是学校机构里的主要劳动者,他们以学校和教育的目的为目标,以细化分科为劳动分工,在完成各种活动和各种任务又不违背职业道德的条件下而相互协调。学校领导者便面临着这样的难题:应该如何协调教师的工作才能使学校整体师德有良好的表现,才能使学校有良好的运作?多元领导策略能改变校长面面俱到地跟进每一项学校工作的窘境,又能调动全校现有的一切人力、物力、财力,为师德建设出谋划策、共同商讨、一起努力。

2. 师德制度的道德引导性不强

教师的社会角色是限定在一定的制度框架之内的，师德制度引导着教师教育教学行为的基本价值取向。师德的制度规范是在一定的道德标准下制定的，失去一定道德标准的制度是无本之木。不可否认，用他律性的制度手段来建设师德是必不可少的，但是制度在制定与执行过程中的德行也是不可缺失的。制度伦理学认为，制度的价值目标可以分为目的性价值和工具性价值。制度的目的性价值与主体的需要、愿望、利益直接相联系，制度的工具性价值通过制度的程序和具体运作过程表现出来，服务于制度的目的性价值。苛刻、缺乏人性的师德制度仅仅体现了追求制度的工具性价值——效率和秩序，无视建立师德制度的最初目的性价值，以不合理、不道德的制度结构来限制和约束教师，目的和工具本末倒置。一方面，师德制度教育引导不了教师教学生活中的道德行为，激励不了教师热情投入教育事业。教师只能屈从于学校的统一安排，没有足够的自主权和话语权，心理承受着沉重的教学任务的压力和同伴的竞争压力，以致中小学教师容易产生职业怠倦感，更谈不上提升自我职业道德。另一方面，师德考评、奖惩制度在经济上对教师的物质需求和自尊需求有一定的激励作用，但是在道德层面上对教师的专业发展的激励作用是小之又小。因此，师德制度缺乏德行是激励作用小、育人方向偏差的结果。

3. 利益相关者的合作不足

（1）教师与学校领导之间

中学校长与教师的关系是典型的科层等级关系，校长以制度的理性范式使教师做屈服于权力的下属。小学的校长与教师的关系是典型的利用"个人心理-技术权威"，运用良好的人际关系技能使人服从。服从关系让原本就较松散的学校与教师的关系更加松散，他们之间的信任度低、民主度低。由于我国传统文化的影响，中小学教师对校长角色的初始心理反应是一般都是"官"，总保持着一份敬畏和服从。而"官"者也有意识或无意识地把权力凌驾于领导和管理之上，追求对事件和人的绝对控制。位于金字塔顶的校长对金字塔基层的教师师德进行直接或间接的监督、考评、教育、奖惩，生怕他们搪塞、怠慢工作，做出有违师德的行为。

道德领导理论认为，学校领导者与被领导者不同的角色定位产生不同的学校氛围,能折射出教师对工作场所的心理反应。格林菲尔德1991年对都市小学的研究中证明:教师的道德取向集中在他们与校长及与他人的关系上。学校领导者与被领导者的角色关系是学校领导的基础。随着教育改革的不断推进,校长的自主权力也在不断地扩大,学校校长的角色也必须做出调整,校长对自我的角色定位须更加明确和灵活。

(2)教师之间

教师的任务毋庸置疑首先是教学,传道授业解惑是教师的共同职责。从单个教学活动来看,教师的教学是独立的,而从整个学校的教学任务来看,教师的教学是合作的。教师的角色对于其他教师来说，是有共同的专业态度和共同的专业理想的。如果单方面从教师职业角度看,教师队伍是天生有共同的专业理想的发展共同体。为什么这种教师间共同体的本质关系发展到今天会变得模糊呢？第一,制度规范的牵引力偏离本质关系。制度规范的牵引力包括"以集体利益为名"的制度规范对教师间关系所产生的作用力。这些制度规范中存在不合理、无意义的安排,过分强调竞争的内容是阻碍教师团队精神的形成、模糊教师以共同的专业理想为关系定位的不利因素。第二,教师个体心理态度阻碍本质关系形成。教师个体出于强烈的自尊心,恐惧暴露自我能力缺陷和知识盲区等缺点,常常压制自己的求知心,不敢公开与其他专业人员取经、交流、探讨、合作。教师在潜意识里把自己的教学孤立起来,寻找其他途径提高教学能力和道德能力。教师个体心理态度的作祟是导致教师间关系定位不明确的主要因素。教师团队精神的形成、共同体关系的明确最终还是需要教师担负起自我建设的责任。

第三节 教师道德责任的内容和判断原则

一、教师道德责任的内容界定

个人的责任是通过个人承担的具体社会角色得以实现的。个人在社会中有多少种社会角色,就必须承担多少种相应的道德责任。任何职业都会有一定的道德要求,这是这一职业被他人、被这个社会所认可的基础。就教师而言,从踏入教师职业领域开始,教师就能感受到一种生命中要承受之重的意义。教师的角色化存在是一个有着很深厚的道德范导意义的角色化存在。它总是凝聚着教师对自身使命的某种敬畏。敬畏必然表现为道义、良知和职责,事实上,它通过教师角色的耻辱感来体现"有所为有所不为"的道德自律,体现为道德责任感和道德使命感。教师以个人的方式去理解和实践这份意义,这种道德责任与教师的生活密切相关。

教师的道德责任的构成是由教师的角色所决定的。作为普通社会生活中的一员,教师有在日常生活中的一般道德责任,同时教师作为一个特定职业的主体,又有属于教育工作本身的特殊的道德责任。教师在社会关系中的角色和地位以及教师作为教育工作者角色的特殊性,决定了教师必须面对并具备上述两类道德责任。教师必须比一般人更严格地履行一般的社会道德责任,成为真正的道德榜样;教师更应当实现教师特殊的道德责任,引导学生的道德素养和价值观念的发展与形成。

(一)教师一般的道德责任

虽然每个人各不相同,但是有一点是相同的,即最终目标——至善和幸福。人生存的目的不仅在于道德的日益自我完善,还在于把人周围的一切整理得更合乎道德,从而人本身日益幸福。社会的最终目标就是社会中的所有可能的成员为了能够达到思想与信念的统一而共同努力。人的社会使命就是促进这种共同完善的过程。一方面要造成自我完善,另一方面通过反作用于他人,造成别人的完善。人们具有直接传播和提高社会道德风尚的职责,每个人都应竭尽全力,促进全社会成员的道德完善,而且这是绝对的、普遍的职责。

教师在社会生活中的道德责任,是要自觉遵守社会公德,有直接传播和提高社会道德风尚的职责。教师职业本身就有为人师表的要求,教师要自觉遵纪守法,遵守社会公德,为他人树立良好的道德形象,做出道德表率,在全社会树立教师的威信,在全社会形成尊师重教的良好风气和社会意识。教师在社会交往过程中,要尊重他人,要有为他人服务的主动与热情,积极为他人服务,使教师赢得更多人的尊敬,更顺利地进行教育的工作。教师要诚恳虚心地向他人学习,使自己的知识结构不断完善,使头脑中的知识体系随时得到补充、更新和调整。因此,教师一方面要向书本学习,另一方面也要在自身所处的社会环境中虚心诚恳地向社会各种关系学习。

教师在人们的心目中有特殊的形象特征。教师在社会交往中处理好人际关系也显得尤为重要,首先有利于创造最佳教育环境和生活环境。教师与社会的积极交往可以动员全社会的力量关心青少年的成长,及时协调各种教育因素的关系,使它们之间互相补充、互相配合,同时还可以更好地满足教师自身生活和工作的需要,使教师更好地把精力投入培养学生的工作中。处理好教师与社会交往中的人际关系,有利于全社会精神文明水平的提高。教师可以通过自己同社会交往中的人际关系,促进社会不良风气的转变,帮助人们树立正确的是非观念,明白真善美与假恶丑,提高识别能力,提升社会文明水平。

(二)教师特殊的道德责任

人类社会的发展是代代相传的。人类社会积攒的文化科学知识和各种实践技能需要有人系统地、科学地传给未来一代。在人类社会的发展中,教师传承着人类文明文化的道德责任,教师是人类社会发展和延续的缔造者。韩愈在《师说》中指出:"师者,所以传道授业解惑也。"一直以来,教书育人是大家普遍认同的教师基本职责,不容置疑。但仅此四个字,其含义却极其丰富。在现代教育背景下,时代赋予了这一职责更为丰富的内涵。

1. 学生方面

首先,培养学生的学习习惯和学习方法。在社会发展进程中,教师是通过对文化知识的传播而发挥其功能作用的。教师是知识的传授者、先进生产力和先进文化的弘扬者和推动者。他们在文化的传承、延续和创新中起着纽带和桥梁作用。因此,讲解教材、答疑解惑、传授文化知识,就成为教师角色的当然职责。但教书不仅是传播知识,更重要的是培养学生多方面的能力素质。教师在教授知识、开阔学生视野的同时,要以奠定学生的能力基础为目的,不仅要努力培养学生的思维能力、学科技能,而且要培养学生的实践能力、创新能力、自主学习能力以及合作能力等素质,为学生的发展奠定良好的基础。

习惯是素质的重要内容,学习习惯作为一种自动化行为倾向,对学生的学习实践至关重要。良好习惯的养成是学生进行学习活动的保证。我国当代著名教育家叶圣陶曾明确指出:"什么是教育?一句话,就是要养成良好的学习习惯。"青少年学生正处于身心快速发展阶段,是培养良好习惯的最佳时期。同时,21世纪是知识经济社会、学习化社会,它要求人们必须终身学习,具有很强的自主学习能力。正所谓"授人以鱼,不如授人以渔。"著名教育家卢梭指出,教育的问题不在于告诉他一个真理,而在于教他怎样去发现真理。随着终身教育理念的确立和终生教育体系的形成,教师必须加强学生学习策略的研究及对学生学法的指导。教师教给学生的知识是有限的,培养其良好的学习习惯及科学的学习策略会使学生受益无穷。教师要以平等、尊重、爱护的姿态对待每一个学生,对学生遇到的各种思想道德、科学知识、生命生活的问题都要予以重视,以人为本,关心每一个生命的成长。教师作为学生学习的引导者,理应担负起这一义不容辞的责任。

其次,培养良好的思想道德素质及心理健康人格。教师不仅担负着教书的责任,还担负着传道育人的责任。人们常说,教师是人类灵魂的工程师。这句话反映了教师在教育过程中对人的精神境界的引导和塑造的作用。苏联教育家苏霍姆林斯基认为,教师不仅是学科的教员,而且是学生的教育者、生活的导师和道德的引路人。英国著名的资产阶级思想家、教育家洛克也认为教师的责任更重要的是育人。他认为,教师的学问应该是有的,但它应该位于第二位,只能做发展更重要的品质之用。教师在教给学生知识、提高他们素质的同时,还要履行教学生为人处世的准则,帮助其树立正确人生观和价值观的责任。在某种意义上说,育人比教书更重要。另外,在现代社会背景下,竞争日益激烈,社会关系日益复杂,心理健康已成为学生成才的先决条件。良好的个性意识和个性特征是优良的思想道德发展的基础,是有效学习科学文化知识和进行智力开发的前提,是增进学生掌握劳动技能的保证,是促进学生身体健康的必备条件。它强烈地影响个人创造力的发展,是人成功的关键素质之一。教师要想育人成功,就应该承担维护学生心理健康、预防学生心理问题的重任,培养学生良好的心理素质及健康的情感,使学生具有高度的使命感、责任感和进取心,顽强的毅力和精神意志,有自信、乐观、公正等心理品质。教师的教育对学生的引导是非常大的,尤其是教师的言行举止,会在不知不觉中影响着学生。正如人们所说,榜样的力量是无穷的。教师在引导和培育学生的道德素养和健康人格时,不是一遍遍空洞地说教,而是以身作则,给学生树立一个好榜样。教师道德责任的一言一行都深深地感染着学生,学生也在教师的言传身教中受益匪浅。教师不需要不厌其烦地告诉学生,什么该做,什么不该做,而是要从自身做起,为学生树立一个好榜样。很多教师希望自己的学生树立远大理想,自己却终日无所事事。很多教师希望自己的学生举止文明,自己却随地吐痰,举止粗鲁。很多教师希望自己的学生诚实守信,勤俭节约,自己却口是心非,时常失信于人,且奢侈浪费。学生是教师的影子,教师的人格素养、道德品质对学生的道德培育都会有或大或小的影响,影响学生的成长。所以，教师必须时刻检点和监督自己的言行举止，做到严于律己，成为学生的良师益友。

教师是教育事业的承担者，是国家、民族下一代合格人才的培养者，教师的教育活动影响着国家和民族的未来发展。因教师角色的特殊性，教师的社会道德责任更加突出。孟子说："教者必以正。"在与学生交往过程活动中，教师的思想道德和一举一动都具有示范性，会成为学生学习和模仿的榜样，影响到学生的成长和成才。因此，教师的责任不能仅限于顺利完成教学任务，还应以自己的道德修养和道德人格来影响和带动学生。教师道德责任具有崇高性，不是可以随便更改的，具有强烈的社会道德责任是教师职业的绝对命令。

在世界观、人生观、价值观、道德观方面，学生处在成长及成熟的关键期。教师应成为学生学习的最直接的样板。在知识学习方面，教师应该调动学生学习的热情，鼓励他们探索新事物，在学生最需要的时刻，积极引导、谆谆善诱，帮助学生成长进步。在生活观念上，教师同样有道德责任，帮助学生树立良好的生活态度、有益的生活方式和行为习惯。

2. 学术方面

人类社会发展是知识创新的结果。每一次人类文明的进步，知识创新和广泛传播利用都起到了不可替代的作用，知识创新是人类社会进步的动力源泉。学校处在人类社会知识发展的前沿，大量的知识创新将在学校产生。因此，教师学术思想的创新、教学内容和教学方法的创新会对社会带来影响，教师的学术道德责任意义重大。教育部印发的《高等学校教师职业道德规范》中提到，秉持学术良知，恪守学术规范。教师在教学、科研及学术交流中，既要有务实求新、勇于探索的精神，又要力戒浮躁、力戒沽名钓誉、力戒急功近利；既要严谨求实、精益求精，又要杜绝抄袭和剽窃、粗制滥造，严禁搞假科学、伪科学。

长期以来，我国的教育教学理论与实践一直处于脱离状态。随着教育的发展、新课程理念的实施，课程与教师的关系日益发生着根本的变革。教师不仅要考虑教什么和怎样教，而且要考虑为什么教、怎样教好。进行科学研究不仅是大学教师的学术责任,现实状况对每位教师提出了挑战。身在教育教学第一线,教师对工作中的具体问题有着深刻的感受和了解,社会和教育的发展要求每位教师成为研究者。现代教育背景下的教师除了承担着教书育人、文化的传递者的角色之外,还应在自身的岗位上进行教育教学改革与学术研究,对学术科研抱有一种科学严谨、踏实求真的态度;在教育教学工作相互的理论学习和学术探讨时,勇于对自己进行反思、怀疑、批判、创新。

周济在《爱与责任——师德之魂》一文中强调,当代教师至少面临三项主要责任。一是岗位责任,就是要爱岗敬业,教书育人,为人师表,这是教师职业的本质特征。二是社会责任,人民群众把子女送到学校,就是把家庭美好的希望寄托给了学校,教师有责任把学生教好、保护好、培养好,有责任让家长放心满意,有责任促进教育公平,促进构建和谐社会。三是国家责任,我国是一个有13亿人口的大国,现代化建设的宏伟目标要求将沉重的人口负担转化为巨大的人力资源,这个转化工作主要依靠教育来承担,这是广大教师和教育工作者对民族、对未来所肩负的重要责任。教师的道德责任在教育活动中通过一种道德责任意识规范教师的行为,因为道德责任意识是教师自由意志的最高规定。高度的道德责任是一切高尚的道德行为的内在动力。教师不仅要对自己的职业道德意识承担责任,对自己的不道德行为承担责任,还要对自己职业行为的不成熟性负责任。因此,教师的道德责任是指教师在处理师生关系中,自觉履行的道德行为,对道德行为后果所承担的责任。其中对道德行为后果所承担的责任是道德责任的核心所在。任何理由都不能成为教师拒绝履行其道德责任的借口。

二、教师道德责任的判断原则

教育部与全国教育工会在1984年、1991年、1997年颁布和修订了《中小学教师职业道德规范》。2008年,有关"师德"的几次讨论先后成为舆论关注的焦点。尤其是公众关于"范跑跑"另类观点的辩驳与反驳,使教师职业道德历经了一场浴火般的考验。2008年,教育部重新修订的《中小学教师职业道德规范》提出了关爱学生,保护学生安全,从教师的职业特点和教师自身发展的角度出发,更加强调职业精神,尊重道德属性。该规范既体现了教师职业神圣性的一面,也考虑到其作为一种社会职业的平凡性,并承认教师职业境界的层次性;它既有适度超前的目标性引导,又明确了不容许超越的行为底线,因而更加适应新时期教育改革发展的特点与要求。

公众对于当今学校教育和教师教学的怀疑态度和反思,在一定程度上反映出公众对于学校与教师教学教育方面的信心与尊重,希望教师能够承担起教学任务和培养学生的道德责任。教育是一项社会责任,教师承担过少、过弱的责任,显然不符合教师的专业特征,也不符合公众利益。然而关键问题是如何对于教师道德责任程度、范围进行判定。面对复杂的社会道德生活,必须根据一些基本原则来处理教师道德责任判断时遇到的各种复杂问题和情况。根据现行的教师职业道德规范,笔者总结如下三个原则。

(一)适度原则

适度原则是指对教师的行为举止进行道德责任判断时,承担教师道德责任的范围和程度要适度。这种适度包括定性的合理,也包括定量的合适。

教师的道德责任就是教师要对其教育过程或者行为结果所产生的影响承担相应的奖惩。学生的素质发展不仅仅是学校和教师的责任,因为学生的学习与成长受到许多因素的影响,其中许多因素并不在学校与教师的控制之下,学校与教师对学生的学习与成长只能担负有限的责任。有学者批评了社会、家长对学校、教师的依赖心态:"所谓学校依赖,就是社会、家庭将学生发展、培养的重任完全交付给学校,认为学校足以挑起这一重任。人们以为学校能培养'身心既善且美'的全面发展的完人;正因为人们对学校过于依赖,人们就自然将各种学校教育能够或不能够承担的重任都压在学校身上。学校的任何失误都使这些人感到严重失望,继而特别容易走向另一极端:对学校教育彻底失望,完全不相信。当人们把孩子交给教师,就意味着把孩子的发展与进步的责任完全交给了教师。从品德发展到能力培养,从学习到生活,即使学生在学校争吵不慎摔了一跤,即便学生一怒之下从家出走,一切都是教师的责任。"许多学生家长对学校的教育普遍抱有一种近乎苛刻的态度,他们既希望学校能实现自己的理想,把孩子培养成为人中龙凤,又对孩子过分呵护照顾,唯恐出现任何意外,哪怕是微不足道的磕磕碰碰。而一旦自己的孩子在学校中受到了人身伤害,家长特别容易采取不理智的态度,造成学校与学生家长之间的法律纠纷。

教师不是先知,对于终极价值、终极发展,教师和学校都不是可以完全依赖的"万能钥匙"。教师作为一个整体,无论是教学水平还是敬业精神,或是教师作用赖以发挥的其他素养条件,都远远达不到教育发展现实的需要,更达不到未来的要求。学生的受教育过程不仅仅依赖于教师的教育行为,也离不开学校、家庭和社会环境的影响。教师责任加重到不堪重负,只能导致教师逃避道德责任。因此,如何在无伤害与发展的责任后果之间寻求平衡,使教师承担更重的道德责任后果,并使之无法回避教育行为的道德责任后果,就显得至关重要。

(二)权责相统一原则

权责相统一原则是指在进行道德责任判断时,在平等对待责任主体即教师的基础上,遵循权利与责任的比例对等,权利越大则承担的责任越大,具体体现在平等对待和差异对待相互统一。平等对待原则的基本精神是指人格上的平等,也就是责任面前人人平等。教师作为独立的行为主体,责任的承担是平等的。但是,平等对待原则并不意味着责任承担的简单相等,而是个人在承担具体的责任时,应该根据其在社会关系中所处的职业、地位、角色等来进行考虑。教师就会有不同的道德责任要求标准,并按照这种标准来判断其道德责任程度。

(三)个人责任与社会责任相统一原则

近些年来,自由主义和个人主义得到迅速发展,突出强调自我选择的自由,而把对社会的负责看作随自己意愿而变化的事情。但是,人们不可能想选择责任时就选择责任,想解除责任时就解除责任。一些人往往强调外在客观环境对自己的影响,尤其是当自己有过失需要承担道德责任的时候,往往把责任推给外在环境和社会风气,认为只是"随大流",不应该是责任的承担者。教师道德责任的实现问题,其实就是正确处理个人责任和社会责任的关系问题。个人责任的实质在于个人利益,包括两方面：对自身生存和发展应承担的责任和对自己行为后果承担的责任。社会责任的实质在于社会整体利益，是指主体对国家、民族以及对他人的生存和发展所承担的职责与使命。承担道德责任一般是与具体的个人联系在一起的，但承担道德责任的终极目标则在于社会的利益。道德责任的承担者既有社会又有个人，道德责任是对社会负责和个人负责的统一，是个人责任与社会责任的统一。

第四节 教师道德责任的实现途径及意义

一、教师道德责任的实现途径

加强教师道德责任培育，不仅要提高教师的道德责任意识，而且还需要教师道德责任的切实履行。教师道德责任的实现除了需要营造积极向上的社会道德氛围、公平公正的监督机制、奖惩分明的规章制度，教师自身强烈的道德责任感与努力自觉自愿地践行也是不可缺少的。教师的自身因素，包括教师的行为动机、道德意识、价值观态度和自控能力等，在其道德责任的实现过程中有着不可忽视的影响。对于教师道德责任实现途径的讨论围绕以下几个方面。

（一）加强教师道德建设

道德责任在教师道德建设中扮演着重要的角色，因为道德责任是社会道德意识形成的基础和道德由内而外影响个体道德行为的重要环节。在道德体系中,各种道德原则和规范总是以个体的道德责任规定为基础的。在调解各种社会关系时,每一个人首先要认清自己在社会中享有的权利和应承担的责任,并在实践中自觉地履行自身责任。换而言之,道德责任就是建立在实践基础上的对社会生活中具体责任的升华,与社会生活的联系更紧密。道德责任往往能够反映和再现现实社会生活状态,甚至直接影响人们道德责任的形成。道德责任的实现,首先在于个体道德意识的确立。虽然大部分教师对于学生和教育事业的发展都具有强烈的责任感,但不可否认的是,在市场经济和对外开放的环境下,一些市场经济的负面影响和不良社会风气也不可避免地影响着教师队伍。部分教师身上道德责任意识呈现出低于其角色职责要求的倾向,自我意识浓重,敬业精神衰退,对教师的教学工作敷衍塞责。责任感的缺失极大地影响了教师道德责任的实现,而这一问题存在的根本原因即教师道德责任意识的淡薄。在道德行为面临选择困难时,强烈的道德责任感成为道德行为的主导力量,责任意识对教师的道德意识转向道德行为起强力的支配作用。康德讲过:"道德行为不能出于爱好,只能出于责任。"所以,加强对教师的思想政治教育与职业道德教育,提高广大教师的道德素养,加强教师道德建设,无疑成为当前加强教师道德责任的一重要举措。

师德,即为人师者之德,现实生活中人们更多将其解释为教师的职业道德,是所有教育工作者均应遵守的一种道德行业规范和道德行为准则。作为教师道德实践的一种品质,教师的道德是德行与师行的相互融合。康德认为:"每一个有道德价值的人都要有所承担。没有任何承担、不负任何责任的东西,不是人而是物件。对人来说责任具有一种必要性,也可叫作自我强制性或约束性。德行的力量,不过是将责任'应该'变为责任'现实'的能力。"道德责任作为道德评价最一般的价值尺度,是一切道德价值的基础与源泉。道德的根本特性是自律性,而道德自律的最高体现便是由道德个体的内心信念和内化的规范凝聚为道德良心。道德良心是道德存在的基础,没有道德良心就没有道德;道德之所以会发生作用,完全在于人有良心并受良心驱使。而道德良心本身就是个人潜意识中的一种强烈责任感,是人们在现实生活中由于自觉意识到应有的使命、职责和任务,而产生的对他人和社会应尽义务的强烈而持久的愿望。由此,一个道德高尚的教师一定是一个对教育事业、对学生有着高度责任感的人。反之,一个教师具有高度的道德责任感与他的师德水平也是分不开的。教师职业道德是每位教师在履行自身应具备的职业责任基础上,焕发出的一种思想品德、人格、情操、行为诸方面的道德反映,是建立在教师职业责任上的更高要求的职业水准。师德在教育实践中主要表现为一种以关爱学生为核心的强烈的教师使命感和责任感。

1. 使命感教育

社会大众用"人类灵魂的工程师""蜡烛精神""春蚕精神""为人师表"等来形容教师在道德上的完善典型和理想人格。捷克著名教育家夸美纽斯认为,太阳底下再也没有比教师更崇高的职业,教师应该是道德高尚的代表人物。在汶川大地震中,许多教师以自己的实际行动成为现在教师队伍的楷模,成为引导人们积极向上的道德榜样。

现代教育技术的广泛应用使教师的作用越来越从知识技能的传授转变为道德品格的影响。教师许多优秀的品质和行为,如敬业精神、合作精神、学习与工作态度、待人友善与尊重他人等,是任何现代科学技术和教科书,任何文字、语言都不能替代的一种教育影响力。教师在教育的过程中一定要认识并充分运用这种教育影响力。相反,教师缺少道德责任感,会对学生的成长造成错误的引导。在实施教师道德责任教育过程中,要特别强调教师对工作的负责态度和敬业精神以及对学生的关心与尊重、社会发展的使命感。

2. 道德责任感培育

责任感作为一种较为丰富且复杂的情感或心理意识活动,不是一种简单的情绪表达。它虽然具有一定的稳定性,但不是先天具有的、遗传的品质,而是后天培养和造就的产物。一个具有高度的道德责任感的教师在教育实践活动中,能不断认识、了解、体验教师的道德责任意识活动,并把这种认识具体化为自己的行为规范与行为方式,并逐渐使之成为自觉自愿而非强制性的行为,最终成为个人稳定的道德品质和源于内心、自觉践行的道德行为。道德责任教育使教师在履行职责时能将被动要求、他律控制内化为主动需求、道德自律。在任何情况下,教师都严格要求自己并履行道德责任。道德之所以是道德,在于具有知道自己履行了责任这样一种意识。责任意识使得教师自觉地将道德意识转向道德行为。但总体来说,教师道德责任的实现是一个长期的过程,需要教师不断内化、提升道德责任感并进行自我监督。

人们在承担责任时必须有一定的限度。教师尽管担负着培养人、塑造人的重大职责,但教师承担道德责任时也必须在职业规定具体范围内进行,在践行道德责任时尊重其限度的客观规律性。跌破道德责任限度的最低范围及教师应尽的责任当中必须承担的、最基本的道德责任底线,教师便丧失了成为教师的条件与资格。同样,超越教师的最高道德责任限度,增加教师的额外负担,不利于教师的身体力行,会给教师造成巨大的道德压力,如果得不到及时调节和排解,还会使教师的身心健康受到损害,甚至使教师对本职工作产生厌烦和抵触情绪,影响教师教育教学活动的正常开展。

(二)制定实践性的教师职业道德规范

在道德意识确立之后,个体道德意识还需要外化为具体道德行为。只有道德意识转化为实践活动,道德的社会功能才能发挥作用,否则,社会道德只是一种空想。但在纷繁复杂的社会体系中,道德意识多元化、道德规范和道德评价多样化,个体在道德选择上受到各种利益关系的左右。调节人的道德行为仅仅依靠个人的道德良知、个人内在力量是远远不够的,离不开道德规范的辅助。社会对个体的责任规定以及个体对自身行为的责任意识往往支配着个人的道德判断,支配着个体道德行为的选择。

教师职业道德既是社会的一般道德在职业生活中的体现,是整个社会道德体系的重要组成部分,同时它又具有自己的职业特点。教师的职业道德规范能够在制度上对教师的行为进行规范和约束,遏制不负责任的思想和行为蔓延。它为教师道德责任感的培养提供了一个制度性的引导。它内含丰富的价值取向,对道德责任感的孕育和弘扬具有强大的激励和引导作用,以他律形式向教师提供一套关于什么是被允许的、什么是被鼓励的、什么是被禁止的明确的和公开的指令,为教师的道德行为设立了一个合理的范围。因此,教师的职业道德规范是进行道德责任感培养的重要依据,是制定、学习和贯彻制度规范的过程,同时也是进行道德责任感培养的过程。

相比于法律的外在强制性,道德是内在的潜移默化,其生成的过程漫长,需要讨论、协商,而非依靠强制力一蹴而就。以往的教师职业道德教育过于宽泛、理想化,缺少明确的具体层次性要求。因此,制订明确具体、可操作的教师道德规范,明晰教师在教育教学过程中的道德责任,有利于对教师在教育教学中进行价值方向引导。教师职业道德规范应该首先是作为一个普通公民的义务责任,然后充分考虑教师职业的特点。例如,在美国《教育专业伦理规范》中,教师道德规则所占比重较大,更多关注具体的教育活动中教师应该具备的道德素养和行为规范,这直接影响着教师的教学行为,限定着教师在课堂内外的各方面表现。只有真正符合时代发展、充分体现教师职业特征的道德规范,才有可能得到广大教师的自觉遵守,教师职业道德规范才可能真正发挥其应有的作用。因此,教师职业道德规范要强调教师专业精神,尊重道德属性,既看到教师职业的特殊性,也要充分看到其作为一种社会职业的普遍性,改变以往过度强调教师道德理想,改变过于高标准、严要求的做法,积极推动教师道德责任建设深入持久发展。

(三)提高教师的道德自律意识

反省是个人道德成长的途径之一。道德只有内化为自身的思想和意识,才能指导人的行为方式。道德责任内化是教师道德发展的内在动力,教师对自身言行的反思是教师道德发展的内在机制。教师的道德坚守是教师道德发展的意志反映。教师的道德修养是一个漫长的内化过程。教师在提高道德修养的过程中,不可能一帆风顺、一蹴而就,遇到问题和困惑在所难免,也会出现反复和挫折。因此,教师需要加强对自我角色、自我责任的认识、反思,勇于对自己的不良行为自我审视和自我批评。即使这一不良行为不为人所知且没有造成不良后果,教师也会产生深深的自责,并进行反省和反思。只有自觉地阶段性自我批评以及虚心接受别人的批评,及时纠正错误行为,才能不断提高自己的道德修养。如果一个人不知道区分善恶、好坏,而且缺少道德自我审视和反省能力,那么他的道德认识很难进步,道德素养将难以提升。教师应进一步升华自己的教师道德责任感,对自己提出更高的专业要求,使自己明白:为什么选择教师这一职业?自己职业的内涵是什么?应当承担什么样的责任才能有资格成为教师?只有明白了这些,才能使践行道德责任成为教师的自愿精神,成为教师的自觉行动。作为一个理性的人,自由和责任是统一的。自由包含着责任因素,选择自由本身就意味着责任。自由不仅意味着个人拥有选择的机会并承受选择的重负,而且还意味着个人必须承担其行为的后果,接受对其行动的赞扬或谴责。自由与责任实不可分。意志自由是承担道德责任的前提条件。教师要明白各种道德观念和支撑这个观念背后的原因,在面对各种价值观念和道德行为的选择时,明确自己的道德责任,主动参与责任实践,经历角色承担从而获得责任意识。因此,每位教师都应认识到,既然教师的这一角色是出于自己的自由选择,自己就必须承担相应的道德责任。

(四)提高教师的法律素养

法律是最低限度的道德。对于教师在道德上的最低要求就是不要突破法律法规法规的约束。因此,教师在提高道德素养前,首先应该提高法律素养。教育法律与道德规范对教师的言语行为具有约束和规范作用。教育法律法规对教师义务与责任的实现具有一定的强制力,是重要的教师责任实现的制约机制。但是在现实生活中,部分教师的法律观念淡薄,法律素养缺乏,在教学、教育过程中不能做到规范、合理执教,仍不同程度地存在着歧视、侮辱、体罚,甚至殴打学生等较为恶劣的行为。作为学生人生道路上的引路人,这些教师不仅没有很好地履行教书育人的职责,还使学生的身心健康受到了伤害。由此看来,提高教师的法律素养,关键是要知法、懂法。教师只有熟悉和掌握有关的教育法规,并对其有深刻的理解,拥有法律意识,才可能守法。当前与教师职业行为有关的法律法规有《中华人民共和国教育法》《中华人民共和国教师法》《中华人民共和国义务教育法》等。教师要对其中规定的教师所承担的义务与责任做到完全明确,懂得不履行或违背法律规定应该承担的后果,在教育过程中自觉地端正态度和行为方向。此外,教师还要善于用法。在教育实践中善于运用法律理论,养成遵守教育法规的习惯,并且通过法律来保护自己,维护自己和他人的权利和利益。

(五)完善教师道德责任的评估体系

学校通过加强对教师道德责任意识的考评和舆论监督,增强教师的道德责任意识,指引教师正确的道德行为方式。

第一,建立师德评价机制。学校要根据自身的实际要求,制定一套切实可行的教师职业道德评价方法,坚持客观公正、公平、公开原则,采取个人自评、学生测评、同事互评、单位考评、专家评价等多种形式,使教师认识到自己的差距和努力方向,通过定期或不定期地开展评估活动,不断提高教师的师德水平。教师业绩不仅包括专业知识、教学技能、科研和教学成果,还包括师德表现、教书育人成绩等。在考核中要突出教书育人的实绩,重点考核教师的职业道德状况、教学态度、育人效果等。评估结果存入教师档案。对师德评价结果应奖惩分明,对评估结果优秀者要予以表彰和奖励,并在职务评聘、年终考核、评优评先等方面优先考虑。师德评价不合格者年度考核应评定为不合格,并在教师职务(职称)评审、岗位聘用、评优奖励等环节实行一票否决。

第二,加强师德激励约束机制。激励就是表彰先进、工作认真、关爱学生、责任心强的教师。约束就是对违反职业道德规范的教师按照规定严肃处理,对于教师道德败坏、社会影响恶劣的教师,应坚决取消其教师资格,从而在道德和纪律的约束下,使教师自觉规范自己的言行举止。建立问责机制,对于学校有关部门、负责人追究责任。

第三,充分发挥舆论的导向和各方的监督作用。舆论的影响与监督是强化教师道德规范约束力的重要手段。要充分发挥电视、广播、报纸、网站及微博、微信、微电影等新媒体形式的作用,集中宣传高校优秀教师的典型事迹,努力为教师道德建设营造良好的舆论环境和社会氛围。构建学校、教师、学生、家长和社会多方参与的师德监督体系,充分发挥教职工代表大会、工会、学术委员会等在教师道德建设中的作用。

第四,引入教师入职竞争机制。打破传统教师任用制度,实行聘任制,可以提高教师的责任感并淘汰不具备任教能力的人,从具备相应任职资格的教师中择优录用,实现双向选择,优胜劣汰。教师被聘任上岗后,依法享受与其职务相应的待遇。学校有权对其履行岗位职责的情况进行监督,把思想品德、价值观念作为必备条件和重要考核内容,对不能正确履行职责的教师可以缓聘或解聘。聘任期满,由学校对受聘教师的思想政治表现、职业道德、业务水平和工作实绩等进行全面考核,其结果作为续聘或解聘、晋升、奖励或处分的依据。只有实行真正意义上的聘任制,才能形成竞争上岗的局面,从而保证教师队伍的高水平和高素质。

教师的特殊性要求教师群体应该对本职业抱有敬畏之心,对社会教育事业带有使命感,对于学生有爱护之心,拥有正确的道德责任意识和行为,并与学生建立平等、和谐、友爱的师生关系,培育德智体美劳全面发展的优秀学生,同时赢得社会的尊重与认可。

二、教师道德责任实现的意义

教师道德责任作为一种社会道德意识,是维系社会人与人之间关系的桥梁,有利于社会的和谐发展,有利于个人价值与利益以及时社会公共利益的实现。由此可见,实现教师道德责任与现实的实践生活是不可分割的。教师道德责任并不是一个泛泛而谈的理论话题,教师的道德意识形成和教师道德责任的履行对社会、国家的稳定、持续具有重大的意义。

(一)教师道德责任实现是学生的道德引导和影响的前提

学生是教师教学活动的行为对象。教师道德责任的实现对于学生的道德责任和价值观念的发展的影响是潜移默化、持久深远的。苏霍姆林斯基认为,教育目的是把学生培养成全面和谐发展的人,社会进步的参与者,即将智育、德育、体育、劳动教育和审美教育深入地相互渗透和相互交织,使这几方面的教育呈现为一个统一的完整过程。教师不仅向学生传授科学文化知识，引导他们掌握学习技能、学习方法和形成良好的学习习惯，而且要培育学生德育方面的发展，引导他们树立正确的价值观念、培育优良思想素质、培养高尚的道德情操、形成健全的人格修养，使其德智体美劳全面发展。教育的四大支柱是通过教育使学生学会认知、学会做事、学会共同生活、学会生存。教育不再是仅仅局限于传授学生书本知识和学习技能，还要同时重视促进学生全面、可持续发展的需要，重视他们的精神需要、情感关怀和创新能力。最后，引导学生养成对他人、社会的道德责任感和服务社会的积极态度，成为对社会有用的人。教师通过教育、以身作则引导学生能够自由、平等、全面地发展，对于学生未来的发展的影响是不可估量的。

一个合格的教师，不仅要有充足的知识储备，懂得教育教学的方式方法，一定还要具备良好的思想品质和道德素质，才能对学生实施积极的、正面的道德教育，传递主流价值观念与道德观念。只有把握了教师道德责任的尺度，教师才可以较好地实现从现实"实然"到理想"应然"的转变。从传统意义上说，师德建设关系着这一道德规范的落实，既包含对教师个人品质的要求，也包含对教师教学道德行为的要求。随着对教师专门道德建设研究内容的逐步深入，教师伦理问题所揭示的内容对于推动教师道德责任建设更具有实质性的影响力。在教育伦理学研究背景下探讨教师道德建设并推动这项工作的有效落实，具有非常重要的理论与实践作用和影响。

在重视教育的今天，教师的特殊性更加要求教师的道德自律，教师为人师表的责任更加重大。教师的思想不仅会感染学生、塑造学生，而且会影响到一批批学生的理想建构和信念确立，甚至影响到整个社会整体的思想信念和道德行为的选择。这就要求教师不断严格要求自己，提高自己的政治思想理论素质，明确正确的教育方向，肩负教书育人的崇高责任与使命。

（二）教师道德责任实现是学校与教师群体发展的动力

学校是教师事业的发展和教师个人成长的主要场所，教师只有在学校中切实实现自己的教书育人的职责，教师技能和作用才有地方施展，教师的能力才能得到提高与进步。幸福是人们在社会生活实践过程中,由于感受到人生价值的实现而形成的一种精神上的满足。教师的人生乐趣和最大幸福不仅来自教师的教育与教学活动的实现,而且来自自己对于他人和社会的贡献、个人价值与社会价值的实现。教师职业对于教师具有极大的人格和智慧的挑战,因而不仅具有促进学生个体发展的生命价值,而且具有促进教师自我超越、对教师个体而言的内在生命价值。这种内在价值就是教师的内在幸福,也是教师幸福的内在源泉。教师在道德责任的实现过程中不断自我突破、自我发展,提高幸福指数。一个学校的实力主要是看这个学校是否具备一个素质高、教学好,拥有高度的责任感和奉献精神的教师团体。教师的道德责任贯穿于整个教育的始终,教师应勇于自觉自愿地践行教师的道德责任,不断提高教学水平和育人水平,从而为学校增光添彩。教师的行为与学校的声誉和长久发展密切联系在一起,教师道德责任的履行与学校和教师群体是不可分割的。

教师道德责任是实现学校教育的长久发展、实现理论与实践相结合的有利途径,因此,对道德责任的思考有利于把握学校教育的精髓,从而更好地为学习和传承实现学校教育起到积极的促进作用。中国实现学校的创新发展之路,必然是在对传统的传承与沿袭之路上发展创新的。因而,继承传统道德的精髓是必然的,只有如此,才能更好地发展学校教育。

(三)教师道德责任实现是社会与国家进步的潜在力量

承担道德责任是社会发展的必要条件。要调节好社会关系,创造一个和谐社会,就必然要求每个人主动担负应承担的责任,这是社会生活的必然的前提。如果社会上每个人都能够承担其必要的道德责任,那么社会将稳定而和谐;如果社会成员任意践踏道德原则与规范的行为,没有人愿意承担道德责任,社会的运行就会失范,社会稳定和发展无从谈起。梁启超曾说:"人生于天地间各有责任,自放弃责任,则是自放弃其所以为人之具也。是故人也者,对于一家有一家之责任,对于一国而有一国之责任,对世界而有世界之责任。一家之人各自放弃其责任,则家必落;一国之人各自放弃其责任,则国必亡;全世界之人各自放弃其责任,则世界必毁。"同时,承担道德责任也是个人生存和发展的必要条件。在社会中,个人的道德责任不仅仅是对自己负责,也要对他人、对社会负责。道德对于个人来讲是必要的,而且有一定限度的约束和牺牲。人类的发展总是以或多或少的个体牺牲为前提的。然而在为他人、为社会奉献时,个人也能够获得他人和社会的肯定,获得一定的回报,取得个人的发展。

陶行知在1929年发表的《地方教育与乡村改造》一文中指出:"教育就是社会改造,教师就是社会改造的领导者。在教师手里操纵着幼年人的命运,便操纵着民族和人类的命运。"教师虽然是一种职业,却是一个特殊的职业,是照管另一个或另一些心灵的职业。教师作为社会教育的主要承担者,他所教育、引导、影响的学生以后要进入社会,因此,教师的教育不仅能够改变一个人的人生,还有可能改变社会的发展。正如俄罗斯教育家乌申斯基所说:"一个教师如果不落后于现代教育的进程,他就会感到自己是克服人类无知和恶习的一个活跃而积极的成员,是过去历史上所有崇高而伟大的人物跟新一代人之间的中介人,是那些争取真理和幸福的人的神圣遗训的保存者,他感到自己是过去和未来之间的一个活的环节⋯⋯他的事业从表面来看虽然很平凡,却是历史上最伟大的事业之一⋯⋯"教师是人类文明和民族文化的继承者和传承者,通过履行传道、授业、解惑的职责来对学生进行引导,培养学生的自我修养、创新思维、探索精神等对社会发展有益的能力,继承和发展现有的文化与文明,不断推陈出新,生生不息。另外,教师的道德责任是提高全民道德素质、促进文化创新和推动社会发展的一个不可忽视的重要因素,有利于增强国家凝聚力。

社会对于教育事业的发展抱有深切希望,希望教师群体不仅要有专业职责,还要有道德责任,而责任感来自对社会教育发展的使命感。由于教育工作的质量会影响到国家、社会以及人民的道德素养水平,教师应该尽一切努力来提高教学和引导水平,开展批评和自我批评的活动,做有理想信念、有道德情操、有扎实学识、有仁爱之心的好教师,大力加强和改进教师道德建设。这对于我国的教育事业的健全、平稳进步具有积极意义和推动作用。

教师应当自觉自愿并严格实现教师的道德责任，努力避免在工作和生活中出现教师道德责任意识的缺失和道德行为的不当，为学生做好模范和表率的作用，潜移默化着学生的道德思想、价值观念、行为修养的形成，使学生身心处于健康发展的环境和氛围之中。

结束语

　　德育在青少年的成长中起着灵魂的作用，它是青少年全面发展的动力。人的各方面发展都要精神动力，精神动力的大小决定了人发展的积极性的高低。人的政治思想观点和道德品质不是生来就有的，也不是自发形成的，而是在社会生活条件的影响下，特别是在学校教育的影响下，在实践活动中逐步形成和发展起来的。思想道德品质的发展受学生年龄特征所制约，具有阶段性，中学阶段正是年轻一代长知识、长身体，特别是思想品德形成的关键时期。

　　高中生物学科是一门以实验为基础的自然学科，其中蕴涵着非常丰富的德育资源。教师必须充分发掘、利用这些德育资源，辅以科学合理的实施方法，使生物学科在授予学生生物学知识与技能的同时，充分发挥其德育功能，促进学生良好品德的形成。

参考文献

[1](美)约翰·杜威.民主主义与教育[M].北京:人民教育出版社,2001.

[2](美)约翰·杜威.哲学的改造[M].西安:陕西人民出版社,2004.

[3](伊朗)S.拉塞克,(罗马尼亚)G.维迪努.从现在到2000年教育内容发展的全球展望[M].北京:教育科学出版社,1996.

[4]檀传宝.德育原理[M].北京:北京师范大学出版社,2006.

[5]崔鸿.生物课程与教学论[M].武汉:华中师范大学出版社,2010.

[6]蔡永清.在初中生物教学中重视爱国主义教育的渗透[J].当代教育论坛(教学版),2010,4(3):99.

[7]陈少丹.高中生物教学中生态德育的研究[D].武汉:华中师范大学,2012.

[8]檀传宝.德育形态的历史演进与现实价值[J].教育研究,2014,35(6):25-32.

[9]陈垠亭.教育现代化进程中学校德育体系问题研究[D].郑州:郑州大学,2014.

[10](美)杜威.明日之学校[M].北京:商务印书馆,1993.

[11]杜时忠.德育十论[M].哈尔滨:黑龙江教育出版社,2003.

[12]杜时忠.当前学校德育的三大认识误区及其超越[J].教育研究,2009,30(8):78-82.

[13]邓小玲.浅议高中生物教学中的德育教育[J].教育教学论坛,2014,6(36):254-255.

[14]高芳.辩证思维方法在生物化学教学中的应用[J].中国医药指南,2012,10(21):352-353.

[15]侯万儒.现代生物学教学论[M].成都:四川大学出版社,2003.

[16]黄钊.儒家德育学说论纲[M].武汉:武汉大学出版社,2006.

[17]惠慧.高中生物教学中基于杜威德育理论的德育实施研究[D].徐州:江苏师范大学,2016.

[18]李莎.论"学科德育"[D].上海:华东师范大学,2010.

[19]李化树.现代德育论[M].成都:西南交通大学出版社,2013.

[20]刘慧,李泽龙.学科德育:"渗透""融入"还是"体现"[J].中国德育,2014(3):6-9.

[21] 刘争先.学科德育与教师的德育能力[J].教育理论与实践,2015,35(25):39-42.

[22]刘海波.论教师专业道德及其建设——从内涵、结构到特征分析[J].渭南师范学院学报,2016,31(22):90-96.

[23]马勤学.学校道德教育新论[M].北京:中国书籍出版社,2012.

[24]饶玉梅.我国学科德育研究现状及问题研究[D].重庆:西南大学,2008.

[25]沈益洪.杜威谈中国[M].杭州:浙江文艺出版社,2001.

[26]苏红.中学生物教学中的德育渗透研究[D].南充:西华师范大学,2015.

[27]石晶晶.在生物教学中渗透爱国主义教育[J].学周刊,2017,11(26):104-105.

[28]田保华.试论学科德育的问题与出路[J].课程.教材.教法,2015,35(7):3-11.

[29]王程,张巍,李妍,等.论生物化学教学中的辩证思维培养和人文素质教育[J].吉林医药学院学报,2014,35(4):312-314.

[30] 王学东.寓爱国主义教育于中学生物教学中 [J]. 学习月刊,

2010,25(3):71.

[31]吴国艳.高中生物课实施生态文明教育的对策与途径[J].宿州教育学院学报,2013,16(3):187-188.

[32]王可敬.高中生物科学史教学的德育渗透研究[D].哈尔滨:哈尔滨师范大学,2018.

[33]王兴东,陈壮.浅淡在高中生物教学中渗透生态文明教育[J].现代交际,2018,32(4):221-222.

[34]杨韶刚.道德教育心理学[M].上海:上海教育出版社,2007.

[35]闫玉莲,甘江英.生物教学与德育融合理念模式[J].生物灾害科学,2013,36(2):241-245.

[36]徐婕.高中生物教材德育资源的分析与应用研究[D].曲阜:曲阜师范大学,2016.

[37]赵翰章.德育论[M].长春:吉林教育出版社,1987.

[38]赵玉英.德育原理[M].济南:山东人民出版社,2008.

[39]郑敬斌,王立仁.学校德育内容衔接的困境与出路[J].教育科学研究,2012,23(4):57-61.

[40]赵志毅.德育的"意志"转向——兼论走向"实践理性"的学校德育[J].教育研究,2012,33(2):53-59.

[41]赵虹元.论教师道德责任的有限性及其尺度[J].当代教育科学,2018,33(4):38-41.

[42]曾旭玲.学校德育困境及其消解的自身探究[D].长春:东北师范大学,2013.

[43]展凯丽.初中生物学教学德育渗透的现状及对策[D].南充:西华师范大学,2017.